西洋文明と遭遇した天下人たち
——ヘレン・ミアーズの疑問

白子英城〔著〕
By Hideshiro Shirako

竹内書店新社

■目　次■

はじめに

ヘレン・ミアーズの疑問――日本の罪と罰

昭和二〇年（一九四五年）八月一五日正午、昭和天皇は「終戦の詔書」をラジオを通じて放送された。七月二六日にアメリカのトルーマン大統領、イギリスのチャーチル首相、中華民国の蔣介石総統により発表されたポツダム宣言の受諾を内外同胞及び諸外国に公表するための「玉音放送」であった。

八月九日、日ソ中立条約を一方的に破棄し、対日参戦を敢行したソ連は、この日ポツダム宣言に参加した。

八月三〇日、連合国軍最高司令官ダグラス・マッカーサーは、フィリピンのマニラより神奈川県の厚木飛行場に降り立ち、直ちに横浜のホテルニューグランドに入った。

九月二日午前九時より、九二年前の嘉永六年（一八五三年）ペリー提督が率いたアメリカ合衆国東インド艦隊が停泊した浦賀からほど近い、横須賀と木更津の中間あたりの東京湾に停泊した戦艦ミズーリ号艦上に於いて、降伏文書の調印式が行われた。

ミズーリ号艦上の第二砲塔の右舷側には一つのテーブルと二つの椅子そして一本のマイクが用意されていた。

その第二砲塔の側壁に、ペリー艦隊のミシシッピ号に翻っていた三一星の星条旗が額に入れられて飾られていた。

マッカーサーはこの日に間に合うように、アナポリスの海軍兵学校に保管されていたこの星条旗を、わざわざ取り寄せたのである。

日本政府の代表として重光葵外務大臣と、軍部の代表として梅津美治郎参謀総長の署名は九時〇四分に完了し、マッカーサー連合国軍最高司令官は九時〇八分に署名を終え、それに続き、アメリカ、中華民国、イギリス、ソ連、オーストラリア、カナダ、フランス、オランダ、ニュージーランドの九ヶ国代表が署名を完了した。

マッカーサーが調印式の終了を宣言したのは午前九時二〇分であった。

この瞬間に日本は連合国に降伏し、敗戦が確定した。

この日から、六年八ヶ月にわたる連合国による日本占領が始まるのである。

日本が敗戦国となった翌年の昭和二一年二月に、連合国軍最高司令官総司令部（ＧＨＱ）に設置された労働局諮問委員会を構成する一一人のメンバーの一人として、三度目の来日を果たしたアジア問題の専門家ヘレン・ミアーズは、ＧＨＱが実施している占領政策をその内部からつぶさに見つめ、大きな疑問を抱いた。

「日本は本当に邪悪な国だったのか」

「アメリカは日本を裁くほど公正で潔白なのか」

ＧＨＱの任期を終えて帰国したヘレン・ミアーズは、この疑問を一冊の本に著し、昭和二三年（一九四八年）に『Mirror for Americans: JAPAN』と題してアメリカで出版した。

出版当初、アメリカでは大きな反響を呼んだが、ＧＨＱのマッカーサー司令官は「占領が終わらなければ日本人は日本語でこの本を読むことは出来ない」とし、日本での翻訳出版を禁止した。

昭和二六年（一九五一年）サンフランシスコ講和条約が調印されたが、その二年後の昭和二八年にやっと同書の原百代氏による日本語訳が『アメリカの反省』と題して出版された。

しかし、日本における当時の社会情勢は、この本に注目する事は無く、いつしか忘れ去られていた。

戦後五〇年を迎かえた平成七年（一九九五年）になり、新たに伊藤延司氏の翻訳により『アメリカの鏡・日本』として出版された。我々の認識をはるかに超える鋭さと公平さで、真実を語りかけるその迫力は、読む人を圧倒し、現在でもロングセラーとして静かに読み続けられている。

ヘレン・ミアーズは自著『アメリカの鏡・日本』のなかで、日本と戦うアメリカの戦争目的を次のように説明している。

「元来、日本人が好戦的な軍国主義で、侵略的な拡張主義の民族であるのは、日本の伝統的宗教である神道が、日本人を優れた民族であると信じ込ませ、神である天皇を世界に君臨させるため、日本人に対し〝世界征服を命じた〟からであると私達アメリカ人は教えられて来た。

つまり、〝神道と天皇が伝統的に好戦的軍国主義で侵略的拡張主義の国・日本の根源である〟とアメリカ人は思っている。

だから私達は、世界的脅威である軍国主義、拡張主義の邪悪な日本を倒さなければならないと信じて戦ったのだ。」

さらに、

「私達アメリカ人は真珠湾攻撃に始まった太平洋戦争の原因を説明する時、〝日本は元来、好戦的な民族だから侵略的なのだ″と解釈し、この論理を日本人の歴史や伝統文化全体に拡大し、日本を理解して来た。

そして、日本を倒した今、私達が日本を〝罰〟しようとしているのは、日本の卑怯な真珠湾攻撃が、神道と天皇を根源とする伝統的な軍国主義と拡張主義に基づき、〝世界征服〟という唯一の目的に統合させられた野蛮な民族の〝罪〟なのである。」

このように、アメリカが「罰」しようとしている日本の「罪」を解説している。

「しかし、アメリカの主張は本当に正しいのだろうか」

三度の来日を果たし、日本研究の専門家であるが故に、日本を裁くアメリカの主張に疑問を持ったヘレン・ミアーズは、

「日本は神道と天皇の存在を根源として、元来、好戦的な軍国主義の国家であり、それ故に侵略的な拡張主義の国家なのである。」

としたアメリカが日本を罰しようとする訴因の検証を始めるのである。


昭和二〇年九月二日の降伏文書調印式の後、九月八日マッカーサーは横浜山下公園前のホテルニューグランドから東京に進駐し、皇居に近接する丸の内の第一生命相互ビルを接収し、同年九月一七日に連合国軍最高司令部（ＧＨＱ）を設置した。ここを拠点にして、ＧＨＱは次々と日本占領の政策を実施していくのである。

九月一〇日に、横浜連合国軍司令部より交付されていた「言論及び新聞の自由に関する覚書」により、言論統制と巧妙な検閲が実施された。

九月一九日に「日本に与える新聞遵則（プレスコード）」及び九月二二日「日本に与える放送遵則（ラジオコード）」が発令され、日本の言論は完全にGHQの統制下に置かれた。

こうした状況の下で、一二月一五日にいわゆる「神道指令」が公布された。

「日本政府は多額の国家資金を伝統的神道に注ぎ込み、国家神道を軍国主義への手段として利用して来た。神道は天皇を太陽神である皇祖の直系として崇拝する日本神話に発している。天皇のために死ぬ事を名誉とする考えは、古くから神道と深い繋がりを持っている。私達アメリカ人はこのような日本人観を信じ込まされていた。

一九四四年二月、アメリカキリスト教会会議はルーズベルト大統領に対し〝神聖なる天皇と皇祖の加護の力〟を信じる日本人の蒙昧を覚ますために国家神道の代表的な二つの神社を爆撃するよう要請している。

アメリカの戦後対日政策には、神道と天皇は本質的に戦争を作り出すものであるという考え方が組み込まれている」

とヘレン・ミアーズが記述しているように、GHQは神道と軍国主義を結び付け、日本の国家神道は元来、好戦的な軍国主義と侵略的な拡張主義の根源であるとして、国家神道を廃止し、神社に対する国費支出の禁止を指令した。

これに対してヘレン・ミアーズは次のように主張する。

「アメリカが主張する日本の軍国主義で拡張主義国家の根源として、神道を告発する論理を証拠にすれば、キリスト教を好戦的、侵略的宗教として裁く方が容易である。

白人の西洋諸国が侵略的拡張主義により、その勢力拡大に奔走していた時、剣と十字架は相携えて進んだ。

西洋の征服者達が有色人種の国々を直接、間接に侵略する際にキリスト教をその先兵として利用した事は事実である。

しかし、神道を〝野蛮な好戦的宗教〟として裁こうとしても、日本が近代までに神道を国外侵略の手段として使用した例は一つも見つける事は出来ない。

日本は西洋から、宗教を帝国主義の手段として使用する見事な手本を見せてもらったのである。」

ヘレン・ミアーズは、剣と十字架を共に進め、軍国主義と拡張主義を実践していったのは西洋諸国であると主張した。

日本の近代以前は、明治維新までのほぼ一八〇〇年間である。

この間、日本の軍隊が海外に出兵したのは二回だけである。

一回目は六六三年、斉明天皇が三年前の六六〇年に、新羅と唐の連合軍に敗れ滅亡した百済王朝の再興の要請を受け、中大兄皇子が数千人の救援軍を白村江に派遣したことである。

しかし、これは救援軍であり侵略のためではなかった。

二回目は天正二〇年（一五九二年）から始まる豊臣秀吉による朝鮮出兵（文禄・慶長の役）である。

「秀吉の朝鮮出兵の目的は、朝鮮を従えて明を征服しようとした領土欲、功名心、明との貿易拡大等諸説があるが、国内を統一し、権力を掌中にした老人の国家統一後の内政問題解決が目的であったようだ。

しかもそれは失敗に終わっている。」

とし、

「勢力を増大した国が隣国を攻撃することは、普通に行われてきた」

「秀吉の武将、あるいは政治家としての行動を正しく分析するには、彼がスペインによるペルーとメキシコの征服と同じ時代に生きていたことを考え入れなければならない。スペインやポルトガルが力による奴隷貿易や、アジアの領土と世界中の島国を血で征服していった事を思い起こすべきだ。そこで十字架は剣と同じシンボルだった」

とヘレン・ミアーズは記述している。

さらに言えば、日本はこの間に海外から侵略の攻撃を受けている。

文永一一年（一二七四年）及び弘安四年（一二八一年）の元寇（文永の役、弘安の役）である。

この秀吉の出兵から、明治維新を経て近代国家となる以前までのほぼ三〇〇年間、日本の軍隊は一度たりとも外国に足を踏み入れた事はない。

この事実をとらえて「日本は元来、好戦的な侵略国家である」とするならば、ポルトガル、スペイン、イギリス、オランダそしてフランスをどう説明したら良いのか。これらの諸国の軍隊及び民間人は一六世紀からキリスト教を先頭に、まさしく世界征服を目的として続々と海を渡っていたではないか。

剣と十字架を恐れ、鎖国体制を確立した日本は「これほど長期にわたって平和であった国はどこにもない」と言われるほどの長い間、外国からの侵略もなく、外国への侵略もせず、国内の騒乱もなく、未曾有の平和を享受しながら自己完結型の自給自足経済を発展させ、高度に日本文化を磨き、熟成させていたのである。

「日本人は三世紀に及ぼうとする期間、鎖国体制下でも、自分達だけで生きて来られたし、それに満足していた。つまり日本人は大多数の人々を満足させる文明を造り出し、その文明は人々の間に深く根を下ろし、彼らと一体化していたから、一九世紀になって日本に流れ込んで来たダイナミックな西洋文明の奔流にも、毅然として立ち向かう事が出来たのである。」

このように日本が鎖国政策により、孤立主義、平和主義を維持しだした一七世紀初頭から、スペイン、ポルトガル、イギリスを中心とした白色人種の欧米諸国はアフリカ大陸、南北アメリカ大陸、アラブ、そしてアジアの有色人種の地域を軍事的侵略により植民地化し、拡張主義による世界征服を競い合っていたのである。

嘉永七年（一八五四年）ペリーにより開国させられた時、日本はたった四つの固有の島だけの平和な国家だったのである。

日本はどこを拡張したのだろうか。

このようにヘレン・ミアーズは、アメリカが日本を裁く訴因を検証し、「日本は元来、好戦的軍国主義国家でもなく、侵略的拡張主義国家でもなかった。自己完結型の自給自足経済で、文化も発展した平和主義の国だった」事を論証し、さらに、

「近代以前の日本が平和主義であり非拡張主義であったことは確かである。

しかし、ペリー来航以後の近代日本が好戦的軍国主義であり侵略的拡張主義の国になったことも確かである。

近代日本の軍国主義と拡張主義は、開国した一八五四年以後の出来事に原因があると考えるべきであ

る。」

と主張し、その原因を、さらに追求していくのである。

日本が中国をはじめとし、東南アジアまで勢力を拡大し、ついには真珠湾攻撃を敢行したのは事実である。では何故、日本は軍国主義で拡張主義の国になってしまったのか。この疑問に対しヘレン・ミアーズは

「日本の本当の罪は西欧文明を一生懸命に学んだ事にある」

と喝破した。

ペリーが黒船でやってきた嘉永六年（一八五三年）までの二世紀半に及ぶ鎖国による孤立の中で、平和で独自の文化を創造して来た日本は、嘉永七年の開国により軍国主義、拡張主義の白人・西欧文明の弱肉強食の世界に放り出され、自らその西欧文明の中に入る事により、自国の独立を確保する道を選んだ。

日本は欧米列強諸国の手法を忠実に学習し、ペリーからマッカーサーまでの九二年間に、農業、手工業を中心とする自給自足の経済から、生産業、貿易中心の欧米近代経済に移行し、地方分権の幕藩体制から中央集権国家を築き上げた。

それまでの孤立主義の小さな島国は、いつの間にか、欧米列強諸国と同じ軍国主義で拡張主義の国家になってしまっていたのである。

どのようにして、日本は西欧文明と遭遇したのか。

それは遥かな時空を遡り、それまでの唐・天竺の世界にあった日本に、剣と十字架の西洋文明が、大海を渡って辿り着いた事に始まるのである。

第一章　なぜ、日本は鎖国をしたのか――剣と十字架

一　ヨーロッパの拡張主義――植民地獲得競争

(一) レコンキスタとデマルカシオン――大航海時代を招いたもの

一三世紀末から一五世紀末にかけてイタリアからヨーロッパ中に波及した芸術上及び学問上の新たな動向をルネッサンスというが、それは個人の解放、自然の発見を主眼とした革新運動として、それまでのギリシャ・ローマ古典文化の復興を成し遂げた。

この改革運動としての文芸復興は学問や芸術に限らず、広く政治や宗教等にも清新な気運をもたらし、神中心の中世文化から人間中心の近代文化へと進化する転換点として重要な意味を有している。

このルネッサンス期に於ける三大発明と言われるものに、火薬、羅針盤、活版印刷術がある。もともとこれらの火薬、羅針盤及び活版印刷術、それに加えて紙は中国の四大発明といわれ、世界の文明に大きな貢献をしている。

これらの中国で生まれた知識、技術はイスラム世界を経由してヨーロッパにもたらされ、ルネッサンス期に於いて大きく技術革新が成された。

中国では、紀元前五世紀頃より天然の磁石が常に一定の方向を示す事が知られており、風水で「吉」とさ

れる南の方角を知るための道具として使用されていた。

一一世紀、宋の時代になり、こうした磁石を水に浮かべて方向を知る羅針盤の原形が発明され、船の航行にも利用されるようになった。

中世ヨーロッパにおいては、物流輸送は陸運よりも水運がより多く利用されていた。地中海、北海、バルト海の内海がその中心であったが、ドイツを中心としたハンザ同盟の諸都市への、大河川による内陸水運と陸運も活発であった。

こうした情況の中、この原始的羅針盤はアラブ人を通じてヨーロッパに伝わり、それまでの船の揺れに弱い欠点がルネッサンス期を通じて改良され、波の高い外洋でも使用できる羅針盤として実用化された。これにより、大型外洋船の建造技術の革新と相まって、外洋航海が可能となり、ついに大航海時代の幕開けとなるのである。

このようにして大航海時代に入ると、外洋航海技術の向上により一五世紀中葉から始まったヨーロッパ人によるアフリカ、アジアそして南北アメリカの植民地獲得競争のための海外進出が活発になっていくのである。

特にこの大航海時代の到来には、マルコ・ポーロによる『東方見聞録』が伝えたアジアの「黄金の国」への憧憬が外洋航路開拓に大きな影響を及ぼしているといわれている。

イスラム勢力がイベリア半島を勢力範囲としている中、東からモンゴル帝国が侵入し、一二四一年の「ワールシュタットの戦」でモンゴル軍が東欧諸侯郡を撃破した。

中華商圏とイスラム商圏を統合し、東欧圏にも侵入してきたモンゴル帝国がヨーロッパを圧迫し始めると、アジアとヨーロッパの交流は、イスラム勢力に代わりモンゴル帝国の勢力によりその安全が確保されていった。

ローマ帝国によるパックスロマーナに続き、イスラム帝国によるパックス＝イスラミカを経てパックス＝モンゴリカの下で、多くのヨーロッパ商人やイスラム商人がモンゴルを中心として、アジアに通商を求めて訪れるようになった。

このような情況の中、一二五四年にヴェネチアで生まれたマルコ・ポーロは一二七一年にイランやカラコルムを経て元の都、大都に入り、二回にわたる日本遠征の期間を含めた一七年間にわたってフビライ・ハーンに仕えた。その後、中国各地を訪ね一二九二年に帰国し『東方見聞録』を著述した。

この『東方見聞録』に於いて、日本は「黄金の国ジパング」として紹介され、アジアの富の豊かさが大きく伝えられ、ヨーロッパ人のアジア観を一変させたといわれている。

一五世紀に入り、モンゴル帝国が衰退してくると、次にはトルコを中心にオスマン帝国が強力な軍事力をもって台頭し、地中海の制海権を確立した。

ヨーロッパとアジアの中間に位置するオスマン帝国は地中海交易をも支配すると、その交易に高い関税を課すようになった。このため、それまで地中海交易により、多くの利益を得ていたヨーロッパ諸国はイスラム勢力を排除し、直接アジアへ向う新しい交易ルート開拓の必要に迫られるようになった。

イスラム教は六一〇年に唯一神アッラーの啓示を受けたムハンマドにより創始された。

ムハンマドは四〇歳になった頃、出生地であるメッカの北部にあるヒラー山の洞窟で瞑想をするようになったが、ラマダーンの月である九月のある夜、瞑想中に「心の中の神の言葉を読め」という大天使ガブリエルの命令を受けた。

神の賜物を意味するカリスマとしての特異な能力を悟ったムハンマドは、唯一神アッラーの預言者となった。

イスラムとはアラビア語でアッラーに「服従する事」もしくは「帰依する事」を意味し、ムハンマドは自らの口から無意識に出る言葉を、神が大天使を通じて伝える預言であるとして、偶像崇拝の邪悪性や最後の審判が迫っている事を予言し、唯一絶対神のアッラーに帰依するよう説いた。

イスラム教は大別するとスンニ派とシーア派があり、スンニ派は全体の九割を占め、イランを中心としたシーア派は一割と少数である。

スンニ派は預言者ムハンマドのスンニ、即ち慣行が全てであり、宗教的指導者であるイマームをも含めて、信徒は神の前ですべて平等であるとし、シーア派は預言者ムハンマドの血統を重視し、ムハンマドの弟であるアリーの子孫のみを最高指導者であるイマームとして戴いている。

日本は、聖徳太子が活躍していた推古天皇頃の飛鳥時代であった。

イスラム教により団結したアラブ遊牧民は、大征服運動を展開し、三大陸にまたがる大帝国を樹立してゆくのである。

六六一年にイスラム帝国ウマイヤ朝が成立すると、積極的な拡張政策により北アフリカで急速に勢力を拡大し、七一一年にはジブラルタル海峡を渡り、イベリア半島に侵入した。イベリア半島には、六世紀初頭からキリスト教国である西ゴート王国が存在していたが、七一一年にウマイヤ朝はグアダレーテの戦いで西ゴート軍を打ち破り、イベリア半島を北上し、ピレネー山脈以北までキリスト教勢力を追い詰め、イベリア半島を征服した。

これに対し、西ゴート王国のペラヨは七一八年にアストゥリアスでキリスト教徒を率いて蜂起し、ここにイベリア半島を征服したイスラム勢力に対するキリスト教勢力による再征服運動である〝レコンキスタ〟が開始された。

その戦いは長期間続けられ、一四世紀の末になるとカトリックを信仰するポルトガル王国、カスティーリャ王国、ナヴァラ王国、アラゴン王国とアンダルシア地方を中心としたイスラム教を信仰するグラナダ王国とが互いに勢力争いを展開していた。

一三八五年にポルトガルはイスラム勢力を排除し、ジョアン一世によるアヴィス王朝を成立させると、イスラム勢力を追い払いながら大西洋に進出し、一四六〇年頃までにはマディラ、アゾレス、カナリア諸島を植民地化した。

ポルトガルより遅れて一四七九年にアラゴン王国とカスティーリャ王国が統一され、スペイン王国が成立した。

ポルトガルから排除されたイスラム勢力最後のナスル朝はグラナダに追い詰められていたが、一四九〇年スペイン王国はグラナダを包囲し、二年間にわたる戦いの末、一四九二年アルハンブラ宮殿を陥落させ、ナスル朝グラナダ王国を滅亡させた。

これによりイベリア半島からイスラム勢力が排除され、七九五年間の長期にわたるレコンキスタは完結するのである。

この頃、ようやく実用化された羅針盤を備え外洋航海の可能な大型船が建造されるようになり、ポルトガルとスペインは後退するイスラム勢力を追い、アフリカに侵入していった。

スペインより早くレコンキスタを完結し、国力を増強したポルトガルは、一四六〇年頃までにはカナリア諸島、マディラ諸島からシエラレオネを侵略し、さらに象牙海岸、黄金海岸を経て一四八二年にはガーナに城塞を築き、金や奴隷の交易を行っていた。

さらに一四八八年、ポルトガルのバルトロメウ・ディアスはアフリカ南端にまで到着し、さらにインドを目指したが、強風と乗組員の反乱により失敗した。その時に発見したアフリカ南端の岬を「嵐の岬」と名づけて帰国した。この報告を受けたジョアン二世は、この発見によりインド航路開拓の可能性に期待し、この岬の名前を「嵐の岬」から「喜望峰」と変更させた。

大航海時代の始まりである。

さらに一五世紀末から一六世紀にかけて、外洋航海の可能な大型船建造技術の発達に加え、羅針盤の技術を含む外洋航海技術等の向上による海洋交通の発展は、二つの「地理上の大発見」をもたらした。

一四九二年のコロンブスによるアメリカ発見と一四九八年のヴァスコ・ダ・ガマによる喜望峰迂回によるインド航路の発見である。

これは、それまでの地中海、北海、バルト海を中心としたヨーロッパの内海から大西洋という外洋へと進出が可能になった事を意味する象徴的な事件であった。

この二つの「地理上の発見」を可能にした原動力は外洋航海術の発達はもとより、長期にわたるレコンキスタを完結し、その絶対的王政を確立したイベリア半島のポルトガル王国とスペイン王国の絶大なる援助によるものであった。

それは、マルコ・ポーロの『東方見聞録』により伝えられたアジアの「黄金」とインドの香辛料への願望を抱いた商人たちが国王をも動かしたのである。

このようなポルトガルとスペインの大航海事業には、ローマ教皇が重要な役割を果たし、数多くの教皇文書が発せられた。これらの教皇文書は絶大な影響力を持ち、中世のキリスト教国の国王にとっては、精神的に強大な拘束力となっていた。

ポルトガルとスペインは、これらの教皇文書を自己の海外侵略事業を正当化する手段として利用した。ローマ教皇の影響力は、やがて教皇アレクサンデル六世によるデマルカシオンでその頂点に達するのである。

ポルトガルが行っていたアフリカ沿岸の侵略は、スペインのコロンブスによる航海事業より、一世紀余り先行していた。

ポルトガルは、新しい土地を発見するとパドランと呼ばれる占領標識を建て、アフリカ西海岸を南下していったが、その占領地をポルトガルの領地として認めてもらう保障はなかった。

そのため一四一五年のアフリカ北岸にあるセウタの攻略に始まるポルトガルの航海事業に対し、いくつもの教皇文書が発布された。その中で、教皇は異教徒の制圧とキリスト教布教を推進しているポルトガルの航海事業に対し、その利益を守るため、アフリカからインドに至る新発見地の征服、領有、及び貿易の独占権を認め、ポルトガル以外の国に対して、ポルトガルの許可を得ずにその領域に侵入する事を禁じ、さらに、これらの領域において、布教保護権の行使と同時に、原住民を奴隷とする事を許可している。

しかし、ポルトガルより遅れて一四九二年にレコンキスタを完結したスペインは、一四七九年にスペイン王国を成立させ、ポルトガルに対抗して、海外事業を積極的に推進し、アフリカ西岸やカナリア諸島へ進出していった。

そのため、しばしば衝突した両国は、一四七九年にアルカソヴァス条約を締結し、教皇シクストゥス四世の大勅書により、この条約は公認された。この条約によりカナリア諸島はスペインに帰属し、カナリア諸島以南の新発見地はポルトガルに帰属する事となった。このように、スペインとポルトガルが取り決めた境界線による世界分割を〝デマルカシオン〟という。

この頃、ジェノヴァの商人であったクリストファー・コロンブスは「地球球体説」を確信し、西回りでインド航路を開拓する計画をポルトガル王ジョアン二世に提案し、航海の援助を得ようとした。しかし、ジョアン二世はアフリカ進出に没頭し、喜望峰を経由して東回りでインド航路開拓を目指していたため、コロンブスの提案は採用されなかった。

このためコロンブスはスペイン女王イザベル一世に同様の航海計画を提案をした。

この時、スペイン王国はイスラム勢力のグラナダ王国との最後の包囲戦に立ち向かっていたが、その膨大な資金を確保する必要に迫られていた。スペイン女王はコロンブスの提案を採用し、両者はレコンキスタの終結を迎えたグラナダの戦いの最中の一四九二年四月に「サンタ・フェの協約」を締結した。

この協約で、コロンブスは発見した地域の提督となり、その地域で得られた物産の純益の一〇％を与えられ、さらに裁判権をも与えられ、その特権は相続を許されていた。

スペイン女王の援助を得たコロンブスは一四九二年八月三日に九〇名の乗組員と旗艦サンタ・マリア号を含む三隻の船団を率いてバルセロナを出港し、西へ進路をとった。

約二ヶ月の航海の末、西インド諸島のサンサルバドル島に到着したコロンブスはヨーロッパ人による「アメリカ発見」を成し遂げたのである。しかしコロンブスはインドに着いたものと誤認したままスペインに帰還し、西回りのインド航路を発見したと宣言した。

ところが、既に一四七九年のアルカソヴァス条約により、カナリア諸島以南の新領土は全てポルトガルに与えられると定められていた。

この条約によりコロンブスが発見した新領土はスペイン王国の領有とならずポルトガル王国に与えられる事になってしまうのである。

このような状況により、ポルトガルとスペイン両国の利益に係わる領有権を主体とした複雑な問題が発生したが、両国王はローマ教皇を巻き込み、キリスト教以外の異教徒の世界をポルトガル、スペインの両国で二分割し征服していくというデマルカシオンにより解決をしようとした。

ポルトガル国王ジョアン二世はスペイン王国と交渉し、一四九四年に西アフリカの岬諸島の西三七〇レグアの海上で子午線に沿って南北に境界線を引き、その西側において発見される島嶼と陸地をスペインが領有し、東側をポルトガルが領有するとしたトルデシリャス条約を締結し、教皇アレクサンデル六世の承認を得て、両国の領有権問題を解決した。しかし、この条約では、大西洋上におけるデマルカシオンの境界線は明確に設定されたが、地球の反対側に於いては、その境界線は示されていなかった。

このデマルカシオンにより、スペインは新たに発見したアメリカを自国の勢力圏に納め、その植民地化を強力に推進し、一五二一年にはエルナン・コルテスやフランシスコ・ピサロがアステカ帝国やインカ帝国を征服していくのである。

(二) 植民地支配の正当化——ローマ教皇が与えた布教保護権

この時代、外洋船は商船と同時に軍事的、海賊的要素が強く、そのため商船団は武装船を含めた船団を編成しなければならず、船やその乗組員、さらに積荷に要する資金は莫大な金額となった。

そのための資金は、高利貸等の商人による前期的商業資本により調達されていたが、この時代の商船団は海賊行為をも行い、大きなリスクを伴うが膨大な利益をもたらしたのである。

中世末期の頃に地中海や大西洋沿岸で使用されていた船は、ラウンド・シップとロング・シップに大別されるが、主流はラウンド・シップであった。

舷側が高く幅広で喫水が深い帆船であるラウンド・シップはイスラム圏で使用されたラティーンと呼ばれる三角帆とカタラン舵を取り入れる事により、操船能力が一段と向上し、逆風下でも航行が可能となり、主に商船として使用された。

コロンブスが使用した三隻の帆船はいずれもラウンド・シップのナオ船、カラベラ船で、サンタ・マリア号は全長二六メートル、およそ一〇〇トンで三本マストのナオ船であった。

コロンブスの成功に衝撃を受けたポルトガルのジョアン二世は、トルデシリャス条約の締結によりその活動範囲が確定されると、東回りのインド航路開拓に着手した。しかし、ジョアン二世が一四九五年死去したため、即位したマヌエル一世はジョアン二世の意志を継ぎ、直ちにその準備を整え、四隻の船団を編成しヴァスコ・ダ・ガマをその司令官に任命した。

一四九七年七月八日、ヴァスコ・ダ・ガマはリスボンを出港し、ディアスが発見したアフリカ南端の喜望峰を経由して、ケニアのマリンディに到着した。

その地で、ヴァスコ・ダ・ガマはインドから来た四隻の商船と出会い、インドに関する情報を得る事が出来た。

これらの商船にはインド南西のケララ海岸のキリスト教徒が乗り込んでいたのである。彼らから、インドへ向かう航路やインドの港町の情報を得て、さらに、インドへの案内人を雇い入れた。食糧や水を入手したヴァスコ・ダ・ガマの船団は一路インドへ向けマリンディを出港し、一四九八年五月二〇日、現在のコジコートであるカリカットに到着した。

カリカットに於いてヴァスコ・ダ・ガマはインドとの貿易に関する段取りを整え、さらに大量の香辛料を入手し、翌一四九九年九月にリスボンに帰港した。

その後、ヴァスコ・ダ・ガマはマヌエル一世の命によりインド遠征艦隊を率いて、イスラム勢力との衝突を繰り返しながら、インドとの直接交易を確立していった。

ポルトガルは、一五〇五年に直接交易を開始したインドへ総督を派遣し、一五一〇年にはゴアに拠点を構築して、インドのみならずアジア全体にその活動範囲を拡大して行った。翌一五一一年、マラッカに進出し、さらにスペインに先行して香辛料の宝庫モルッカ諸島を奪取するのである。

その目的は、高い代価を支払わなければならないイスラム商人を排除したインドとの直接交易路を開拓し、最良品とされたモルッカの香辛料の直接輸入により莫大な利益を生み出す事にあった。

当時、インド方面からの主要輸入品は胡椒等の香辛料であったが、イスラム商人を通じた中継交易では、ヨーロッパに届いた胡椒一グラム(グラ)の価格は金一グラム(グラ)といわれほどの高価格になっていた。

しかし、肉を常食とするヨーロッパ貴族の間で、胡椒等は味を良くする貴重な香辛料として、さらに肉類の腐敗の進行を遅らせ、乾物や燻製、塩漬けの味付けに重用され、非常に高価であるにもかかわらず、大きな需要があったのである。

従来、胡椒はインドに集積され、イスラム商人によりインド洋からペルシャ湾に入り、バスラで陸揚げされ、ユーフラテス河に沿って、キャラバン隊によりシリア北西部のアレッポに運ばれた。そこでヴェネチア商人に引き渡され、地中海に出るルートと、インド洋から紅海に入り、スエズで陸揚げされ、陸路でアレキサンドリアに運ばれ、地中海に入る二つのルートがあった。

地中海に入った胡椒は、ヴェネチア商人により買い取られ、地中海に張り巡らされている通商路を経て、広くヨーロッパに運び込まれていた。

この中継貿易により、イスラム商人は莫大な利益を得ていたのである。

ポルトガル国王は、このような香辛料交易において、イスラム商人の介在を排除し、直接インドよりヨーロッパに運び、その大きな利益を得ようと考えたのである。

この頃、インドの貿易はイスラム商人が独占し、彼らはアフリカ東岸、アラビア海、インド洋の制海権を握っていた。

ゴアはホルムズから船積みされるアラビア馬の集積地とされており、胡椒の集積地はカリカットに置かれていた。

マラッカはマレー半島から、ボルネオ、ジャワ、バンダ諸島と、香辛料諸島といわれるモルッカ諸島を含めたイスラム教圏の中心地となっていた。

このように広大で強力なイスラム勢力に対し、イベリア半島のポルトガルは、ヴァスコ・ダ・ガマのインド航路開拓により、毎年ポルトガル艦隊を派遣し、アジアにおけるイスラム商人の独占と制海権に挑戦していくのである。

一五〇二年に再度インドに向かったヴァスコ・ダ・ガマは、コーチンとカナノールと協定を結び、ポルトガルの商館を保護するための要塞を築く事に成功した。

一五〇九年、インド総督に就任したポルトガルのアフォンソ・デ・アルブケルケは、一五一〇年になるとゴアをインド支配の中心地とし、一五一一年にはマレー半島のマラッカを攻略し要塞を築き、一五一二年にモルッカ諸島への航路を開拓し、さらに一五一三年になると中国への航路を発見するのである。

このようにポルトガルは、主要各地に要塞を築き、アジアの全海域を制覇し、アジアでの交易を独占していくのである。

ヴァスコ・ダ・ガマが開拓したインド航路によるアジアとの直接交易は、ポルトガル王室に莫大な利益をもたらし、リスボンは大きな繁栄をつづけ、やがて黄金期を迎えるのである。

その立役者ヴァスコ・ダ・ガマはジョアン三世から絶大な信頼を受けたが、三度目のインド航海の際、体調を崩し、一五二四年一二月インドのコーチで死去し、現在はリスボンにあるジェロニモス修道院の聖堂に眠っている。五五歳であったといわれている。

ポルトガル国王ジョアン三世は、ローマ教皇からこれらの地域の領有を認められると同時に、新しく領有した地域におけるキリスト教布教の義務を負い、聖職者をその布教に任命する権限を与えられた。

布教保護権である。

布教保護権はポルトガルの領有地域に限らず、ポルトガルと交易する全ての国に適用され、日本の布教にも及んでいる。

こうしたポルトガルによる新たな領有地域の拡大に対処するため、教皇パウルス三世は、一五三四年にゴア司教区を設置した。

一方、スペインはコロンブスの提案により西からアジアを目指したが、アメリカ大陸を発見したため、アメリカの植民地経営に取り組み、アジアへの進出は遅れた。しかし、アジアへの憧れと願望は少しも衰えていなかった。

一四八〇年頃、ポートワインで有名なポルトガルのオポルト村で生まれたフェルディナンド・マゼランは二五歳の時、マラッカやモルッカ諸島への航海に加わった。

この経験を基にマゼランは、ポルトガル国王マヌエル一世に、胡椒等の香辛料の豊富なモルッカ諸島へ向う、西回りの航路開拓を提案したが、既に東回りの航路を開拓したマヌエル一世はこの提案を拒否した。

このためポルトガルを離れ、アジア進出を願望しているスペイン国王カルロス一世に対し同案を提出し説得に成功した。

カルロス一世は五隻のカラベル船と二六五名の乗組員をマゼランに与え、一五一九年八月にセビリア港から出港させた。

マゼランの船団は大西洋を西に向かい南アフリカ大陸に沿って南下し、一五二〇年一〇月、南アメリカ大陸南端で、後にマゼラン海峡と名付けられる西の海へ迂回する荒い波の海峡を発見し、穏やかな大海へと抜け出ることに成功した。

マゼランはこの穏やかな大海を「太平洋」と名付けた。

この間、マゼランは乗組員の反乱や船の難破に遭遇し、五隻の船団のうち二隻を失っていた。太平洋での苦難に満ちた航海を続け、ようやくフィリピンに到達したマゼランは、一五二一年三月二八日にセブ島に上陸した。

彼らはセブ島でキリスト教の布教を始めたため、隣にあるマクタン島のイスラム教徒と戦闘となり、この戦いでマゼランは戦死するのである。

残った乗組員は航海可能なトリニダード号とヴィクトリア号の二隻の船で出航し、一五二一年一一月八日に目的地であるモルッカ諸島にたどり着いた。

モルッカ諸島のティドーレ島でトリニダード号は修理不能となり、ヴィクトリア号のみが香辛料を満載し、一五二一年一二月二一日西へ向け出航した。

一五二二年九月六日ヴィクトリア号は喜望峰を迂回し、スペインのセヴィリアへようやく帰還することが出来たのである。

帰還できた乗組員は二五六名中一八名だった。

この成功により、スペインは史上初めての世界一周を成し遂げたのである。

このようにしてスペインとポルトガルは西回りと東回りに分れてアジアを目指したが、ついには香料諸島であるモルッカ群島で両者は衝突したのである。

しかし、前述したようにトルデシリャス条約では、大西洋側ではポルトガル領とスペイン領を分割したが、地球の裏側となるアジア地域の分割には何んらの取り決めもしていなかった。

マゼランの船が、モルッカ諸島に到達し、帰国したとの報告を受けたスペインのカルロス五世は、再度モルッカ諸島にむけて、遠征隊を派遣するよう命令を発布した。

この情報を得たポルトガルは、スペインに抗議したため、両国はモルッカ諸島の帰属をめぐり交渉を開始した。長期の協議の後、一五二九年四月に交渉が成立し、スペインのサラゴサでサラゴサ条約が締結され、スペインは、モルッカ諸島の領有、航海及び貿易等全ての権利を黄金三五万ドゥカードでポルトガルに売り渡す事となった。

サラゴサ条約では、モルッカ諸島の帰属は解決されたが、しかし、他のアジア地域の明確な境界線は示されておらず、日本やフィリピン、中国等の帰属についてのデマルカシオンで、両国は激しく争って行くのである。

この条約締結によりスペインはアメリカ大陸の植民地経営に専念し、ポルトガルはモルッカ諸島を独占するようになっていった。

こうして、アジアを独占したポルトガルは、一五五七年にはマカオに強固な要塞を築き、中国大陸への橋頭堡とし、東アジアに於ける商業活動をさらに活発に展開していくのである。

ローマ教皇は大航海時代の先駆けとなったポルトガル王室に対し、異教徒の制圧と改宗に努力している事を認め、その事業を支援し、ポルトガルの利益を守るため、アフリカからインドに至る新発見地の征服、領有、異教徒との貿易の独占を認めた。

しかし、先に記述したようにスペインが大航海事業に参画しポルトガルと競合するようになると、その争いを避けるため両国は一四九四年にはアレクサンデル六世の教皇勅書を基にして世界をポルトガルとスペインで二分割するトルデシリャス条約を締結した。

それと同時に、教皇はこのイベリア半島の両国に対し、布教保護権を与え、新領有地のキリスト教布教を義務付けたのである。

この布教保護権は、国王に布教地の教会に対する聖職者の人事や司教区の設定に関する権限を与え、同時に領有した布教地に設立する教会への経済的支援を行う義務を課している。このようなローマ教皇より与えられた布教保護権に基づいて布教活動を実施する地域は、それぞれの国の植民地として認められる事を意味していた。

ポルトガルとスペインは、イスラム勢力から領土回復のための長期にわたる戦争であるレコンキスタで勝利を収めたが、その勢いはそこで終了せず、地中海やアフリカ方面のさらに広い範囲で、イスラムを中心とした異教徒を排除し征服する戦いを続行していった。新しい領土を征服し獲得する事を目的とした軍事的侵略は、異教徒の支配する全ての領域を武力侵略し、征服し、植民地化すると共に、奴隷や金、銀、香辛料等を獲得し、莫大な利益をもたらした。

この軍事的侵略行為は、侵略した地域にキリスト教を布教する事を義務付けた布教保護権により正当化されたのである。

即ち、異教徒の領域に対する武力的征服と同時に、キリスト教布教は異教徒に対する宗教的征服として車の両輪のごとく、一体となって強力に推進されていった。

剣と十字架は、布教保護権の下で一体となって前進して行ったのである。

このようにイベリア半島からイスラム勢力を駆逐し、絶対王制を確立したポルトガルとスペインは大航海時代を招来し、ローマ教皇の新発見地の布教保護権を後ろ盾として、両国王による政治、経済、軍事、宗教が一体となった大航海事業が展開されるのである。

大航海時代の幕開けにより、ポルトガルとスペインは、競い合って新しい交易ルートの開拓を目的に海外に進出していくのであるが、それは同時に、西欧諸国による植民地主義の始まりでもあったのである。

二　それは種子島から始まった――日本と西洋文明の遭遇

(一) 鉄砲とキリスト教――ポルトガル人の漂着

一五世紀末より、イベリア半島を中心として進展して来た大航海時代の流れは、インドを経由し、ついには日本へも波及して行った。

それは長期に渡るレコンキスタを終結し、絶対王制を確立したポルトガルとスペインの国王による支援と、ハンザ同盟に替わる新しい商人達の旺盛な商業活動へのエネルギーが、インドを経由して東アジアに至り、マルコポーロの『東方見聞録』に書かれていた伝説の「黄金の国ジパング」をついに発見する事から始まるのである。

その歴史的事件は、日本がヨーロッパと初めて接触したといわれているポルトガル人による種子島漂着が発端となった。

この時代、日本は鎌倉幕府から南北朝を経た室町幕府も末期にあり、足利尊氏が築き上げたその政権は衰退していた。それに伴い諸勢力が台頭し、下剋上による戦国時代へと突入する過渡期であった。

ポルトガル人が種子島に漂着したのは、天文一一年（一五四二年）説と天文一二年（一五四三年）説とがある。

これは日本側の資料である文之玄昌により慶長一一年（一六〇六年）に刊行された『鉄炮記』と永禄六年（一五六三年）に刊行されたアントニオ・カルヴァンによる『新旧発見記』の記述上の違いによるものである。『鉄炮記』では天文一二年（一五四三年）と記載されており、また『新旧発見記』では天文一一年（一五四二年）と記載されている。一年の違いがあるが、いずれにしてもこの時に「幻の国日本」の実在がヨーロッパ人に確認されたのであった。

この頃までの日本では、日本、唐、天竺の三国世界観に支配されていたが、種子島へのポルトガル人渡来によって、鉄砲とキリスト教が伝来し、ヨーロッパの存在を知る事により、以前とは異なった世界観が形成され、近代へと向う日本の歴史は、この時点で大きく転換するのである。

アントニオ・カルヴァンの『新旧発見記』によると、一五四二年に三名のポルトガル人がシャム国ドドラから中国の寧波に向かう途中、暴風雨に遭遇し「三二度の島」に到着したと記述されている。この船は、マラッカからシャムや中国へ向う中継貿易に従事しているポルトガル人がチャーターした中国船（ジャンク）であった。

『鉄炮記』によると、天文一二年八月二五日に大隈国種子島の西之浦湾に一隻の中国船（一大船）が漂着した。一〇〇人余の人達が乗船していたが、どの国から来たのか分らず、奇怪な風体で言葉も通じなかった。その中に、「五峯」という明の儒学生がいて種子島の西村織部丞と砂浜に杖で文字を書いて砂上筆談をした。

西村織部丞が「船中の客、何れの国の人なるやを知らず、何ぞ其の形の異なるや」と質問すると、五峯は「此れは西南蛮種の賈胡（商人）で怪しむべき者に非ず」と答えた。

これにより、形の異ったた人物がポルトガル人であることが分った。

その中で、二人のポルトガル人が長さ三尺ほどの中空の筒を持っていた。その底は密閉され、火の通る穴があり、妙薬を入れ、小さな鉛の弾丸を入れ、穴から火を点じると雷の轟くような音を出し、小さな標的でも当たった。

この二名のポルトガル人を引見した領主の種子島時尭は、この名前も用途も知れない珍品に感嘆し、その二挺を買い上げ、火薬の調合法を家臣の篠川小四郎に学ばせ、自らも射撃術を習得した。この頃、種子島に来ていた紀州の根来寺杉の坊の院生津田監物の懇願により、種子島時尭は一挺を贈り、使用法も伝授した。

さらに、種子島時尭は美濃国関出身の八板金兵衛清定を中心に数人の刀鍛冶に命じて、この銃の複製に着手させた。

しかし、銃筒の部分は板状の鉄を巻いて出来たが、銃筒の底を塞ぐ尾栓を作ることは出来なかった。銃筒の尾栓はネジで塞がれていたのだ。この時代、日本ではネジの発想も技術もなかったのである。

金属加工用工具としては「やすり」と「たがね」で、当時の刀鍛冶の技術では尾栓ネジの加工は不可能であった。

金兵衛はやすりで雄ネジは作れたが、雌ネジの製造がどうしても工夫できなかったのである。翌年になり、金兵衛たちが思案していた時に、二番目の南蛮船が熊野浦に入港した。その船には幸いに、一人のオランダ人鉄匠が乗船していたため、ネジの製造技術が伝授された。こうして火縄銃の複製は、着手よりほぼ一年後に完成し、まず数十挺の銃が製造された。

この二番目に来航した南蛮船は、その帰途、種子島から北上し鹿児島湾の小祢寝に入港して、新たな交易の市場を開拓している。

この時期に、種子島に在住していた堺の商人橘屋又三郎は鉄砲の製造技術を学び、堺に於ける鉄砲製造の基を築いた。

伝来当初の複製から製造技術が進み、その威力が認められると戦場に於いて使用されるようになり、鉄砲製造技術はたちまち大坂の堺や和歌山の根来、雑賀、滋賀の国友等に於いてさらに改良され、大量に生産されるようになった。

このように、各地で短期間に大量生産が可能になったのは、当時の日本に於ける刀鍛冶の製鉄技術や、鍛造技術、鋳造技術の水準が高かったためであるが、なによりも戦乱により大量の需要があったためである。

これにより刀鍛冶から鉄砲鍛冶が確立されていった。

一方、火薬の主要成分は硝石であるが、日本で硝石は産出しないため、中国より多くの硝石が輸入され、国内での火薬生産は急速に増加していった。

この硝石の輸入に、ポルトガル商人とイエズス会が、大きな役割を果たすのである。

天文一一年（一五四二年）に種子島に漂着し、ヨーロッパ人を初めて日本に上陸させたジャンク船は、シャム国（タイ）に帰還し「ジパング発見」をポルトガル人や中国人に伝えた。ポルトガル人貿易商や中国人商人は、交易の市場として有望であるとの彼らの情報に大いに刺激され、多くの交易船を、先を競って日本に向わせた。

天文一三年には、二回目に来航した南蛮船が開拓した鹿児島湾口に位置する大隈国小祢寝や山川に入港し、さらに阿久根、京泊、秋目、坊ノ津、鹿児島、根占、湊、外浦、日向、豊後等、来航当初のポルトガル船は南九州に集中していた。

このように幻の「黄金の国ジパング」発見の報は各地に伝わり、ポルトガル商人や中国人商人が日本を目指して其の動きを活発にし始めた頃、日本に興味を抱き、マラッカで日本に向けて出発の準備をしていた人物がいた。

フランシスコ・ザビエルである。

ザビエルは一五〇六年にスペインのバスク地方ナヴァラ王国城主の息子として生誕し、日本にキリスト教をもたらしたイエズス会創立者の一人であった。

(二) イエスの戦士――イエズス会の誕生

キリスト教にはいくつもの修道会があり、クリュニー会は九一〇年、シトー会は一〇九八年、フランチェスコ会は一二〇九年、ドミニコ会は一二一六年にそれぞれ創立されている。

一六世紀初頭より、堕落した従来のカトリックに対し、マルティン・ルターは宗教改革の運動を展開し、「プロテスタント」は多くの支持を得てカトリックの勢力圏に浸透し始めた。

このため、カトリックの勢力範囲は次第に失われていったが、このプロテスタントに対し、カトリックはカトリック自体の近代的再興を目指し、プロテスタントに対抗する宗教改革を展開していった。それは失った勢力圏を奪回し、それと同時に、布教保護権を背景として、ポルトガルとスペインが獲得した植民地を中心として、新しい布教地の開拓を強力に推進していくものであった。

カトリック教会は、それまでの修道院における「労働と祈り」を中心とした信仰活動を改め、世俗社会と積極的に接触し、病人の看護や孤児の保護等、一般社会で現実的に役立つ事業を実施する事により、一般民衆を教導し、勢力の回復と拡大を図ろうとしたのである。

このようなカトリック教会の改革と刷新が推進されて行く中で、貴族軍人出身のイグナチオ・デ・ロヨラとフランシスコ・ザビエルを中心とした七人の同志はパリに於いて、熱心に自分達の生涯の宗教活動計画を討論していた。

彼らは、まず聖地を巡礼し、イエス・キリストに倣ってこの世の富や名誉を捨て、その後の生涯を、自己の成聖と永遠の王であるイエス・キリストのもとでの救霊に捧げようと決意した。

七人の同志は、さらに討議を深めると同時に、黙想、断食、苦行、告解など霊的修業を積み重ね、ついに一五三四年八月一五日、人里から離れ、葡萄畑が続くモンマルトルの丘にある小さな教会で、「清貧」「貞潔」「聖地エルサレム巡礼」の誓願を立て、「イエズス会」を創設したのである。

さらに七人は討議を続け「従順」を誓願に加えた。

これにより、イエズス会員は教皇への従順を誓い、イエズス会総会長に従う事が義務付けられた。

そして、教皇の命令によって、どこへ派遣されても、イエズス会への紐帯を強め、イエズス会を永続させる事を全員一致で確認した。

このようにして、会員数を六〇人と限定されたが、イエズス会は一五四〇年九月二七日に発布されたローマ教皇パウルス三世の教皇勅書により、カトリックの修道会として公認された。

イエズス会はローマ教皇への絶対的服従義務とキリストの精鋭兵士として異教の地を戦場と認識し、非キリスト教世界と抗争する戦闘的集団、即ち「イエスの軍団」として海外布教を重視していた。

それは、新しく発足したイエズス会がその布教活動の地を、既に古くからの修道会の布教が行われているヨーロッパではなく、まだ布教活動の成されていない新天地を開拓する必要があったからである。

アジアに於けるカトリックの布教は、ヴァスコ・ダ・ガマの東回りによるインド航路開拓に同行した聖三位一体会のペドロ・デ・コヴィリャンにより、一四九八年にインドのカリカットに於いて初めて行われたといわれている。

一五〇〇年になるとフランシスコ会の八名の司祭が布教を開始し、一五〇三年にはドミニコ会もインドにおけるカトリック布教に参加している。

一五一〇年にポルトガルはゴアを占領し、インド支配の拠点とした。

ポルトガルはインド占領に際し、ヨーロッパ人女性のインド渡航を禁止する政策をとっていたが、一五二四年に総督としてゴアに赴任したヴァスコ・ダ・ガマは厳罰もってその取締りを実施した。

その一方で、総督はインドに来ている商工業者や官吏に、現地の比較的肌色が白く、社会的地位のあるバラモン階級の女性との結婚を奨励した。

この政策はポルトガルがゴアを支配するために、現地のポルトガル人とインド人女性を結婚させ、ポルトガル人との混血と、それによる定住を推進し、ポルトガル系混血住民を増大させる目的があった。

これらの混血児はポルトガルの市民権が与えられ、ポルトガル国王に忠誠を誓い、ポルトガルが支配下に組み入れたアジアの領域であるエスタード・ダ・インディアを維持していくための重要な役割を担っていくのである。

こうした中、ゴアはカトリック布教の中心地となり、ポルトガル国王を布教保護者として、一五三四年にはゴア司教区が設置された。しかし、この頃のインドにおけるカトリック教会関係者は、ゴア司教区が設けられたのに係わらず、その風紀は乱れていた。

ゴアで活動している司祭は、フランシスコ会員四〇人を含め約一〇〇名ほどで、その員数は不足しており、しかも、彼らは宣教師としての教養に欠け、ラテン語を知らず、神学の知識も不十分だった。

多くの宣教師は女性と同棲し、宗教活動よりも金儲けのための商売に熱心で、金持ちになって、ポルトガルに帰る事を第一義としていた。軍人や官吏も安い価格で五人から六人の女奴隷を買い集め、罪深い生活をし、三年の任期中にあらゆる手段を使って金儲けをし、帰国後に備える事が習慣となっていた。

さらに、当初より布教活動をしていた、聖三位一体会やフランチェスコ会、ドミニコ会の宣教師は、現地の住民であるインド人に対してカトリックの布教活動を展開していたが、インド旧来のヒンドゥー教やイスラム教の強力な勢力に、有効な対策を打ち出せず、その布教活動は停滞を余儀なくされていった。

そのため、インドのポルトガル人社会は、聖職者も含め退廃し、布教保護権に基づくインド人へのキリスト教布教活動は沈滞していった。こうしたインド布教活動の停滞を打破するため、ポルトガル国王及びローマ教皇は、新興のイエズス会に注目したのである。

ゴア司教区の設立四年後の一五三八年、ポルトガル国王ジョアン三世はイエズス会に対し、布教要員をゴアに派遣するよう要請した。

この要請を受け、イエズス会はフランシスコ・ザビエルを中心とした三名を選任した。その三名を乗せたナウ船サン・ティアゴ号は、一五四一年四月七日、リスボンを出港した。

イエズス会に於ける彼らの使命は「異教の地をことごとく征服する」ことにあり、其の使命を果たすべくゴアに向かったのである。

一五四二年五月六日、ザビエルは惨憺たる布教状況のゴアに到着した。

一五一〇年に、艦船二三隻と一二〇〇人のポルトガル軍により占領されたゴアは、以来ポルトガルによるアジア支配の拠点となっていたが、官庁、教会、修道院、王立病院のある街並は、既に整然と整備されていたといわれている。

ゴアでは、ペルシャ製の絨毯、中国製の絹織物や磁器、ポルトガル製の毛織物、ペルシャ湾の真珠、セイロン島の宝石、アラビア産の馬、アフリカやアジア各地からつれられてきた男女奴隷、そして、モルッカ諸島のコショウ、丁子、ナツメグ等、各地の商品が盛んに取引されていた。

ザビエルは、ゴアで三年間にわたり布教活動をしたが、思うように成果が上がらなかった。

ザビエルはエスタード・ダ・インディアと呼ばれるポルトガルの勢力範囲にあるアジアの各地を訪れ、布教活動をしていたが、マレー半島のマラッカで非キリスト教に埋没し、富とみだらな生活をしているポルトガル人や現地人の信者を見て、この地域での布教活動に大きく落胆していった。

インド布教を妨げているのは、官吏の不正と信者の不道徳であった。

そんな時、ザビエルはポルトガル商人の一人であるペドロ・ディエスから、日本へ渡航した話しを聞かされるのである。

(三) それは偶然か、神の導きか——ザビエルとアンジロー

マラッカの布教活動に悲観的になっていたザビエルは、一五四五年にモルッカ諸島への視察準備をしている時、中国から帰ってきたペドロ・ディエスを含めた、数人のポルトガル商人により、日本に関する最初の

情報に接した。

この情報を聞いたザビエルは、その時、日本布教への関心を抱いたといわれている。ザビエルがインド西南岸のコンチから一五四九年一月二〇日にポルトガルの管区長メイトレ・シモン・ロドリーゲス師に宛てた書簡には、

シナの前方二〇〇レグア以上隔たったところにある日本島から、戻ってきた幾人かのポルトガル人が、私にもたらした報告によりますと、その国民は甚だ理性的で、デウス様のことについても、世俗の学問に関しても知識欲が旺盛だということです。

と記述している。

当時、マラッカから多くのポルトガル船が広東、厦門、寧波で海禁している中国との密貿易を盛んに行っていた。

前述したように、ポルトガル人が種子島に漂着し、「黄金の島ジパング」を発見したことはヨーロッパにも伝えられ、中国を経由して多くの船が日本へ向っていた。

ペドロ・ディエスは、一五四四年に寧波から日本へ渡った。ディエスは、

日本は非常に寒く、いくつかの島から成っている国で、住民の肌は白く、異教徒でシナ人と同じ文字を用いている。銀が豊富で、コショウと銀を交換した。

とザビエルに伝えた。

ザビエルは、以前マラッカに来航していた琉球の交易船により、日本の事を聞いていたが、ペドロ・ディ

エスをはじめ、さらに数人のポルトガル商人より日本の情報を集め、日本人はインド人よりも旺盛な知識欲があり、布教活動はインドより、はるかに良い成果を上げるだろうとの結論に達した。

こうした中、一五四七年一二月にザビエルがマラッカの「丘の聖母教会」で結婚式を司式している時、友人のジョルジュ・アルヴァレスが一人の異国人青年を連れて来た。

ザビエルの運命を決定付けた日本人青年アンジローである。

ザビエルはアンジローが天から自分の所へ降ってきたかのように驚き、かつ喜んだといわれている。

アンジローはヤジローとも呼ばれているが、本人に関する日本の資料はまったく存在していない。繰り返された、厳しいキリシタン禁止令によるキリスト教弾圧により、関係者はその累が及ばないよう、アンジローに関連する文書等をすべて廃棄したと思われる。そのため、アンジローの正確な日本名はもとより、出身地、身分、職業、そして年齢すら分らない状態である。

アンジローは、彼と接触した宣教師が記述したわずかな文書により、その存在が記録されているだけである。

アンジローとゴアで一年ほど生活し、日本情報を聞き取った聖パウロ学院長ニコラオ・ランチロットは、ローマのイエズス会文書に

「アンジローという名前で、その土地出身の高貴な人」

と記述している。

ザビエルはアンジローと初めて会った際、

「アンジローは、私に会って大変喜んだ。彼は私達の教理を知りたいと熱望して私に会いに来たのだ。彼

はかなりポルトガル語を話せるので、私の言った事を理解したし、私もかれの話が理解出来た。」と記述している。

前に示したように、種子島にポルトガル人が漂着して以来、ポルトガル商人による交易が鹿児島を中心として活発に行われるようになったが、アンジローはそれらの商人を相手に交易をしたり、彼らの船に食料や薪水を供給する商売をしていた薩摩の下級武士であったと言われている。

ザビエルはアンジローの優れた資質を見抜き、日本布教への有能な人材となるよう、ゴアにある聖パウロ学院でキリスト教の教義と、ポルトガル語を学習するよう指示した。

アンジローはそれらの学習に抜群の成績を修め、一五四八年五月二〇日、聖霊降臨の祝日に、ゴアの司教座教会大聖堂で司教ジョアン・デ・アルブケルケにより洗礼を受け、パウロ・デ・サンタ・フェという霊名を授けられた。

アンジローが洗礼を受けた際に使用した石造の洗礼盤は、ゴアの大聖堂に現存している。

ザビエルはアンジローに、日本を脱出し洗礼を受けるまでの自己の来歴と信仰心を、イエズス会の創立者イグナチオ・デ・ロヨラに宛てた書簡にするよう命じた。

この書簡は一五四八年一一月二八日付でゴアからローマのイエズス会総長イグナチオ・デ・ロヨラに送られ、アンジローに関する数少ない教会史料となって現在に伝わっている。

その書簡によると、些細な争いの中で人を殺してしまい、以前から知り合いである船長アルヴァロ・ヴァスのポルトガル船に逃げ込み助けを求めた。ヴァスはアンジローの窮状を知り、マラッカへ行く事を勧めた。

しかし、自分の船は交易のため直ちに出港できないため、錦江湾入り口の山川港から、まもなく出港する船長ドン・フェルナンデスに紹介状を書き、アンジローに手渡した。

アンジローは山川港で出港直前のポルトガル船に飛び乗った。その船の船長はヴァスが紹介したフェルナンデスではなく、フランシスコ・ザビエルの友人であるジョルジュ・アルヴァレスであった。しかし、船長アルヴァレスは、アンジローの状況を理解し、マラッカへの乗船を許可したのである。

アンジローは、人を殺した事による苦悩をアルヴァレスに打ち明け、心の平安を得るにはどうしたら良いかと相談した。

アルヴァレスは、マラッカにいるフランシスコ・ザビエルに会い、救いを求めるよう勧めた。

アンジローがマラッカに着いた時、ザビエルはモルッカ諸島へ出発した直後だった。落胆したアンジローは日本へ帰る決心をし、船を乗り継いで日本沿岸まで接近したが、突然の暴風に襲われ、中国に引き返した。

しかし、アンジローはその地で偶然アルヴァロ・ヴァスと再会し、再度マラッカへ行く決心をした。

マラッカに到着したアンジローは、そこでジョルジュ・アルヴァレスと奇跡的な再開を果たし、アルヴァレスは直ちに教会で結婚式を司式しているフランシスコ・ザビエルにアンジローを引き合わせたのである。

種子島にポルトガル人が漂着し鉄砲を伝えてから、六年後の事であった。

ザビエルはアンジローから日本の国土や国民、高い教育や文化、そして知識欲が旺盛であること、日本人がインドやモルッカ諸島の住民と全く違う民族であることを知らされ、日本は布教に相応しい地であることを確信した。

さらに、ザビエルはアンジローから日本にはイスラム教が伝わっていない事を知らされ、日本での布教を決定付けたといわれている。

一五四八年一月二〇日、アンジローと邂逅してから一ヶ月半後に、ザビエルはコーチンからローマへ書簡を送り、日本布教の構想と、暴風雨での難破や海賊船と遭遇する危険をも覚悟の上で、二年以内に日本へ行く決意を伝えている。

この壮大なザビエルの布教計画に対し、インド総督ガルシア・デ・サァはザビエルが日本に行けばポルトガルの支配領域を意味するエスタード・ダ・インディアが拡大し、貿易が増大するとして、ザビエルの日本布教のための渡航を許可した。

さらに、日本国王宛に羊皮紙の書状と、マラッカ長官宛にザビエル一行の日本渡航に最大の便宜を与えるようにとの指令書をザビエルに与えた。

種々の準備を整えたザビエルは、一五四九年四月一五日、アンジローとトーレス司教、フェルナンデス修士を含めた七人を伴い、カラベル船（軽快帆船）で日本を目指し、先ずはマラッカへ向けゴアを出帆したのであった。

マラッカの司令官ドン・パウロ・デ・シルヴァは、ヴァスコ・ダ・ガマの第五子であったが、マラッカ要塞の責任者でポルトガル人及び外国人に航海免許状を発行する権限を有していた。

五月末にマラッカに到着したザビエルは、マラッカから日本に直航する船を探していたが見つけることは出来ないでいた。この知らせを聞いたシルヴァ司令官は、日本へ直航するジャンク船を調達した。

このジャンク船は海賊船であったが、シルヴァ司令官は中国人船長のアヴァンを強要し、中国沿岸に寄港する事なく日本へ直航する約束をさせ、その補償としてアヴァンの妻と全財産を担保とした。

シルヴァ司令官は、ザビエル一行の日本での生活費と聖堂建設費を調達し、さらに日本国王への贈り物として非常に良質の品々を用意した。

渡航準備を終えたザビエル一行八人は、六月二四日、二本のマストのジャンク船でマラッカを出航し、日本へ直航する航路で順調な季節風の支那海に乗り出して行った。

天文一八年（一五四九年）八月一五日聖母の祝日にザビエル一行は色々な困難を乗り越えて、アンジローの故郷である鹿児島にようやく辿り着くのである。

（四）鹿児島――キリスト教の日本開教

当時の鹿児島は長期にわたる戦乱が続いていたが、島津家一五代島津貴久により薩摩、大隅、日向が統一され、ようやく戦乱が終結しようとしていた。しかし、加治木の黒川崎では肝付兼遠との激しい戦闘がまだ続いていた。

鹿児島に上陸したザビエル一行は、住民の大歓迎をうけ、アンジローの手配により九月二九日には領主島津貴久に拝謁した。ザビエルはキリストの教えが書かれている、挿絵入りの聖書と豪華な装丁の注釈書を持参した。

島津貴久はザビエルに敬意を払い丁重に対応し、数日後に家臣に対し、信者になりたい者は誰でも信者になってよいとのキリスト教信仰の許可を与えた。

この時、日本において、初めてキリスト教が開教されたのである。

ザビエルは島津貴久より一軒の家を与えられ、彼らはこの家を拠点としてアンジローが翻訳した『世界の創造』『神の子の出現』『十戒』『最後の審判』等、キリスト教の教理書の作製に着手し、辻説法等の布教活動は鹿児島上陸から二ヶ月半ほどで順調に進展していった。

通訳をしたアンジローをはじめ、ザビエル達は、昼も夜も説教に大忙しの有様だった。

ザビエルは鹿児島に一〇ヶ月ほど滞在し、その間にアンジローの妻や親戚、友人をはじめ、市来地頭職の新納康久の家族をはじめ一五〇名ほどに洗礼を授けたといわれているが、当主の新納康久は最後まで授洗しなかった。

しかし、当初はアンジローを除いて日本語が出来ず、ザビエルをはじめ一行は説教に集まる聴衆の言葉を直接理解出来ず、直接会話も出来ないため、ただ黙って立っているだけで、相当な苛立ちに苦しめられていた。

以後においても、日本に来航する宣教師にとって、日本語の習得は、最初にして最大の難関であった。ザビエル自身は滞日中、日本語を解さなかったといわれている。また、ザビエルはゴアにおいて、アンジローより日本では肉を食べず、贅沢は出来ないと聞いていたため、西欧諸国と生活様式のまったく違う貧しい生活を覚悟していた。

ザビエルは

鹿児島では贅沢な食事をしようとしても、それは出来ない。
この土地では家畜を殺して食べる習慣がなく、少量の魚と米と麦、それに野菜を食べるだけである。
しかし、この土地の人々は不思議なほど健康で、老人がたくさんいる。
日本人の生活を見ていると、満足ではないにしても自然のままに、わずかな食物で健康に生きていける事がわかる。

ところが、西欧諸国では、生活必需品が豊富で、節制の徳は押しやられ、無秩序な欲望が慣習となり、精神的にも肉体的にも、豊かさがさまざまな害を引き起こしている。

と書簡に記述している。

ザビエルは一五四九年一一月五日（天文一八年一〇月一六日）に、鹿児島からゴアのイエズス会に四通とマラッカの長官に一通の合計五通の書簡を発信している。

この頃は、ザビエル一行が鹿児島に到着してから約八〇日が経過しており、既に日本語で「神の十戒」を説明できるようになったと、同行のジョアン・フェルナンデス修士の日本語学習の上達ぶりを伝えている。

さらに、日本人は善良で名誉心を重んじ、識字率が高い、と評価しており、ザビエル一行がイエス・キリストによる日本人の霊魂救済のために、危険と苦難を顧みず、遠いポルトガルから来航した事に大変驚いていると報告している。

ザビエルは日本開教に当り、まず「日本国王」に拝謁し、日本全国での布教の許可を得て、さらに地方領主と面会し、その領域での布教権を獲得し、「大学」訪問による宗教論争、教理書の翻訳や編集、辻説法等の布教活動を実施するとした布教計画を構築していた。さらに、これらの布教活動を行うための資金を確保するため、日本中の金銀が集まる堺に商館を建て、ポルトガル船の誘致を計ろうとしている。

ザビエルはこの布教計画により日本を開教し、次の段階では、日本国王を通じての明国の開教を構想していた。

ザビエルは、この布教計画に重要な要点となる「日本国王」についての知識をアンジローから得ており、世俗的な統治権を有する王、即ち将軍と聖職者を統轄する王、即ち天皇の存在を認識していた。

このような構想を立案していたザビエルは、島津貴久に拝謁した際、日本国王に会うため都へ行く希望をつたえ、さらに都へ行くための船を提供してもらいたいと要請した。

これに対し、島津貴久は喜んでこの要請に応じ、都へ行くのに好都合な風が吹くようになったら、準備をすると答えたが、目下のところ国内で戦乱が続いているので、希望に応じかねるとし、鹿児島上陸後一〇ヶ月を過ぎても、その約束は果たされなかった。

そのような中、天文一九年（一五五〇年）七月に入ると、平戸にポルトガル船が入港したとの知らせが届いた。

この時ザビエルは、高熱と食欲不振に悩まされていたが、インドやヨーロッパからの書簡が届いているかも知れないと考え、通訳としてフェルナンデス修道士を伴って平戸へ向った。しかし、ザビエルへの書簡は届いていなかった。落胆したザビエルは、八月初旬に鹿児島に帰った。

鹿児島では、ザビエルの仏僧批判に端を発し、僧侶達のキリスト教憎悪は迫害へ進展していった。

ザビエル一行は鹿児島上陸当初、各方面より大歓迎を受け、特に島津家菩提寺の曹洞宗福昌寺の住職であった一五世忍室と親しく宗教問答を交わしていた。

しかし、鹿児島における僧侶達の私生活において一般化している蓄妾や男色行為に気付いたザビエルは、僧侶達の行為はキリスト教倫理に反する忌まわしい罪であると、聴衆の前で強く批判した。

僧侶達は、これらのことは一般に周知されている事として平静を装っていたが、名誉を傷つけられた恨みは根強く、宣教師に対する迫害にまで発展していたのである。

当時の鹿児島において、僧侶は強大な勢力を持っており、領主への影響力は大きかった。

僧侶達は島津貴久に対し、領民のキリスト教への入信を禁止するよう迫った。

しかし、島津貴久は、ザビエルが鹿児島にいることにより、ポルトガル商人が来航し利益が得られるとして、僧侶達の強要を抑えていたが、商機に敏感なポルトガル商人は鹿児島より、平戸に入港するようになった。

平戸は堺や博多への航行の拠点として、その利便性が注目されたのである。

このような情勢になり、領主島津貴久は僧侶の要求を受け入れ、領民に対しキリスト教の信者になってはならないとの命令を公布した。このキリスト教禁止令により、鹿児島は日本におけるキリスト教開教の地としての名誉とともに、最初のキリスト教禁止を実施した地となったのである。

ザビエルはもはや鹿児島に留まる必要がなくなり、都に行き、国王に拝謁し、日本全国での布教の許可を願い、宗教論争のため比叡山の大学へ行くという予てからの計画を実行するため、まず平戸に行くことにした。

ザビエルは領主島津貴久に離別の挨拶と平戸へ行く許可を求めると、貴久は快く応じ、一隻の船を貸し与えた。

ザビエルは、通訳として役立っていたアンジローに信者の世話をさせたるため鹿児島に残し、通訳としてジョアン・フェルナンデス修道士を伴い、一行七人は天文一九年（一五五〇年）八月末、平戸に向け鹿児島を出発した。

鹿児島に残ったアンジローは熱心に教義を説いていたが、ザビエルの後ろ楯を失い、僧侶達の迫害に屈し、信者を放置して、再度、故郷を離れざるを得なかった。

アンジローは倭寇に加わり、中国の沿岸で戦闘中に殺害されたといわれている。

停泊中のポルトガル船が祝砲を打ち鳴らす中、ザビエル一行は無事平戸に到着し、領主松浦隆信の歓迎を受けた。

松浦隆信は領内での布教を許したので、フェルナンデスが日本語で説教すると、先ずは最初の宿の主人とその家族が洗礼を受け、すぐに一〇〇名ほどが信者になった。

一方、ザビエルは一刻も早く都に行き、堺や京及び大学を自分の目で見分したいと念願していたが、一〇月になり北風が吹き始めたので船旅は困難になった。このためザビエルは都へ行く事を延期し、強力な領主のいる山口まで徒歩で行くことにした。その目的は、山口の領主に拝謁し、都で国王から布教の許可を受けられるようとりなしてもらうためであった。

ザビエルはジョアン・フェルナンデス修道士と鹿児島で洗礼を受けた日本人ベルナルドを伴って山口へ向かった。

山口は周坊、長門、安芸、石見、備後をはじめ、九州の豊前、筑前の七ヶ国の守護職を兼ねた、当時日本で最大の勢力を持った守護大名大内氏の本拠地であった。

(五) 天皇と将軍の権威――守護大名 大内義隆の実力

大内氏は推古天皇の時代（六〇〇年代）に来朝した百済の王子・琳聖太子の末裔といわれ、嘉吉元年（一四四一年）大内教弘が筑前の守護となり、博多を拠点として、明国や朝鮮国と勘合貿易を推進していったが、室町幕府が弱体化していく中で、その勢力は拡大していった。

大永三年（一五二三年）に大内氏と細川氏との間で発生した遣明船に関しての衝突である「寧波の乱」で細川氏を打破り、第三〇代当主の大内義興は勘合貿易を独占するようになった。

勘合貿易では刀剣や扇を輸出し、銅銭、絹織物、陶磁器等が輸入されていた。

この頃、銅銭は日本で鋳造されていなかったため、大きな利益をもたらした。

このような状況を背景に、一五〇〇年代の大内義興の頃には、大内氏は戦国大名として最大の勢力を誇っていた。

軍事力のみならず、その豊かな財政により、山口には都の神社仏閣にならい壮麗な伽藍が建立され、京の都の公卿や僧、学者、文人が移り住み、京に次ぐ文化の中心を成していた。

応仁元年（一四六七年）に始まった群雄割拠の下克上による戦乱は京の都を衰退させていったが、豊かな勢力を誇る山口は大内文化の花が咲き乱れていたのである。

このような華やかな山口に辿り着いた貧しい身なりのザビエル一行は、やっとの事で泊めてくれる家を見つけた。

すると天竺から異国の僧が来たとの噂が広まり、異国人の説教を聞きたいと、多くの武士や町人が集まって来た。ザビエルは毎日二度、人の集まる街頭で辻説法を行った。

多数の聴衆が説教を聞き、それぞれの反応を示していたが、大内家の重臣たちの家にも招かれるようになった。

その中で、ザビエルは熱心に説教を聞いていた重臣で、長門の守護代内藤興盛に領主へ拝謁の斡旋を依頼した。

ザビエルの噂を伝え聞いていた大内義隆は、即座にザビエルを接見した。

大内義隆は多くの家臣が控える中、インドやヨーロッパの事や航海途上の様子等を質問した後、キリスト教について尋ねると、ザビエルはフェルナンデスに説教用の帳面を読み上げさせ、世界創造とその掟を説明した。

その中で、日本人の男色を罪悪とし、その行為は豚より穢らわしく、犬畜生に劣ると主張したため、大内義隆は酷く憤慨し、朗読が終わると直ちにザビエル一向の退室を命じた。

このような状況で、山口での布教はほとんど成果が出なかったため、ザビエルはいよいよ都へ行く計画を実行した。

天文一九年（一五五〇年）一二月にザビエル一行は都を目指し山口を出発した。

冬の寒さの中、陸路で岩国へ到着し、岩国から海路で堺へ向った。

船中ではザビエルを罵るものもいたが、途中で接岸した港の有力者が、一行が難儀しながら天竺から来たと聞き、そのみすぼらしい姿に同情し、堺の友人に宛てた紹介状をザビエルに手渡した。

その友人は、後に授洗し、ザビエルを大いに助力した堺の豪商日比屋了珪であった。日比屋家は第三〇代領主大内義興の代から大内家に仕え、対明貿易に大きな役割を担っていた。

快く一行を迎えた日比屋了珪の助力により、ザビエルは翌年の一月一五日頃に守口、枚方を過ぎ、鳥羽から真言宗の大寺院東寺に到着した。

東寺から羅生門に出たザビエルは、凄まじい都の姿を目の当りにするのである。

応仁の乱に始まり荒廃していった京の都は、天文五年（一五三六年）比叡山の僧徒による「天文法華の乱」

により、その全区域が廃墟と化していたのであった。

ザビエル一行は日比屋了珪の手配により、京都御所のすぐ南に居を構える小西家に温かく迎えられた。都に到着したザビエルは国王に拝謁し、全国での布教許可を得る事、「大学」を訪問し、学僧と宗教論争をする事、そして堺に商館を建てポルトガル船の誘致をするとした日本での布教構想を実践するための行動を開始した。

まず、「大学」に当る比叡山を目指し、坂本にある小西家の親類を訪ねた。そこから比叡山に登り、座主に会おうとしたが、座主に会うには十分な贈り物を用意しなければならないことを告げられた。

ザビエルはマラッカから持参した高価な贈答品を全て平戸においてきたので、どうする事も出来ず、この計画は断念せざるを得なかった。

坂本から京に戻ったザビエルは、次に第一の国王である天皇に拝謁するため、たび重なる戦乱で荒れ果てた京都御所を訪れ、天皇の謁見を願い出たが、献上品を持参しておらず、みすぼらしい姿のため、ここでも門前払いにされた。

やむなく小西家に戻ったザビエルは、小西家当主より、現在の後奈良天皇の皇室は極貧の惨めな状態にあり、その権力は既に失われていると教えられた。

明応九年（一五〇〇年）に崩御された後土御門天皇の葬儀はその費用が間に合わず遅延し、後柏原天皇の即位礼は二〇年後の大永元年（一五二一）に挙行され、さらに後奈良天皇は大永六年（一五二六年）に践祚されたが、山口の大内義隆や本願寺からの献金により、天文五年（一五三六年）にようやく即位礼を挙行できたといった状態であった。

もう一人の国王と認識していた室町幕府の将軍足利義輝はザビエルが訪れた時、将軍を補佐していた管領細川晴元が、対立していた三好長慶により京を追われたため、近江坂本の常在寺に退去し、さらに朽木に逃れていた。このためザビエルは将軍足利義輝に会う事は出来なかったが、将軍の権威が著しく失墜している事を目の当りにしたのである。

このような都の荒廃した現実と、天皇及び将軍の置かれた厳しい実情を直接確認したザビエルは、国王より日本布教の許可を得るとした日本布教構想を断念するのである。

この体験によりザビエルは、この時点で最も強力な勢力を有するのは、山口の大内義隆であることを確信し、キリスト教布教を託すべき権威者が居らず、戦乱で荒廃した京の都は、神の教えを伝えるのに相応しくないとして、一一日間滞在した都をすぐさま離れる決心をした。

ザビエルは天皇よりも、足利将軍よりも大きな勢力を誇る山口の大内義隆に日本布教への期待を賭け、ポルトガルのインド総督及びゴアの司教からの親書と貴重な献上品を残してきた平戸へ向け、堺を出発するのであった。

瀬戸内海の航路とはいえ、二月の荒海を吹き荒れる寒風は一行を悩ませたが、平戸に着いたのは寒さのゆるんだ三月中旬であった。

ザビエルはマラッカから持参した日本国王への贈り物を船に積み込むと、再度山口へ向け玄海灘を出航した。

天文二〇年（一五五一年）四月に山口に着いたザビエルは、以前世話になった重臣内藤興盛を通じ、領主大内義隆に拝謁を願い出た。拝謁を許されたザビエルは、前回とは全く違うインド総督使節としての正装をし、インド総督ガルシア・デ・サァとゴアの司教ジョアン・デ・アルプケルケの羊皮紙の親書と高価な贈り物を持参した。

この時点で、ザビエルは室町幕府の足利将軍が保持していた勘合貿易船派遣を取り仕切る実務権限を掌握している大内義隆を、日本国王の王権代行者として認めたのである。

持参した高価な贈り物は、インド総督とマラッカの長官が日本国王に用意した時計、オルゴール、マスケット銃、眼鏡、望遠鏡、ポルトガル製織物、カットグラス、磁器、絵画、書籍、葡萄酒等であった。

これらの親書と贈り物に、大内義隆は大変喜び、その返礼品を下賜しようとしたが、ザビエルは謝意を表したものの返礼品を固辞し、ただ布教の許可のみを願い出た。

領主大内義隆はザビエルの申し出を快諾した。そして、領内での布教を許可し、誰でも洗礼を許すとの御触れを街頭に建てる事を命じ、宣教師に危害を加える事を禁じ、さらにザビエル一行の宿舎として大道寺を指定した。この大道寺は現在の山口市のザビエル公園付近にあったといわれている。

領主の許しが出たためか、前回とは違って宿舎となった大道寺には多くの武士や仏教の各宗派の僧や住民等が朝から晩まで押しかけ、質問や討論で大盛況となった。

この時に使用された教理書の中で、アンジローはキリスト教の「神」を「大日」と翻訳していたため、真言宗の僧侶は「大日」を「大日如来」と同一視し、同じ宗派であると誤解して、ザビエルを大歓迎した。しかし、ザビエルは僧侶達との討論を通じ、「大日」がキリスト教の「神」ではなく、アンジローの翻訳が間違っているのではないかと疑問を感じ、新しく授洗した学識のある信者と議論を交わした。その結果、ザビエルは「大日」はキリスト教が教える「神」ではないことに気付いた。

これ以後、誤解を避けるため布教にはラテン語の「デウス」を使用することに変更した。「大日」の誤解によりザビエルと真言宗との友好関係は断絶され、僧侶達はキリスト教を憎悪するようになっていった。しかし、領主の御触れが出ているため、直接危害を加える事はなかった。

このような状況下でも、約二ヶ月間に五〇〇人ほどが洗礼を受けたといわれている。

山口での布教を始めてから四ヶ月ほど経った八月に、ザビエルは豊後の領主大友義鎮より、ポルトガル船が来航したので豊後に来て欲しいとの要請を受けた。

大友氏は鎌倉幕府の御家人で、大分川が別府湾に注ぐ、現在の大分市である府内で代々豊かに繁栄していた。

豊後は天文一三年（一五四四年）に、ポルトガル人船長のジャンク船がポルトガル商人を乗せて沖の浜港に来航し、交易も行われていたが、大友氏二一代の義鎮はポルトガルとの友好をより強化したいと考え、ザビエルを府内に招いたのだった。

沖の浜に到着したザビエルは府内の館に招かれ、正装したポルトガル人と大友義鎮より盛大な歓迎を受け、沖の浜に宿舎を与えられた。ザビエルを迎えたこの沖の浜は、慶長元年（一五九六年）の大地震により水没している。

ザビエルは豊後に来航したポルトガル人が、ヨーロッパやインドからザビエル宛の手紙を持って来たのではないかと期待していたが、その期待はまたしても裏切られた。

ザビエルが機会があるごとに依頼していたゴアやマラッカからの報告書は、この二年間全く日本へ届けられていなかったのである。

ここにおいて、ザビエルはインドで何か重大な事件が起きているのではないかと不安を抱くようになった。

(六) 果たせぬ夢　中国布教——ザビエルの離日

インド布教の責任者であるザビエルは、その責任者としてインドの状況を直接調査する必要があるとの結論に達し、布教活動が始まった山口へ戻らず、インドへ向う決断をした。

インドへ行く準備をしているザビエルに、山口から衝撃的な知らせがもたらされた。

それは大内氏家臣の陶晴賢が謀反を起こし、山口を占拠したため、領主大内義隆は自刃し、布教の中心である大道寺は焼失したが、宣教師達は難を逃れて無事であるとの知らせであった。

ポルトガル人が種子島に漂着した天文一二年（一五四三年）、山陰地方を中心に勢力を拡大してきた尼子晴久との戦いに敗れた大内義隆は、それ以後、武力を嫌い学問芸術に親しみ、公卿や芸術家を厚遇したため、経費が増大し、それに伴い領民への賦課も厳しくなっていた。このため領民の不満とともに、豊後大友の養子となった大内義隆の姉の次男晴英と、大内義隆の実子義尊との家督相続の争いが発生し、晴英を推す陶晴賢を中心に謀反が計画されていたのである。

天文二〇年（一五五一年）八月二九日謀反が起ると、大内義隆は法泉寺に逃れていった。しかし、陶晴賢や内藤興盛等の率いる五〇〇〇人の軍勢が山口に進撃して来るにおよび、九州に落ち延びようとして、船で長門の仙崎沖に出たが、風浪のため船が進まず、現在の長門市深川湯本の大寧寺に入り、陶軍が門前に迫った九月一日、六歳の嫡子義尊とともに自刃するのであった。

順調になされていた山口での布教活動は、突然の出来事により、その継続が危ぶまれたが、新しく晴英が領主になったため、ザビエルは豊後の領主大友義鎮に対し、晴英とともに山口での布教に助力するよう要請し、山口での布教活動は維持される事になった。

このようにして、ザビエルは山口での布教活動で一緒に苦労して来た布教長コスメ・デ・トレースに後事を託し、日本を離れるのである。

その後、布教長トレースとフェルナンデスは、山口での教会活動を大いに発展させ、弘治三年（一五五七年）の毛利元就の乱により迫害されるまで、二〇〇〇人に及ぶ信者を擁したといわれている。

さらに、布教長トレースとフェルナンデスは豊後に移動し、豊後を中心として各地への布教を展開していったが、永禄五年（一五六二年）には横瀬浦に移転し、大村純忠を洗礼した後、口之津で布教活動に携わっていた。

その口之津にザビエルの精神を継承し、日本布教の組織を確立した巡察師アレッサンドロ・ヴァリニァーノが上陸するのは一七年後の天正七年（一五七九年）七月二五日のことであった。

天文二〇年一一月一五日にドゥアルテ・ダ・ガマの船は、山口での布教活動継続の手筈を整えたザビエルを乗せて豊後、沖の浜を出帆した。

天文一八年八月一五日に鹿児島に上陸しい以来、二年三ヶ月にわたるザビエルのキリスト教日本開教事業は、ここに終わるのである。

ザビエルは当初より、日本開教をした後、日本国王の勘合符による中国入国と、開教を構想していた。しかし、日本国王と見做していた天皇と将軍は戦乱により正常な状況にない事を実際に見聞し、中国との勘合貿易の実権を握った大内義隆も陶晴賢の謀反により自害した状況において、ザビエルは日本からの紹介により中国へ入国し、中国開教というそれまでの構想を断念せざるをえなくなった。

しかし、ザビエルは日本での布教活動を通じて、日本が中国の文化に大きく影響されている事を感じ、中国に強い関心を抱くようになり、中国での開教を目指し、中国に入国する方法を考えるようになった。

広東の上川島に着いたザビエルは、旧友ディエゴ・ペレイラと偶然再会し、ペレイラより中国に捕らわれているポルトガル人の手紙を見せられた。

この手紙を読んでザビエルは、ペレイラをポルトガル国王の使節として、捕らわれているポルトガル人救出の交渉をすることを名目に、中国に渡航する計画を考えついた。二人はマラッカからインドのコーチンに急いだ。

コーチンに着いた二人は、インド副王アフォンソ・ノロンニャより、ディエゴ・ペレイラをポルトガル国王の使節として中国に派遣する許可を得る事に成功した。

この計画は抑留されているポルトガル人を救出し、友好通商条約を締結する事を主目的として、ザビエルは随員となって同行し、中国開教の端緒を開こうとするものであった。

当時、中国は明王朝の時代で倭寇対策のため、海外との交流や交易を禁止する海禁政策を実施していた。

このためポルトガル商人は広東から二〇キロにある上川島を拠点として中国との密貿易をおこなっていた。

しかし、この計画は使節を派遣する船団の指揮権をめぐる争いとなり、ペレイラは同行できなくなったしまった。ザビエル一行四人はペレイラを残し、一五五二年七月サンタ・クルス号に乗船して、シンガポールを目指して出帆し、四日後にシンガポールに到着した。

さらに八月末には広東の上川島に入港し、中国本土に渡る計画を立てたが、体調を崩していたザビエルは一一月二一日に高熱を発して倒れた。

一一月二六日から意識を失い、一二月三日の夜明け前に、ザビエルはイエスの聖名を唱えながらついに息を引き取り、四六歳の生涯を閉じるのである。

遺骸は上川島の丘の中腹に埋葬されたが、二ヶ月後の翌年一五五三年二月にサンタ・クルス号がマラッカに帰港する際、遺骸をどうするか問題となり、墓を開けてみると遺骸は腐敗しておらず、祭服も埋葬時と全く同じ状態であった。

そのため棺に石灰を入れて船に運び込み、ザビエルの遺骸を収容したサンタ・クルス号は三月二二日にマラッカに入港した。

マラッカでは葬儀が行われ、ザビエルとアンジローが運命的な出会いをした「丘の聖母教会」に、ゴアへの風待ちのため九ヶ月間仮埋葬された。さらに、一五五四年三月一五日、イエズス会のアジア布教の本拠地であるゴアに移送され、ザビエルが活躍した聖パウロ学院に安置された。

その後一六二四年に、ゴアのボム・ジェズ教会に移され、現在も、同教会のサイドチャペルの銀で造られた棺の中に眠っており、ミイラ化した聖遺体は一〇年ごとに一般公開され、信徒の熱い尊崇を受けている。

アジアにおけるキリスト教の活動は、一二四五年、教皇インノケンティウス四世がフランチェスコ会士プラノ・カルピーニをモンゴル帝国の都、カラコルムへ派遣したのが最初といわれている。

これは、一二七五年に元朝の大都（現在の北京）でフビライに仕えたマルコ・ポーロよりも三〇年ほど早い時期である。

一三一〇年には元の泉州に教皇クレメンス五世の援助により、フランチェスコ会の司教館が建立された。

この頃、パックス＝ロマーナに続くパックス＝モンゴリカにより、ヨーロッパとモンゴルや中国を中心としたアジアとの交流は深まっていた。

ポルトガルは一五一一年にマラッカを攻略し、拠点を築くと、一五一六年にマラッカ総督アンドラーデは明朝の北京に大使を派遣し、交易の交渉をしたが失敗に終わった。

しかし、一五五四年になり交易交渉は成立し、税金を支払えばポルトガル商船の取引を認める事になり、一五五七年にはマカオでの居留権がみとめられた。

ザビエルの死から五年が経過していた。

これによりポルトガルはマカオに安定した拠点を築き上げ、明国から生糸、絹、陶器、樟脳、銅等を購入し、代金を銀や胡椒で支払う貿易が活性化していった。

同時にマカオは東アジアでのカトリック宣教師の布教の拠点にもなって行くのである。

一五七八年になると、アフリカ東部とアジア全域の広大な管区を統括するイエズス会の巡察師アレッサンドロ　ヴァリニャーノは、日本へ向かう途中でマカオを訪れ、ザビエルが最後に目指した中国布教事業に着手し、ゴア管区長ヴィンセンテ　ルイスに中国語を学び取れる優秀な宣教師を派遣するよう要請した。

この要請によりマカオに派遣されたイタリア人でイエズス会のミケーレ・ルッジェーリは、中国人絵師に中国語を学び、広東で交易するポルトガル船に同乗して中国側役人と接触していた。

そうした中、一五八三年に広東と広西を管轄する両広総督の許可を得て、ルッジェーリはマテオ・リッチを伴い広州に近い肇慶を訪れ、布教を開始した。

ルッジェーリは交流している中国文人の協力得て漢文の教理問答『天主聖教実録』を完成させ、キリスト教の「デウス」を中国語で「天主」と訳し、キリスト教を天主教と表現した。

こうした努力により、ザビエルが最後に望んだイエズス会によるキリスト教の中国布教活動は、ザビエルの死後三〇年余を経て始動したのである。

ザビエルは一六一九年一〇月二五日に福者となり、教皇グレゴリウス一五世により一六二二年三月一二日に、イエズス会初代総長のイグナチオ・デ・ロヨラとともに列聖された。

三　歓迎から弾圧へ――天下人とキリスト教

(一) ビロードの帽子――織田信長の知的好奇心

室町幕府一四代将軍足利義輝はザビエルが訪れた時、管領家細川晴元とともに、三好長慶により京を追われ、近江坂本に逃れていたが、永禄元年（一五五八年）一一月に京へ帰還した。

しかし、将軍義輝は細川晴元の家臣であった三好長慶と、その家臣である松永久秀に幕府の実権を握られていた。

永禄八年に将軍足利義輝は三好義継や松永久秀に殺害され、松永久秀が権力を掌握した。

この頃、日本は下剋上の真っ只中にあり、また、仏教徒によるキリスト教への反撥も増大していった。松永久秀は宣教師追放を画策する法華経信徒竹内秀治・秀勝兄弟の献策により、イエズス会の宣教師殺害に同意したが、三好義継家中のキリシタン武士六〇人余りが教会に籠り抵抗を示したため、その実行は未遂に終わった。

このため竹内兄弟は宣教師追放を正親町天皇へ奏請すべく画策をした。

正親町天皇はこの奏請に答え、同年に宣教師追放を女房奉書による綸旨として下付した。女房奉書とは天皇に仕える女官すなわち女房が、天皇の意を書き記す女性筆跡の奉書である。

この宣教師追放の奉書により、ヴィレラや既に布教活動をしていたルイス・フロイスは京都から堺に脱出した。

ルイス・フロイスは、一五三二年にポルトガルのリスボンで生まれで一六歳の時イエズス会に入会すると直ちにインドのゴアに派遣され、宣教師としての教育を受けていた。そのときに、ルイス・フロイスは、日本に向けて出発直前のフランシスコ・ザビエルとアンジローに出会い、日本に対する強い関心を抱き、彼の運命を決定付けるのである。

永禄六年（一五六三年）にフロイスは念願が叶い長崎に上陸すると、まず日本語を学習し、平戸からヴィレラが活動している京都に向ったのである。

殺害された将軍足利義輝の弟であり、奈良興福寺の僧、覚慶は兄と同じように松永久秀に殺害される事を恐れ、近江国甲賀出身の豪族で、一四代将軍足利義輝の代から室町幕府の執事として仕えていた武将の和田惟政を頼り、興福寺を脱出した。

和田惟政の自邸に匿われた僧覚慶は、和田惟政に足利義昭として将軍職を継ぐため、諸国の有力な武将に働きかけるよう要請した。

和田惟政はこの要請をうけ、越前の朝倉義景、近江の六角義賢等に働きかけたが不調に終わった。

このため、和田惟政は当時急速に勢力を増大していた、織田信長に打診をした。

天下を窺っていた織田信長は、直ちに足利義昭を奉じ、都に向う決断するのであった。永禄一一年（一五六八年）三好義継や松永久秀を打破り、上洛に成功した織田信長は、足利義昭を室町幕府一五代将軍に擁立した。

和田惟政は信長上洛の際、細川藤孝と共に室町幕府軍の指揮をし、その功績により、将軍となった足利義昭から高槻と芥川の城を感状と共に賜与されている。

このように、将軍足利義昭擁立に功績のあった和田惟政は、織田信長と将軍足利義昭から絶大な信頼を受けるようになった。

この頃、正親町天皇の綸旨による宣教師追放令により、永禄八年に都を追われたルイス・フロイス達宣教師は堺にとどまっていたが、和田惟政の家臣でありキリシタンの高山右近は、宣教師達を堺から都に戻れるよう尽力した。

高山右近の熱意に同調した和田惟政は、織田信長に対し、宣教師の帰京を願い出た。

数日後、織田信長の許しを得た和田惟政は、高山右近に対しルイス・フロイス達を都に連れて来るように命じた。

このようにして永禄一二年、ルイス・フロイス達宣教師は五年間の堺在留を終え、都に戻れたのである。ルイス・フロイスは都に到着した数日後の三月一三日に、和田惟政の仲立ちによりロレンソ、ベルショール、アントニオ、コスモを伴い、織田信長に拝謁した。その際の贈り物として、大きなヨーロッパ製の鏡、孔雀の尾羽、黒いビロードの帽子とベンガル産の藤杖を持参した。

織田信長はフロイス一行と食膳をともにしたが、彼らと直接話しをせず、これらの贈り物のうち、ビロードの帽子だけを受け取り、他は持ち帰らせた。

織田信長はこの黒いビロードの帽子を大変気に入り、〝黒き南蛮笠〟として愛用したといわれている。

和田惟政は、織田信長がフロイスと直接話をしなかったため、織田信長に彼を再度引見するよう説得し、建築中の二条城を見分している信長にフロイスを謁見させる事に成功した。二人は濠橋の板に腰をかけ、長時間にわたって語り合った。

その中で信長は、伴天連はどうしてかくも遠い国に来たのかと訊ねた。フロイスは、この国に救いの道である「デウスの教え」を伝えることにより、世界の創造主で人類の救い主たるデウスの御旨に添いたいという望みだけで，何んら現世的な利益を求める事なく、喜んで困苦を引き受け、長い航海の大きな危険に身を委ねたのであると答えた。

さらに、フロイスは織田信長に対し、都での自由滞在の許可を求め、日本の高位の宗教者や学僧との論争を希望し、もしフロイス側が論破されたなら甘んじて追放を受けるが、仏僧が敗北したらデウスの教えを認め迫害しないようにしてほしいと懇願した。

信長は彼らの願いを聞き入れ、和田惟政に伴天連が希望する内容の允許状を作成するよう命じた。

和田惟政はフロイス達と協議し、伴天連が都に居住する自由と、仏僧が行うべき義務を免除し、希望する地に滞在する事を許可し、これを妨害する者は処罰するとした允許状を提出した。織田信長はその書状に「天下布武」の朱印を押し、朱印状として下付した。さらに織田信長は将軍足利義昭に対し、自分は既に朱印状を伴天連に授けたから、将軍も制札による允許状を与えるよう進言した。

将軍足利義昭は織田信長と同じ内容の允許状に捺印し、彼らに授与した。

これにより、イエズス会は日本での布教の法的権利を得たのである。

しかし、正親町天皇の宣教師追放令は引続き継続されており、信長と将軍足利義昭の允許状は正親町天皇による宣教師追放の綸旨を無視する状態となった。

信長から信頼を受けたフロイスと建築技術に精通した宣教師オルガンティーノは共に都において布教活動を行い、多くの信徒を得て、畿内におけるイエズス会の拠点確立に成功するのである。

天正七年（一五七九年）七月二五日、マカオを出港し天草の口ノ津に上陸したイエズス会巡察師アレッサンドロ・ヴァリニャーノは、天正九年ルイス・フロイスを伴いオルガンティーノが担当している五畿内の巡察のため上洛した。

五畿内のキリシタンは既に二万五千人に達し、イエズス会の布教領域は薩摩、山口、越前、尾張、美濃に拡大していた。

海路で堺に着いたヴァリニャーノは、さらに都に向かった。

一行の中に黒人の従僕がおり、この噂が伝わると都の宿舎である南蛮寺にはその「黒坊主」を見ようと大勢の群衆が集まり、怪我人が出るほどであった。「信長公記」によると、キリシタン国より「黒坊主」が来た、二六〜二七歳位で体全体が黒く、牛のようだと記述されている。

この噂は南蛮寺の直ぐ近くにある本能寺の信長に達し、信長はヴァリニャーノとの謁見の前日に、その黒人を本能寺に呼び、息子の信忠、信雄、信孝とともに見物した。

信長はその黒い皮膚を自然の色と信じられず、墨を塗っていると思い、上半身を脱がせその体を洗わせた。洗うと白くはならず、一段と黒く輝いたといわれている。

信長がその黒人を大変気に入ったため、ヴァリニャーノはこの黒人を献上した。

この黒人はモザンビークのアフリカ黒人であるといわれている。

信長はこの黒人を「彌介」と名付け召抱えたが、一年三ヶ月後、彌介は本能寺の変に遭遇するのである。

フロイスのイエズス会総長への天正一〇年一一月五日付報告書によると、本能寺で信長と共に戦っていた彌介は、信長が自刃すると、織田信忠が宿舎妙覚寺を出て立て籠もった二条城へ駆け込み、最後まで戦ったが、明智光秀の家臣に捕縛された。

同家臣にこの黒奴をどう処分するかを問われた光秀は、黒奴は動物で何も知らず、また日本人でないからこれを殺さず、パードレの聖堂に連れて行くようにと命じ、本能寺近くにある南蛮寺に連れて行かれたといわれているが、それ以後の消息は不明となっている。

ポルトガル船が入港する九州あたりでは、船員やポルトガル商人の下僕、或いは奴隷として渡って来る黒人は多かったと言われている。黒人を下僕として使用していたのはポルトガルの商人だけではなく、日本に来ているイエズス会士もアフリカ黒人を使役していた。この頃、アフリカの黒人のみならず、中国人を中心としたアジア人や日本人に至るまで、ポルトガルやスペインの商人がこれらの地域に赴任した宣教師と共謀して奴隷売買を盛んに行っていた。

巡察師ヴァリニャーノの謁見等、都での諸行事が終わると、信長は安土城に帰還したが、巡察師ヴァリニャーノに安土城を訪れるように促した。

信長の招請を受け安土城に到着したヴァリニャーノ一行を、信長は城内を見学させ大いに歓待した。

同地に一ヶ月ほど滞在したヴァリニャーノは、下地区の巡察に出発するため信長に別れを告げに登城した。

その際、信長は一年前に狩野永徳の父親である狩野松栄に描かせた豪華な金屏風を贈り、もし気に入れば持ち帰り、気に入らなければ返却せよと申し添えた。

この屏風は、正親町天皇に達し、皇室に献上するよう懇請されたほどに見事なものであったといわれている。

ヴァリニャーノは信長の厚意に深く感謝し、この屏風絵は中国、インド、ヨーロッパに日本を紹介する貴重な品であるとして拝受した。この屏風はヴァリニャーノがゴアに携行し、さらに同行した天正少年遣欧使節に託され、一五八五年にヴァチカンに到着した同使節一行により教皇グレゴリウス一三世に献呈されている。

当時はヴァチカン宮殿の「地図の間」に展示されていたが、現在では行方不明となっている。

かねてよりイエズス会は天皇に拝謁し、布教允許状の下賜を望んでいたが、信長はそれを妨げていた。

フロイスは、幾度となく信長に天皇拝謁を願い出たが、「予がいるところでは、汝らは他人の寵を得る必要はない。なぜならば、予が天皇である」として、その願いを受け入れず、むしろ不快の表情を示す状況であった。

そうした状況により、ヴァリニャーノは信長の許で天皇から布教允許状を得る事を断念した。

信長から信頼を受けたイエズス会は、布教に関する大きな支援を受け、長崎、大村、有馬を中心とした肥前と肥後を「下地区」、府内、臼杵を中心とした豊前と豊後を「豊後地区」、そして京都を中心とした「都地区」の三地区に日本を分割し、それぞれに地区長を配置した。

これにより「下」「豊後」「都」の三大布教区が設定され、それらの教区にはコレジオやセミナリオ等信徒の教育機関をも設置し、イエズス会の布教組織が確立されていった。

このようにして、イエズス会は信長の支持を得て、近畿地方や九州地方にわたって目覚しい布教活動を推進していったのである。

天正七年（一五七九年）に来航し、二年七ヶ月にわたる日本での第一回巡察を終えたヴァリニャーノは、天正一〇年にゴアへ帰還する事になった。

ヴァリニャーノの第一回日本巡察は、フランシスコ・ザビエルによる開教以来、三〇年余を経て幾多の問題を抱えていた日本のキリスト教に、画期的な改革をなしたといわれている。

ヴァリニャーノは、これまでインド管区内にあった日本を分離したが、天正一六年には日本司教区が設立されている。

(二)　印刷技術の導入――ローマを見た少年たち

巡察師ヴァリニャーノは日本巡察中、高潔、有能、聡明で教養があり、礼節を重んじる日本人への布教は、今後有望であると判断し、イエズス会に対し、そのための経済的援助と、有能で教養のある宣教師の派遣を要請していたが、なかなか理解が得られなかった。

そのため日本人使節を派遣し、スペインやポルトガルの国王、枢機卿、そしてローマ教皇がその使節と会う事により、日本人がいかに優れているかを実感すれば、日本からの報告を理解し、日本布教への更なる援助を実行してくれるだろうと考えた。

一方、日本人にキリスト教を信仰する国々を直接見せる事により、日本人にヨーロッパのキリスト教国の豊さ、偉大さを知らせ、布教に役立たせる事が出来ると考えた。ヴァリニャーノはこうした考えの基に有能で高貴な少年をヨーロッパに派遣する事を計画した。

ゴアへ帰還するため、長崎でその準備をしながらヴァリニャーノは、大友宗麟、有馬晴信、大村純忠の各キリシタン大名の名代として日本人少年を選び、ローマ教皇庁とポルトガル国王及びスペイン国王へ派遣するという壮大な事業に着手するのであった。

大友宗麟、有馬晴信、大村純忠のキリシタン大名から協力を得て、有馬セミナリオで学んでいた伊東マンショ、千々石ミゲル、原マルティノそして中浦ジュリアンの四人の少年を選んだヴァリニャーノは天正一〇年（一五八二年）二月二〇日、この四人を帯同し、第一の寄港地マカオを目指し、長崎を出港した。「天正遣欧少年使節」である。

同使節団はマカオからインドのゴアに到着したが、そこには重大な知らせが届いていた。ローマのイエズス会総会長クラウディオ・アクアヴィーヴァからのヴァリニャーノをインド管区長に任命する書状であった。上長への絶対服従がイエズス会の原則であり、ヴァリニャーノは痛恨の思いでローマ行きを断念し、ゴアにとどまる事となった。

ヴァリニャーノを除いた使節団は、アジアを離れ喜望峰を通過して、天正一二年八月一〇日にポルトガルのリスボンに到着した。そこからは陸路でスペインに入り、一一月一四日に国王フェリペ二世に拝謁した。

一行は刀、脇差、足袋、草履、羽織、袴の和装であった。

さらに使節団はアリカンテから海路でイタリアに渡り、フィレンツェの大公フランチェスコ・デ・メディチの熱烈な歓迎を受け、イエズス会最大の保護者アレッサンドロ・ファルネーゼ枢機卿に迎えられ、翌天正一三年（一五八五年）三月二二日にローマ到着した。

ローマではイエズス会本部のジェス聖堂で、イエズス会のアクアヴィーヴァ総会長や多くのイエズス会員から大歓迎を受けた。

その翌日の三月二三日、体調を崩したとされる中浦ジュリアンを除く三人の少年は、祝砲が鳴り響く中、キリスト教国の国王と同様の最高の礼をもってヴァチカン宮殿の「帝王の間」での教皇グレゴリウス一三世の謁見に臨んだ。

この時、織田信長がヴァリニャーノに与えた、狩野松栄により安土城の壮麗な影観が描かれた金屏風が、教皇に献呈されたのである。

こうした中、ヴァリニャーノが要請した日本布教に対する資金援助が認められ、さらに四人の使節は貴族としてローマ市民に列せられ、キリストの騎士号が授与された。

六月二日、使節一行は帰国のためローマを出発したが、多くの国々から招待を受けた。ヨーロッパにおける日本の登場は、イエズス会の布教活動の輝かしい成果として大きく賞賛されたのである。

四人の少年により、ヨーロッパは日本を知り、日本はヨーロッパを見た。

しかし、彼らはその見聞を日本で開花させることは出来なかった。

各地を訪問した後、リスボンを出港した天正遣欧少年使節団は一三ヶ月半の航海をして、天正一五年（一五八七年）五月二九日、約三年一〇ヶ月ぶりにゴアに帰り着き盛大な歓迎を受けた。

予想以上の成果を上げた遣欧使節団に協力した大友宗麟、有馬晴信、大村純忠の三領主と秀吉に、その成果を報告するため、ゴアに留まっていたインド管区長ヴァリニャーノはその職を辞し、インド副王の使節としてインド副王ドン・ド・アルテ・デ・メネーゼスの秀吉への親書を携え、ローマを見た四人の日本人少年達と日本へ向かうのである。

翌天正一六年四月二二日、インド副王使節としてのヴァリニャーノや日本に赴任するイエズス会士一七人を含めた天正遣欧使節団一行は、ゴアを出帆しマラッカを経てマカオに到着した。

ところが、マカオから日本に向かう船が無く、一行はマカオで一八ヶ月を過ごさざるを得なかった。その間、秀吉が伴天連追放令を出した事や、大村純忠と大友宗麟が死亡した事が伝えられてきた。

ようやく一行はエンリケ・ダ・コスタの定期船に乗船し、天正一八年（一五九〇年）七月二一日に長崎へ入港した。

長崎出帆より八年五ヶ月の時間が経過していた。

使節一行は有馬晴信の招待を受け、有馬で大歓迎を受けた。

天正一九年三月三日、天正遣欧少年使節の四人とインド副王使節ヴァリニャーノ一行二一人は、聚楽第で秀吉に拝謁し、インド副王メネーゼスの親書と見事なアラビア馬を含む数々の贈り物を贈呈した。

秀吉がヴァリニャーノ一行や四人の使節を謁見した事により、キリスト教信徒は伴天連追放令が緩和されるのではないかと、各地で十字架を立て始めたが、その期待は叶えられなかった。

遣欧使節の四人は、秀吉から家臣になるようにとの勧誘にも動揺せず、ヴァリニャーノに連れられ天草に行き、天正一九年七月二五日に荘厳なミサによりイエズス会に入会し、彼らはその後、世に出る事はなかった。

伊東マンショは慶長一七年（一六一二年）長崎で病死した。四二歳であった。

原マルティノは国外追放され、寛永六年（一六二九年）マカオで死亡している。中浦ジュリアンは寛永一〇年（一六三三年）に穴吊りの拷問により長崎で殉教した。千々石ミゲルは棄教し、その後の消息は不明となっている。

後述のように、明治四年（一八七一年）に派遣された岩倉具視を団長とする遣米欧使節団は、アメリカからヨーロッパを視察したが、ヴェネチアを訪れた際、伊東マンショがラテン語で書いた文書に接した。この時初めて、岩倉具視一行の日本人は天正遣欧使節団の存在とその偉業を知ったのである。日本において、徹底したキリシタン禁止政策により、天正遣欧使節団の記録は葬られ、ほぼ忘れ去られていたのである。

ヴァリニャーノは天正遣欧使節団に印刷技術習得のため三人の青年を同行させていた。

イエズス会では布教に不可欠な日本人向け教科書や、聖画を印刷するための印刷機と印刷技術が必要とされていた。また、日本に来る宣教師のための日本語とラテン語による『日羅辞典』の編纂と印刷や教科書、信心書、祈祷書、修養書の出版のため、それらを日本で印刷する必要に迫られていたのである。彼らはリスボンで、金属活字の母型作りや印刷技術の修得を開始し、帰路のゴアでも八ヶ月にわたって印刷技術を学んで帰国した。

天正一九年頃から漢字や片仮名、平仮名の活字も製造され、関ケ原の戦い直前の慶長四年頃には、日本における活字の自給体制が整い、文典や辞書が印刷された。

リスボンで購入されたこの活字印刷機は、ドイツのグーテンベルクが発明した加圧式の鋳造活字による印刷機で、遣欧使節団により、印刷技術と共に日本に初めてもたらされたのであった。

その活字印刷機は当初、島原の加津佐のコレジオに設置されていたが、文禄元年（一五九二年）には天草の河内浦に移され、天草版の印刷出版が行われた。その技術は継承と工夫がなされ、ヴァリニャーノの遣欧使節計画は日本における印刷技術の基を築いたのである。

天草で印刷された書籍は、幕府によるキリシタン迫害と焚書を潜り抜け、国内外に三二種七四冊が現存している。そのうち日本には天理図書館に五種、東洋文庫に三種、上智大学キリシタン文庫に二種、大浦天主堂に一種、水府明徳会に一種の一二種が保管されている。

最近、ブラジルのリオデジャネイロにある国立図書館に、日本語とポルトガル語の対訳辞書である「日葡辞書」が保管されている事が発表された。世界で四冊目の発見である。

天正一〇年（一五八二年）イエズス会が派遣した天正遣欧使節が、天正一三年にローマに到着すると、教皇グレゴリウス一三世は小勅書で日本での伝道はイエズス会に限定し、その違反者は破門にすると公布し、ポルトガル国王も同様の勅令を発した。

これにより、日本布教を目指していたフィリピン在住のフランシスコ会を中心とした修道会は、イエズス会による日本布教独占に激しく反発していった。

ヴァリニャーノと天正遣欧使節が長崎を出港した約四ヶ月後の六月二日、ヴァリニャーノを歓待した信長は「本能寺の変」に遭遇するのである。

信長は天下統一の中で、既存の宗教集団と対立し、熾烈な戦いを強いられて来た。

この頃には、古くからの天台宗、真言宗に鎌倉新仏教といわれる、臨済宗、曹洞宗、浄土宗、浄土真宗それに日蓮宗が民衆へ活発に浸透していったが、やがて民衆の生活や信仰を守るために武力を備える宗派が出現した。

それにより、宗教一揆等のさまざまな宗教的抗争が発生したのである。

永禄一三年（一五七〇年）姉川の合戦で、織田信長は浅井長政、朝倉義影の連合軍を破ったが、この連合軍を支援したとして、翌年に天台宗の延暦寺を徹底的に焼打ちした。

天正元年（一五七三年）には伊勢長島の一向宗門徒による一向一揆を鎮圧し、さらに天正八年には浄土真宗の石山本願寺を撃破し、摂津、河内を掌中に収めた。しかしこの石山本願寺を支援していた毛利輝元の討伐のため、羽柴秀吉に中国攻めを命じた信長は、天正一〇年（一五八二年）その支援のため自ら出陣するが、その矢先に明智光秀により本能寺において襲撃を受け、その志半ばで自刃するのである。四九歳であった。

このように、仏教徒の反抗に晒された信長は、ルイス・フロイス等によるイエズス会のキリスト教を新鮮な宗教として受け入れ、支援をしていった。それはポルトガルを中心とした外国貿易の莫大な利益により、「天下布武」の実現をはかろうとする意図に裏付されていたのである。

信長の「天下布武」に対し最も抵抗したのは、既存の宗教である延暦寺であり、一向一揆であり、石山本願寺であったが、これらの手に負えない既存宗教である仏教の勢力を牽制しようとする意図のもとに、信長はキリスト教に対し寛大に対処し、支援を与えていったのであると言われている。

信長がキリスト教を好んだ事は確かで、フロイスを初めて謁見してから本能寺の変までの一四年間に、宣教師達と京都で一五回、安土で一二回、その他合計で三一回以上会見し、彼らからヨーロッパやアジアの諸事情を聴取し、また、彼らの陳情にも応じている。

宣教師達はヨーロッパで高等教育を受けた文化人であり、信長の知的好奇心を大きく満たしたと思われる。一五四九年ザビエルが開教し、ヴァリニャーノが第一回巡査を終える三五年間において、信長が活躍した一五七〇年代はイエズス会にとって飛躍の時期であった。

イエズス会副管区長ガスパル・コエリュは、信長が自刃した一五八二年における日本全体の信徒総数をおよそ一五万人と想定しており、二〇〇の教会に二二名の司祭と五〇〇人の関係者が活動し、下地区に一一万五千人、豊後地区では一万人、都及び山口に二万五〇〇〇人の信徒がいるとローマに報告している。

(三) 関白太政大臣 豊臣秀吉の権威――イエズス会の脅威

天正一〇年、信長が天下統一の事業半ばに本能寺にて自刃した時、羽柴秀吉は毛利攻めのため、備中高松城を水攻めにしていた。

秀吉は「本能寺の変」の情報を得るとすぐさま高松城主清水宗治の切腹を条件として、毛利輝元と和議し、「中国大返し」を敢行した。勢いを増した秀吉は、天王山を決戦場とした山崎の合戦で明智光秀を討ち、信長の後継者としての地位を確立するのである。

天下統一を果たした秀吉は、大名間の争いを禁ずる「惣無事令」、村内の争いを禁じる「喧嘩停止令」、農民の紛争を防止する「刀狩令」、そして海運に対する「海賊停止令」の四法令をもってその政権体制の確立を計ろうとしたといわれている。

さらに秀吉は、信長により大きな被害を受けた比叡山の再建や、追放された顕如の大坂帰還を通じて、仏教諸派を自己の影響下に置き、キリスト教に対しても、八宗といわれる南都六宗の俱舎、成実、律、法相、三輪、華厳に天台と真言を加えた仏教諸派の中の一派として共存させ、伝統的仏教とキリスト教の両勢力の争いをなくし、秀吉政権の保護下に置く事により、天下統一維持への大きな政策としていくのである。

本能寺の変により、オルガンティーノは安土の神学校を閉鎖し、学生と司祭、修道士と共に、都の修道院を目指して安土を脱出した。しかし、辿り着いた都の建物や敷地は狭く不便な場所であったため、安全で、より広い施設を早急に探す必要があった。

このため、オルガンティーノが高山右近に相談すると、右近は自領の高槻を提供した。高槻の住民の多くはキリシタンであり、新しい施設は神学生等が修道生活をするのに十分な広さと安全があった。

このようにして高槻において、神学校や修道院の活動が始まると同時に、高山右近の領内で授洗する者が増加し、一ヶ月ほどで二三〇名が洗礼を受けた。

天正一一年（一五八三年）賤ヶ嶽の合戦で柴田勝家を滅ぼした秀吉は、この年の秋からいよいよ大坂城築城を開始する事になった。信長が約一〇年にわたり、戦った顕如の石山本願寺は跡形もなく灰燼に帰していたが、都に隣接する地域の中でも、最も地の利を得ていたため、秀吉はその跡地に城郭を築き、新しい都市造りに着手するのであった。

秀吉が大坂城を中心とした大坂都市計画事業を強力に推進していく意向が伝わると、秀吉の側近や各地の諸侯、商人、仏僧達は大坂に屋敷や商店、寺院を立てるための用地を得るべく先を競って秀吉に請願するようになっていった。

このような状況に、高山右近はオルガンティーノに対し、イエズス会も秀吉を訪ね、大坂に教会を立てる許可と、そのための用地の下付を要請するよう勧めた。秀吉の性格を熟知している右近は、秀吉に命じられる前にイエズス会が大坂移転を要請したほうが有利であると判断したのである。

天正一一年九月、オルガンティーノはロレンソを伴って大坂の羽柴秀吉を訪ね、教会建設の許可と用地の下付を願い出た。

秀吉は側近の家臣が驚くほどの好意と歓待を示した。通常の接見室と違う、奥まった私室に招き、彼らが遠くヨーロッパから危険を顧みず、キリストの教えを伝えるために渡来した事を賞賛した。

機嫌の良い秀吉は、以前から顔見知りであるロレンソ修道士との談笑の中で、もしキリスト教が多くの女性を侍らす事を許すのならば、自分もキリシタンになる。しかし、自分はデウスの教えの中で、その教えを守る事は困難であるから洗礼は受けないと語ったと伝えられている。そして秀吉は、諸侯が最も希望していた大坂の最良の用地を、イエズス会に授与したのである。この用地の所在は現在確認されていないが、天満橋近辺であったといわれている。

秀吉は織田信長の旧領国を中心に、近畿地方と四国を所領として確保したが、まだまだ全国平定の途上にあり、徳川家康等の強大な戦国大名と対峙していた。朝廷の序列でも、従三位権大納言征夷大将軍足利義昭や、かつての主筋である織田信雄が正二位内大臣として存在していた。

このため諸大名領主に優る権威を必要とした秀吉は、天正一三年七月一一日の関白宣下後の八月に、自分の出自を示す萩中納言伝説を創作し、翌天正一四年、太政大臣に就任すると、後陽成天皇より豊臣の姓を下賜された。これにより秀吉は、自己の貴種化に成功し、関白太政大臣豊臣朝臣秀吉として、天皇に次ぐ地位と権威を獲得したのである。

関白太政大臣となり羽柴姓から豊臣姓となった豊臣秀吉は、天正一四年三月一六日大坂城において、イエズス会日本副管区長ガスパル・コエリュとオルガンティーノ及びルイス・フロイス等四人の司祭と三人の修道士一行を前田利家、細川忠興、施楽院全宗、毛利輝元、大友宗麟、高山右近等の名だたる武将とともに引見した。

諸侯へコエリュ一行の披露を終えると、秀吉はコエリュ達と高山右近を別室に招き、自らが行おうとしているこれからの考えを披瀝した。

ルイス・フロイスの記録によると、
自分は天下を統一し、関白太政大臣という最高の地位に達し、もはやこれ以上の領国や金銭を得ようとは思わない。

ただ自分の名声と権勢が死後に伝わる事を望むだけである。故に、この国を弟羽柴秀長に譲り、自分は唐入りを果し、日本の統治者として、いまだかって企てた事のない事業を成し、それにより後世に名を残したい。

この事業が成功し、中国が服従しても領土を奪うつもりはない。中国の各地にキリシタンの教会を建て、中国人はことごとくキリシタンになるよう命ずる。

そのための大軍を渡海させるため、二〇〇隻の船の建造を準備させている。

イエズス会には十分艤装した二隻の大型ナウ船の斡旋をして欲しい。

これらの費用一切を支払い、練達したポルトガルの航海士等乗務員には十分な俸禄を与えるであろう。

その後の日本では、半数以上の日本人がキリシタンになるであろう。

このように秀吉は自らの計画を語ったと記述されている。

この会見に同席したオルガンティーノの報告によると、コエリュは秀吉に対し、九州征伐のために出陣を要請し、一二月三一日朝鮮出兵の端緒である明国征服事業に対しては、コエリュから十分に艤装したポルトガルの大型ナウ船二隻購入の斡旋を提案したと記録されている。

この会見の後、秀吉は一行を大阪城の天守閣や城内を見学させ、その豪華さを自慢げに案内をした。最後に自分の使用している寝室に案内し、コエリュに自ら盃を与え、酒の肴が運ばれて来ると、自ら箸を取り一行に肴を勧めた。同行した大友宗麟の『謁見記』には、秀吉の寝所の台は長さ七尺、横幅四尺、高さ一尺五寸程で、褥は猩々緋、枕は黄金で色々な彫り物が施されていたと記述されている。

コエリュ及びその随員に対する歓待は、関白秀吉として空前絶後の厚遇であったと伝えられている。

このような状況の中で、秀吉はイエズス会へ布教を許す許可状を与える約束をしている。

イエズス会は永禄二年（一五五九年）にヴィレラが都で布教活動を開始し、翌年将軍足利義輝、三好長慶より許可状を取得し、永禄一二年にはフロイスが織田信長、将軍足利義昭からの許可状を獲得していた。しかし、天正元年（一五七三年）の室町幕府滅亡と天正一〇年（一五八二年）本能寺の変による信長の自刃により、それぞれの許可状の法的効力は消滅してしまい、都を中心に拡大していたイエズス会は、法的に無権利状態になっていたのである。このため日本の副管区長ガスパル・コエリュは北政所を通じて関白秀吉から許可状が得られるよう働きかけていた。

北政所は関白の機嫌の良い時を狙って、数度にわたり懇請し、ついにその説得に成功したのである。

イエズス会が関白に提出した願書は

一．関白は、全領国において何らの妨げなく自由にデウスの教えを説く許可を与える。

二．我らの全ての修道院や教会においては、仏僧や彼らの寺院に課せられている兵士による宿舎の使用を免徐する。

三．イエズス会には一般的な賦課や奉仕義務を免除する。

という内容であったが、この懇請に対し関白は、天正一四年五月四日付けの許可状を二通作成し、自筆の署名をして発給した。通常の書簡や許可状は朱印が押されるのが通例であり、自筆の署名はきわめて稀であった。

北政所は大坂にいたコエリュにこれを届けさせた。正文が二通作成されたのは、一通が布教のために巡回する際に使用し、他の一通はインドを経由してポルトガルに送るためであったといわれている。

この許可状の発給により、秀吉政権は室町幕府政権と信長政権を承継する正統な武家政権である事を示し、その権威を国内やイエズス会を通じて国外へも宣言し、武家勢力の頂点に立つ「日本国王」として新たな対外関係の樹立を視野に入れていたのである。

ここにおいて、イエズス会は永禄八年（一五六五年）から二度にわたり発令されていた、正親町天皇による伴天連追放令に対抗し得る法的根拠を獲得し、同時に室町幕府滅亡と信長の自刃により発生していたイエズス会の法的無権利状態に終止符を打つ事が出来たのである。

イエズス会は、授与された許可状の写しを各地に伝え、特に西日本の諸大名に積極的に働きかけを展開した。

備前、備中を領した宇喜田秀家、伊予を領した小早川隆景、安芸の毛利輝元等はそれぞれの領内における布教許可と教会堂の建設、宣教師の居住権を認め、賦課の免徐等をイエズス会に約束している。

このようにしてイエズス会の布教活動は活発に促進され、キリシタン大名として頭角を現わした高山右近の強力な支援もあり、この頃のキリシタン布教活動にかつてない態勢が築かれていくのである。

いった。

(四) キリシタン大名の窮地――イエズス会の長崎領有

イエズス会は来日当初、辻説法により一般民衆への布教活動をしていたが、次第に領主層にも波及していった。

日本巡察師ヴァリニャーノは、イエズス会の初期における布教には下地区（西九州）と五畿内（都地区）に相違があったと指摘している。

即ち、下地区の諸領主は、日本に来航するポルトガル船より得られる多額の利益を目的として、ポルトガル船が自領の港に入港するよう希望し、司祭やキリスト教徒が居ればポルトガル船が入港しやすくなるであろうとして、自領にキリスト教布教や教会設置を許可していた。

さらには、大村、有馬、天草のように領主がキリスト教徒となり、領民も全て改宗するよう強制される事もあった。

一方、五畿内では、ポルトガル船の入港は全くないため、その利益を目的とせず、純粋な信仰により入信している。そのため信徒はきわめて上品で高貴であり、優秀であるとして、両地区の入信動機に相違があると分析している。

この時期、日本におけるキリスト教勢力は次第に隆盛に向い、大村純忠に続き、永禄七年（一五六四年）に高山右近（洗礼名ジェスト）、天正八年（一五七八年）に有馬晴信（洗礼名プロタジオ）が洗礼を受けており、さらに天正一一年には小西行長（洗礼名アゴスティーノ）、蒲生氏郷（洗礼名レオ）そして天正一三年には黒田官兵衛（洗礼名シモン）、等、名だたる武将が洗礼を受けている。

長崎深江津にポルトガル船が入港するようになると、永禄六年（一五六三年）には、同じ肥前の大村の領主大村純忠が重臣二五名と共に洗礼を受け、最初のキリシタン大名となり、バルトロメウの洗礼名を授けられた。

その後、大村純忠はイエズス会の司祭や修道士及び日本人説教師、さらには他の地方に居るイエズス会会員をも応援に招き、およそ七ヶ月間で、仏僧を含め一八〇〇〇人ほどの領民に洗礼を与えたと言われている。

大村領の改宗活動は、引き続き精力的に推進され、天正一五年（一五八七年）には、四〇ヶ所以上の寺院と二〇ヶ所の神社を破壊したり焼き払った。その後地には教会を建立し、約七万人の領民全てをキリシタンに改宗させ、自領をキリシタン領国と成していた。

前述したように、天正七年にイエズス会東インド管区巡察師アレッサンドロ・ヴァリニャーノは島原半島の有馬領口之津に到着し、二年七ヶ月にわたる第一次日本巡察を開始した。

一五七〇年以来、イエズス会員は長崎に定住し、そのためポルトガル船は長崎に入港していたが、ヴァリニャーノは定期的に入港するポルトガル船ではなく、ジャンクで口ノ津に入港した。

これは当時、長崎が深堀氏により攻撃をされている最中であったためであった。

巡察師が大村領の長崎ではなく、有馬領の口ノ津に入港したことにより、今後長崎にポルトガル船が入港しないのではないか、とキリスト教徒の大村純忠は大きな衝撃を受けた。

巡察師ヴァリニャーノが口ノ津に上陸する三年ほど前に、有馬では領主有馬義直が熱心なキリスト教徒となり、その家臣一万二〇〇〇人がキリスト教に改宗していたが、子息の晴信はまだ受洗していなかった。

巡察師ヴァリニャーノは口ノ津に到着した際、領主有馬晴信の来訪を受けた。ヴァリニャーノは有馬晴信の強い要請により、天正八年（一五八〇年）三月に、盛大な式典をもつて晴信を洗礼し、ドン プロタジオの聖名を授けた。これに従い、多数の家臣達も集団で改宗した。

この時、有馬晴信は、肥前佐賀を支配し、一五六〇年代の信長による桶狭間の戦いのあった永禄年間頃より、その勢力をさらに増強している龍造寺隆信の軍事的圧力に晒され、家臣の謀反により三つの城を失い、苦境に立たされていた。

こうしたなか、大村純忠を破った龍造寺軍により五ヶ月にわたる籠城を強いられた有馬晴信は、食料は極度に欠乏し、城は火災により焼け落ちる苦戦を強いられていた。この事態に、ヴァリニャーノは有馬晴信支援のため、多量の糧食と鉄砲に使用する弾丸や火薬を供給し、さらに軍資金の援助をした。

有馬晴信が龍造寺隆信に敗れれば、既に二万人に達するキリシタンとともに有馬地域が滅ぼされてしまうとの危機感を抱いたヴァリニャーノは、有馬晴信の敗戦を阻止するため、強力な軍事援助を行うのである。

イエズス会による有馬方への援助に気付いた龍造寺隆信は、その兵を引いた。

ヴァリニャーノは苦境を脱した有馬領に三ヶ月滞在したが、その間、四〇〇〇人余を洗礼した。さらに有馬晴信は改宗しない者を領内から追放し、四〇以上の神社仏閣を破壊し、その跡地を教会の建設用地としてイエズス会に提供した。

一方、キリシタン大名となっていた大村純忠に、有馬領の口ノ津から来日の挨拶に赴いた巡察師ヴァリニャーノは、大村純忠から長崎と茂木をイエズス会に寄進したいとの懇請を受けた。有馬家の分家である大村純忠は、強力な軍事力を有する龍造寺隆信に長崎を攻め取られる危険に晒されていたが、勝利の見込みは立たなかった。

そのため大村純忠は反キリスト教の龍造寺隆信に長崎を奪取されれば、ポルトガル船による関税を失い、さらにポルトガル船は長崎に入港しなくなると考えた。しかし、長崎がイエズス会の所有になれば、龍造寺隆信の圧迫はなくなり、ポルトガル船は他港へは行かず、大村家は多額の関税を確保出来る。また、長崎がイエズス会の所領となれば、敵対勢力が迫って来た場合でも、常に安全に避難する事が出来るようになり、大村領は安全となる。さらに、大村純忠はイエズス会より多額の軍資金を借り入れており、その返済に窮していたのである。

このため、大村純忠の長崎と茂木の寄進は、イエズス会に対する信仰の念から発したというよりは、借入金の返済が目的であったといわれているが、いずれにしても自己の利益のためであったと思われる。

一方、大村純忠より長崎と茂木の寄進を懇請されたヴァリニャーノは困惑した。

イエズス会の規則では、知行地を受ける事は禁じられていた。

さらに、既に流布している、宣教師が日本に対し領土的野心を持っているとされる疑惑が一層深まる懸念があったからである。

巡察師ヴァリニャーノと在日司祭との協議の結果、第一に龍造寺隆信は、大村純忠だけでなく、九州のイエズス会全体にとっても、大いなる脅威であり、龍造寺隆信が長崎を奪取し、その関税を手に入れれば、その勢力を増し、大村純忠のみならず、大友宗麟も危険となる。

第二に、長崎港は大村領民だけでなく、日本の全キリスト教徒の避難所であり、既にイエズス会員は、各地から信仰により迫害された信徒を、長崎に移住させている。

第三に、大村純忠が譲渡する碇泊税は、イエズス会にとり重要な財源となる。

このような結論に達したヴァリニャーノは、イエズス会総長及びローマ教皇に、大村純忠の長崎及び茂木の譲渡状受領を認可するよう申請した。

この譲渡状の日本語原文は現存してないが、ヴァリニャーノがローマのイエズス会総長に送ったスペイン語訳によると

大村の領主ドンバルトロメウ及びその子息サンチョは、イエズス会の諸パードレに負うところの多い事を深く考え、イエズス会の巡察師に、長崎の町を周囲の総ての田畑と共に何も残すことなく、永久に無償で贈与する。

ただし、ポルトガル船及びこの港に入るその他の船の税金は、予に保留し、この税金は予の家臣に取り立てさせる。

また同じく、予はパードレに、茂木の土地及びこれに属する総ての田畑を贈与する。

とし、天正八年（一五八〇年）四月二七日付で、大村父子の洗礼名による署名が成されていた。

これに対し、イエズス会総長はローマ教皇の承認を受け、ローマ教皇の小勅書発給を約束した一五八四年一月一五日付総長書簡をヴァリニャーノに発送した。このようにして、長崎と茂木のイエズス会による領有はローマ教皇の承認を受け、イエズス会総長により認可された。

この頃、イエズス会は日本での布教活動を活発化させ、その勢力は拡大していたが、同時に教会への放火、信者や宣教師に対する暴力行為をしばしば受けていた。このようなイエズス会に対する異教徒の武力行使に対し、イエズス会はその地域のキリシタン領主に軍事的援助をすることによりその見返りとして、布教活動と宣教師や日本人信者の安全を確保しようとしていた。

戦さになった場合、キリシタン領主を軍資金や武器で援助すれば、領主だけでなく、その領内のキリシタ

ンを救う事が出来るとして、イエズス会はキリシタン領主による軍資金の援助要請や、ポルトガル商人から調達した硝石、大砲、銃等の武器供与要請に対し、積極的に応じ、イエズス会とキリシタン領主との連繋を深めていったのである。

そうする事により、イエズス会はキリシタン領主から軍事的保護を得る事が出来るようになり、イエズス会が独自に教団を守るだけでなく、キリシタン領主から軍事的援護を得られるような仕組を考えたのである。

しかし、大村氏や有馬氏が、龍造寺隆信の軍事力により存亡の危機に晒されているとき、巡察師ヴァリニャーノは軍事品調達者としての役割を果たしたが、その効力は一時的であった。

これに気付いたヴァリニャーノは、イエズス会の安全を確保するためにポルトガルと連携し、既に寄進されイエズス会の領土となっていた長崎を、軍事要塞とする戦略を採用するのである。

ヴァリニャーノは長崎と茂木を敵からの激しい攻撃にも耐えられるように強固な防備を構築するよう指示を出した。

このため長崎には要塞、塹壕、稜堡が築かれ、大砲や火縄銃及び弾薬、食料等の必要な軍事物資が備蓄され、守備兵が配置され、長崎はイエズス会により軍事要塞とされていったのである。

天正一〇年、数々の重要な案件の処理を済ませた巡察師ヴァリニャーノは第一回の日本巡察を終え、前述したように「天正遣欧使節」を伴い、遥か遠いヴァチカンへ出発するのであった。

（五）九州出陣で視えたこと――イエズス会の危険性

天正一二年（一五八四年）になると、龍造寺軍は再び有馬領の島原半島に攻め入り、有馬軍は島津軍と連合し、「沖田畷の戦い」が開始された。

有馬軍は二門の大砲を陣所に備えていたが、その大砲を取り扱えるものがいなかったため、ポルトガル人下僕のアフリカ黒人が火薬と弾丸を装填し、インドのマラバル人が火を付け大砲を発射した。

この島原の合戦においても、イエズス会は有馬軍の味方として参加していたのである。

大砲の威力は龍造寺軍に恐怖を与え敗走させ、さらに龍造寺隆信が島津軍の川上左京亮忠堅の槍で討ちとられたため、龍造寺軍は崩壊した。

イエズス会はこの合戦において後方の有家、加津佐、口ノ津を防備していたが、主戦場の沖田畷にも参戦し、その重要な役割を担ったのである。

この劇的な勝利に有馬軍は、デウスのご加護であると歓喜し、島津軍は八幡大菩薩のご加護であると歓喜した。両軍はそれぞれの信じるデウスと八幡大菩薩を唱えて突進したのである。

有馬晴信は「沖田畷の戦い」に大きな援助を与えてくれたイエズス会に対し、長崎に近くキリシタン信徒の多い浦上地区をイエズス会に寄進した。

このようにして、長崎、茂木及び浦上はイエズス会領となり、さらには、イエズス会を通じて布教保護権を行使するポルトガル王国に帰属することになるのである。

島原の合戦で龍造寺隆信を打ち破った島津氏は、その勢いに乗って有馬領に進駐し、十字架を焼き、教会に危害を加えるようになっていた。

豊後の大友宗麟は、龍造寺軍に代わって島津軍の北進により危機に晒され、備前の有馬晴信や大村純忠も島津勢に対抗できず崩壊寸前の状態となり、さらにイエズス会の本拠地長崎も脅かされるようになっていた。

このような九州全域を掌中に握る勢いの島津勢に、九州のキリシタン大名とイエズス会領長崎の危機に直面した日本副管区長ガスパル・コエリュは、三月一六日大坂城で、関白太政大臣豊臣秀吉に島津征伐のため、九州出陣を要請した。その時コエリュは秀吉に対し、九州出陣の際には、コエリュ自身がその戦陣にキリシタン大名を糾合して加勢させると約束したのである。このコエリュの発言は、秀吉にとって重大な要素を含んでいた。

この時、秀吉は宣教師がキリシタン大名を支配し戦争に動員出来る事を認識したのである。この認識は、後の「伴天連追放令」発令に際し鮮明に蘇るのである。

この要請に応じて秀吉は、島津義久と大友宗麟に惣無事令を発し、和議を命じたが、島津義久はこれを無視し軍を進めた。このため、天正一五年三月、関白太政大臣となり、後陽成天皇から豊臣の姓を賜った秀吉の命令を無視した島津義久の進軍に出陣の大義名分を得て、秀吉は関白太政大臣の権威をもって、二〇万の軍勢を率いて九州へ進軍したのである。

この際、秀吉は側近の施薬院全宗を本体とは別に長崎方面に派遣し、その周辺にあるキリシタン大名の領国を内偵させ、その実態を報告するよう命じた。施薬院全宗はイエズス会領長崎の実態と、イエズス会とキリシタン大名との結束関係やイエズス会とポルトガル船との連係の調査をしている。

四月二一日、肥後の八代に在陣中、秀吉は副管区長コエリュとポルトガル船の商人達九名の一行を引見した。

フロイスの記録によると、商人達は秀吉に戦時下でも日本の商人が自由にポルトガル船に来て取引が出きる様に要請し、秀吉もその許可状を与え、彼らを厚遇している。

秀吉軍は迅速に出水へ進軍し、島津軍を圧倒したため、島津義久は剃髪して出家し、五月八日に川内の泰平寺に赴き秀吉に降伏した。秀吉は黒染の衣服を纏い、一命を捨てて罷り出た島津義久を赦免し、薩摩を安堵した。

これにより秀吉は全九州を平定し、六月七日筑前箱崎において、戦後の論功行賞である「九州国分」を行った。

豊後の大友氏、肥前の大村氏、有馬氏、肥後の天草氏、日向の伊東氏等、キリシタン大名は旧領を安堵され、豊前・日向に黒田氏と、筑前、筑後に小早川氏のキリシタン大名が新たに転封された。

このように、多くのキリシタン大名の旧領安堵や転封の「九州国分」により、九州はキリシタン領国を思わせる様相を呈し、キリスト教の飛躍的発展が約束されたのである。

秀吉は九州平定と併行して博多基地化構想を策定していた。

この構想は朝鮮出兵計画において、博多を直轄し、「天下の御座所」を築城し、軍令機関の本営と兵站の基地とするものであった。

さらに秀吉は明や南蛮、朝鮮等からの入港地を博多と定め、外国船の博多集中政策を立案していた。

この外国船の博多集中策は、博多を直轄領とした関白秀吉が、それまで九州各地に分散していた外国船の寄港地を博多港に限定する事により、貿易と外交を一手に掌握しようとする政策であった。

明との交易は、それまで大内氏が実施していた勘合貿易が中断していたが、天文二〇年（一五五一年）頃には、明の商人は日本産の銀を求め、九州沿岸の豊後府内、臼杵、肥前平戸、筑前筥崎等に唐人町を造るほどの活発な交易をするようになっていた。

南蛮貿易はイエズス会を通じて、ポルトガルと豊後の大友氏や大村氏、そして有馬氏との友好関係が保たれて順調に推移していた。平戸の領主松浦隆信はポルトガルと友好関係を維持していた。朝鮮は対馬の宗氏に一元化され、対馬と釜山との間で、二五隻の歳遣船により、交易が行われていた。

このように九州沿岸の諸大名は、イエズス会の仲介によりポルトガルとの友好関係を築き、さらに明や朝鮮とも活発な貿易と外交を展開していたのである。

秀吉はこのような分散した対外関係を、博多に集中する事により、秀吉自身の下で外交と貿易の一元体制を確立しようと企図したのである。

しかし、博多集中策は、大名領主が年月を経て築き上げて来たそれぞれの交易権を剥奪する事になり、イエズス会では本拠地の長崎にポルトガル船の入港がなくなり、保証されている停泊税等の収入面に大きな打撃を受け、その宗教活動は著しく制約される事になるのは必至であった。このため、既得権益を持つ大名領主やイエズス会は、外国船の博多集中構想に強い危機感を抱き、非協力な立場を崩さなかった。

こうした構想のもとに秀吉は、その中心をなす外国船博多集中政策を念頭に置き、イエズス会を通じてポルトガル定期商船の博多廻航を命じた。しかし、ポルトガル船の司令官ドミンゴズ・モンテイロは秀吉を訪れ、博多は航路に暗礁や浅瀬があるため危険であるとして、その博多廻航を拒否した。

秀吉はこの返答に納得し、司令官モンテイロに機嫌よく立派な太刀を授けたとフロイスは記述している。

これにより秀吉政権のポルトガル貿易と国内流通の基地を博多に設置し、来るべき朝鮮出兵の兵站基地とする構想は再検討を余儀なくされたのである。これは博多集中政策へのイエズス会側の示した抵抗であるといわれている。

この南蛮船博多入港拒否は伴天連追放令への重大な要因になって行くのである。

こうした中、「九州国分」で九州平定の処置を完了し、博多基地化構想の一環として博多の町割に着手したていた秀吉は、多くの船を伴い、その町割を海上より見分していた。その際、コエリュの乗船したフスタ船を見つけた秀吉が、その船に乗り移った。大提督の服装をしたコエリュが秀吉を出迎え、旗で飾り立て、大砲を装備した船内を案内した。フスタ船は底が浅く細長い船体で、帆と櫓の両方を使用し、大砲を備えた軍艦であった。

秀吉はその大砲を発射させたり、食料置場になっている船底まで降りて船内をくまなく見分し、そのフスタ船が強力な軍艦であることを認識した。この時点で、秀吉はイエズス会やポルトガル船、さらにキリシタン大名が自分の政権に刃向かう危険性を敏感に感じ取ったのである。現にコエリュは一五八五年三月三日付、フィリピンのイエズス会布教長アントニオ・セデーニョに軍隊派遣を求める文書を送っている。

その中でコエリュは、マニラ総督が日本へ兵隊、弾薬、大砲及び兵隊のために必要な食糧と、一～二年間の食糧を買うための現金を携えた三～四隻のフラガタ船を日本に派遣して欲しい。そりによりキリシタン大名を支援し、日本の海岸全体を支配したいと訴えている。

この頃、ポルトガルは国力を超えた拡張政策と香辛料貿易の衰退により国力が弱体化し、一五八〇年四月にスペインに併合されていたため、コエリュはスペインのフィリピン総督に軍隊派遣の要請をしたのである。しかし、コエリュの日本侵略の計画は実現しなかった。

(六) 日本人奴隷の輸出と食肉――秀吉の伴天連追放令

天正一五年(一五八七年)六月一八日夜、博多において「九州国分」を終えた秀吉は重臣達と「関白殿の晩餐」をしていたが、それが終る頃、西九州のキリシタンを内偵していた施薬院全宗が激しくキリシタンを非難し始めた。

『九州御動座記』には、

南蛮船は種々様々の財宝を満載して入港し、その領主に利益をもたらし、キリシタンに引き入れている。それだけでなく、日本人男女数百人を黒船に買い取り、手足に鉄の鎖をつけて船底に押し込め、地獄の苛責にして輸出しており、日本人は子供や、親、妻を売りに出している。さらに、牛馬を買い取り、生きながら皮をはぎ、親子、兄弟はしたなく手で食べ、畜生道の有様を見せ付けている。

このような宗教を許しておけば、日本は外道の国になってしまう。

それ故に、伴天連を日本から追い払うべきであるとの主旨が記述されている。

この頃、戦乱や貧困により、自分の肉親をも売り渡さなければならない状態があり、他方、ポルトガル交易により利益を得るために、人身売買に手を付ける日本人がいたのである。

ポルトガルとスペインによる大航海時代の開幕は、アフリカ大陸における黒人奴隷貿易の開幕でもあったように、日本でも、ポルトガル人は交易開始と同時に、日本人を奴隷として、また婦女子を性的奴隷として、海外に輸出していた。

前述のように、ポルトガル人の種子島漂着は天文一二年(一五四三年)であり、ザビエルの鹿児島到着は天文一八年（一五四九年）であるが、ポルトガル商人は一五五〇年代には既に日本人を奴隷として海外に売り渡していた。

弘治元年（一五五五年）、イエズス会士がマカオからローマへの報告書の中で、日本にいるポルトガル人は、交易と日本人女性奴隷の所有という二つの欲に取り憑かれ、キリスト教徒としてあるまじき堕落した生活をしていると非難している。

大航海時代の幕開けとともに、アフリカ大陸における奴隷貿易が開始されたように、日本でもポルトガル人は交易の開始と同時に、日本人を労働力として、売春婦として海外へ輸出していたのである。イエズス会が黒人奴隷をスペインの植民地、及びポルトガルの植民地、カリブ海諸島の砂糖のプランテーションの労働力として、またフィリピンやアジアのポルトガル領で家内労働者や下僕として使役していた事は良く知られている。

前述した天正一〇年（一五八二年）にヴァリニャーノが組織した天正遣欧少年使節の伊東マンショと、千々石ミゲル、原マルティノ、中浦ジュリアンの四人はアフリカ南端の喜望峰を経由し、一五八四年八月一〇日にリスボンに到着した後、ヴァチカンでローマ教皇に拝謁したが、彼らはその航海の中で、

我民族中のあれほど多数の男女やら童男童女が、世界中のあれほど様々な地域へ、あんな安い値で売捌かれ、みじめな賤役に就くのを見て、憐憫の情を催さない者があろうか。

と、マカオ、マラッカ、ゴア、モザンビーク等、多くの地で目撃した日本人奴隷について記述している。

既にこの頃には、ポルトガル国内にも多数の日本人奴隷が存在しており、さらにスペイン領となっていたアルゼンチン内陸のコルドバでは、慶長元年（一五九六年）に日本人奴隷が売買された記録が残されている。

天文一二年（一五四三年）に種子島で、初めてポルトガル人が日本と接触してから七〜八年後の一五五〇年代に、既に奴隷売買を一般業務としていたポルトガル人は、当然のように日本人を奴隷として海外に輸出するようになっていたのである。

このポルトガル商人による日本人奴隷売買には当初、イエズス会が関与していた。

天正一五年（一五八七年）に平戸に駐在していたコエリュは、日本の奴隷問題に関する報告書をローマに提出し、その中で、

ポルトガル商人はあらゆる手段で日本男女を買おうとしている。

日本人は貧しいので、容易にその申し出に応じる。人間を家畜のように買うだけではなく、村から村へと歩き回って、両親を騙して息子や娘を買い取っている。

ポルトガル人は、買い取った奴隷が逃げるのを防ぐため、船が出港するまで、鎖や足枷をつけておく。

船に連れ込まれた時に、海に身を投げる者もいる。

と記述している。

この頃、東アジアの奴隷貿易の中心はマカオにあり、中国人や日本人、やがて朝鮮人も奴隷として売買され、広く世界に流通していた。

一五六五年にマニラとスペイン領メキシコのアカプルコの間に太平洋航路が開設されると、メキシコから南米へもアジア人奴隷は流通していたのである。

メキシコ国立文書館所蔵の異端審問記録には、日本人奴隷の記録が残されている。その審問記録には、安土桃山時代の天正一三年、ハポンと記入された豊後生まれの八歳の男子を含む三人が、日本人商人によって

ポルトガル商人へ三年契約の奴隷として七ペソで売られた。慶長二年（一五九七年）にアカプルコへ移送され、慶長九年に彼らは既に奴隷ではないと当局へ訴え奴隷から解放されている。

当時、正当な手段で買い取った奴隷であれば、その流通は認められていた。そのためポルトガル商人は、正当に買い取った事を明記した証明書にイエズス会の宣教師に署名してもらい、輸出先のマカオの司教に提出し、奴隷の円滑な取引を行っていた。しかし、宣教師達はその正当性を調査せず金銭を受け取り、ポルトガル商人のいいなりに署名をし、不当な奴隷売買に加担していたのである。

これを聞いた秀吉は「デウスの教え」に激しい怒りを現わした。

それまでキリシタン大名やイエズス会の行動に和やかに対応し、彼らの真意を冷静に見極めていた秀吉は、この時、その決断を下し、一気呵成に行動を開始するのであった。

ここに、秀吉によるキリシタン弾圧の幕が切って落とされたのである。

その日のうちに秀吉は六月一八日付覚一一ヶ条を公布した。

この中でキリシタンを信仰する事は自由であるが、領主による領民の強制改宗を禁じ、武士の入信を制限し、牛馬を殺し食する事、及び日本人の海外への人身売買を禁じている。

これに続き、秀吉は高槻城主高山右近に使者を送り、自領内の神社仏閣を破壊し、領民を強制的にキリシタンに改宗させた事、及び多くの武将を改宗させた事を糾弾し、キリスト教を棄教せよと命じ、棄教しないのであれば直ちに領地から去れと通告した。

フロイスによると、高山右近への二度目の使者の千利休や友人たちは、右近に対し秀吉の命に従う風を装い、心中でキリシタンになっているよう勧めたが、右近は面従腹背の擬装転向を潔しとせず、棄教しなかったため領地である播磨の明石を没収され、追放された。

高山右近は多くの大名領主をキリシタンに改宗させており、フロイスは高山右近を大友純忠、大友宗麟とともに、日本のイエズス会の三柱石と称えていた。それ故に高山右近の追放は、キリシタン大名に対する見せしめであったと言われている。

同じ日の深夜に秀吉は使者を送り、フスタ船で就寝中の副管区長ガスパル・コエリュを小西行長の陣屋に呼びつけ四ヶ条の詰問をしている。

その中で秀吉の使者が、宣教師は何故に神社仏閣を破壊し、仏僧と対立するのかと詰問すると、コエリュは日本人信徒が神仏の教えにより救いを得られない事を悟り、日本人信徒が自ら社寺を破壊し、その跡にデウスの聖堂を建てたのであって、宣教師が破壊したのではないと弁明した。

さらに使者は牛馬を屠殺し、肉を食する事を咎め、日本人を奴隷として外国に売買している事について詰問した。

これに対しコエリュは食肉については、日本の習慣に合わせるよう努力すると答えたが、日本人の売買については、日本人が売るからポルトガル商人が買うのであり、関白殿下が諸国の大名に日本人を売ってはならないと命じれば解決する事であると返答した。

天正一五年（一五八七年）六月一八日の夜中にこれらの慌しい動きがあり、秀吉は翌日「伴天連追放令」と言われる六月一九日付定五ヶ条を発布した。

定

・日本は神国であるので、キリシタンの邪法は受け入れない。
・神社仏閣を打破する事は前代見聞の曲事である。
・バテレンは言葉巧みに人を騙しているので、日本に置いておけない。
今日より二〇日以内に帰国せよ。
・黒船は商売の事なので、今後とも続けて良い。
・今後、仏法の妨げをしなければ、キリシタン国より往還してよい。

以上

天正一五年六月一九日

この一九日付定めは朱印状として、ポルトガル船とイエズス会、筥崎八幡宮及び伊勢神宮に各一通合計三通が発給され、博多や京都などの秀吉直轄地では高札で告知している。

秀吉は六月一八日付覚え一一ヶ条で、キリスト教を日本の諸宗派の一つとして認めてもよいと表明していたが、六月一九日付定五か条ではキリスト教を邪法と決めつけ、秀吉政権の体制外宗教と認定している。司令官モンテイロによるポルトガル船の博多廻航拒否、高山右近の棄教拒否により、秀吉はキリスト教を自分に逆らう悪魔の教えであるとの認識に至ったのである。

その認識は、長崎がイエズス会領となり城壁が築かれていた事、イエズス会宣教師がポルトガル商人に協力し、日本人男女を奴隷として外国に輸出していた事、ポルトガル人が日本の農耕に重要な牛や馬を殺して食べていた事、キリシタン信徒が神社仏閣を破壊している事等の施薬院全宗の内偵の報告により、一瞬にして秀吉の脳裏に浮かび上がったのである。

さらに秀吉に最も深く、重く伸しかかったのは、イエズス会によるキリシタン大名の糾合にあった。

キリスト教において、洗礼を与える時、授洗者が立派な信者になるよう、宗教指導の責任を負う霊父であるゴッドファーザーの立会が必須となる。

このゴッドファーザーと授洗者は親子以上の深い絆を結ぶとされている。

このため、キリシタン大名領内で領民のキリシタン化は、大名と家臣だけでなく領内の百姓をも同胞集団として、結束が強化されるのである。

それ以上に、重大なのはキリシタン大名間の結束である。

秀吉はキリシタン大名達の間には、血を分けた兄弟以上の団結がある事に気づいている。

「九州国分」に於いて、多くのキリシタン大名が九州に転封されたが、それらの大名の軍事的指揮権は、彼らのゴッドファーザー的存在である小西行長が握っていた。小西行長のゴッドファーザー的存在は高山右近であり、右近は全国のキリシタン大名の頂点に立っていたのである。

これに加えてイエズス会日本副管区長ガスパル・コエリュは、天正一四年（一五八六年）三月一六日の大坂城での会見で、秀吉に九州出陣を要請した際に、コエリュ自身がキリシタン大名を糾合して加勢させると発言をした事の危険性が、この時、秀吉の脳裏に鮮明に甦ったのである。

（七）秀吉の恐れ——キリシタン大名の忠誠心

秀吉は小田原征伐を残し、全国統一を目前にしていたが、秀吉政権の内部に出現したキリシタン大名の集団が、究極的に秀吉に対する忠誠とデウスに対する忠誠とのどちらを採るかという、原理的問題の判断を迫られていた。

秀吉はイエズス会宣教師の布教活動が、天下統一を目前にした秀吉政権を転覆させるための手段となる事に気付いたのである。

ヘレン・ミアーズは『アメリカの鏡・日本』の中で、

秀吉や彼の後継者にしてみれば、日本のキリスト教徒は西洋帝国主義とセクト的狂信の表れだった。彼らは国内社会の平穏を脅かすだけでなく、場合によっては外国勢力の走狗か同盟者になりかねないと考えた。

今日、アメリカ国内の共産主義者（外国勢力のために働く第五列）を見るアメリカ政府の目と同じだった。

と記述している。

この夜、秀吉は高山右近とコエリュの回答により、キリスト教は自分の政権を脅かす邪悪な宗教であるとして、それまでの信長と同様のキリスト教優遇政策を一気呵成に大転換し、伴天連追放を決断した。

伴天連追放令が発令されると、コエリュは直ちに有馬へ急行し、有馬氏を中心としたキリシタン大名に対し、秀吉に敵対するよう働きかけた。それに必要な資金と武器、弾薬をイエズス会が提供すると約束し、直ちに大量の火縄銃と火薬、硝石、その他の軍用必需品を準備し始めた。

有馬晴信と小西行長は、このコエリュの計画に深刻な危険性を感じ取り、その計画を闇に葬り去ったため、この情報は秀吉に知られなかった。

ゴアに留まっていたヴァリニャーノは、日本副官区長ガスパル・コエリュが一五八五年にマニラへ軍事上の援助を要請した情報を入手し、厳重な警告を発していた。

それにもかかわらず、コエリュは秀吉による伴天連追放令が発せられると、スペインのフィリピン総督やスペイン本国へ軍事援助を受けたいと宣教師ボルショール・モウラを派遣するありさまだった。

天正一八年（一五九〇年）長崎に帰って来たヴァリニャーノは、コエリュが長崎に備蓄した武器弾薬と大砲や火縄銃を即時にマカオに送り売却した。

まさにこの時、イエズス会はスペイン・ポルトガルによる植民地獲得の尖兵としての機能を果たそうとしていたのである。

このように黒船の博多廻航拒否等を契機として、関白秀吉が発布した六月一九日付定書により、室町幕府、織田信長、そして豊臣秀吉自身も認めていたキリスト教の布教は禁止されたのである。ここに至り、永禄一二年（一五六九年）に正親町天皇が発布した伴天連追放の綸旨が、都だけでなく広く実行されたのである。

しかし、二〇日以内に帰国せよとした定書による命令は、季節風が吹く時期でないため、定期船が出航できず期限が延長され、伴天連はそれまで平戸口に集結しているよう指示された。

追放を受けた宣教師達は平戸において協議し、死を覚悟してキリシタン大名の領内に潜伏し、殉教することを決意した。この当時、イエズス会の宣教師は一一三人で、そのうち七〇人は有馬に、その他は大村、天草、豊後に潜伏したと言われている。

さらに、秀吉はイエズス会の長崎領主権を安堵せず、イエズス会が築いた軍事施設を破壊し、イエズス会とキリシタン大名への監視を強化していくのである。

長崎の没収に関白が派遣した家臣の一人は藤堂高虎で、長崎を公領として没収し、同地の城壁を破壊した。

伴天連追放令の発布後、長崎や浦上をイエズス会に寄進した大村氏と有馬氏は、その返還を秀吉に嘆願したが、天正一六年四月に鍋島直成が代官に任命され、関白直轄領が確定した。

伴天連追放令はイエズス会の日本における布教権と居住権を否定しており、イエズス会領の長崎や茂木、浦上の法的権利は無効となった。しかし、この伴天連追放令は、定五ヶ条にあるように、秀吉が引き続き黒船によるポルトガルとの貿易を希望していたため、その実施は不徹底な状態となっていた。マカオと長崎の貿易はイエズス会の仲介なしには成立しない状況にあり、そのため秀吉はイエズス会宣教師の日本残留を黙認せざるを得なかったのである。

秀吉による伴天連追放令に追い討ちをかけるように、イエズス会を脅かしたのはスペインのカトリック教団であった。ポルトガル系のイエズス会と新しく布教に参入して来たスペイン系の修道会とは同じカトリックであるものの、複雑に対立していった。

天正一二年（一五八四年）一一月、スペイン船が平戸に来航し、スペイン系托鉢修道会のフランシスコ会とアウグスティヌス会の各二名の修道士が乗り込んでおり、領主の松浦氏に歓迎された。

これがスペイン国王布教保護権下の托鉢修道会の最初の来日であった。

この間、ヨーロッパからの来航はポルトガル船のみであり、明国からの勘合貿易船も倭寇の活動が活発になり途絶えがちであった。

ポルトガルは対日貿易を重視し、このような伴天連追放の状況下においても弘治元年（一五五五年）以来、毎年一隻の貿易船をマカオより日本に派遣していた。ポルトガル船は中国の生糸を仕入れ日本に運び込み、日本では銀を仕入れて中国に運ぶ事により、莫大な利益を得ていた。ポルトガルによるマカオの植民地経営は、この日本との貿易の利益により賄われていたといわれている。

スペインが植民地としたフィリピンとの交易は、民間を中心にして行われ、信長や秀吉の活躍する一五六〇年～一五七〇年代の頃、呂宋（ルソン）を中心とした物資の集散地には、倭寇を含む多くの日本人貿易商が渡航していた。

天正一五年に九州を平定した秀吉は天正一七年に奥州の伊達政宗を屈服させ、翌天正一八年に小田原征伐で北条氏直を滅ぼした。

その勢いで徳川家康を関東に移封した秀吉は、完全な天下統一を完成させ、その絶頂期を迎えた。

ポルトガル船種子島漂着の四七年後のことであった。

スペインとの交易が活発になっていく中、秀吉は日本国関白として文禄元年（一五九二年）に、スペインのフィリピン総督に対し強硬な書状を送りつけた。

この日本とスペインのフィリピン総督府との接触は、都出身の商人である原田喜右衛門の介在により始まったといわれている。

原田喜右衛門は天正一九年にマニラに渡り、マニラの軍備状況を探索し、マニラには城塞も無く脆弱な軍備しかない事を察知し、フィリピン総督を日本に隷属させる事が容易であるとの情報を、秀吉側近の長谷川宗仁を通じて秀吉に伝えた。このため秀吉は日本国関白としての書状をフィリピン総督に届けさせたのである。

その書状は

一〇〇〇年以上の戦乱を統一するため生誕した予は、若くして国家の統治を成し、朝鮮や琉球、東インド、その他の諸国が使節を派遣して来ている。

今は明国と戦う準備をしているが、貴国は未だ友好関係を示していないので、強大な大軍を派兵し貴地を獲得しようと考えた。

この派兵に先立ち若干の猶予を与えるので、予に服属せよ。

という激しい内容となっていた。

このような内容の秀吉の書状を受け取り、驚きそして困惑したフィリピン総督ゴメス・ダス・マリーニャスは日本軍の襲来に備え、マニラの周囲に城壁を廻らし、要塞の構築に着手すると同時に、秀吉の真意を確かめるため、ドミニコ会士で司教代理のフライファン・コボを派遣した。

コボは第一次遣日使節として薩摩を経て、肥前名護屋で秀吉に謁見し、同年七月二一日に秀吉からフィリピン総督に宛てた書状を携えてマニラに向ったが、台湾沖で遭難し消息を絶った。

このため、フィリピン総督は翌文禄二年（一五九三年）に第二次遣日使節としてフライ・ペドロ・バウティスタ・ブライケス以下数名のフランシスコ会士を派遣した。

バウティスタの第二次遣日使節団は長崎を経て名護屋に到着し、同年七月二七日にフィリピン総督の書簡を秀吉に奉呈した。その書簡で、フィリピン総督は交易を含めた安全保障を主体とする平和友好は承諾するが、来服朝貢の要求は拒否している。

これに対し秀吉は、フィリピン総督への文禄二年一一月二日付返書を作成した。

その中で秀吉は、既に朝鮮に出兵し同国を灰燼に帰せしめたが、その諸将達がルソン島へも出兵を希望している。故に、早く服属する事が得策である。両国の交盟が維持されれば商売の安全は保証されるであろう、と厳しい内容を書き示している。

しかし秀吉は使節一行に、スペイン人が自由に日本に来る事が出来る許可書を与え、布教はしてはならぬという条件付きで京、大坂の見物を許し、京都所司代前田玄以にその応接を命じている。

フィリピン総督はゴメス・ペレスの死去により、その息子ドン・ルイス・ペレス・ダス・マリーニャスが総督を継承していたが、新総督ルイスは秀吉の書状を受け取り、その内容に激怒し、ヌエヴァ・エスパーニャ（メキシコ）に援軍を要請している。

一五九四年四月二二日付でルイスは日本への返書を作成し、その中で、フィリピン総督はスペイン国王フェリペ二世以外のいかなる者にも服従しない事を明記している。

同返書は、同年フランシスコ会士の第三次遣日使節団により秀吉に提出された。しかし、期待した内容でなかったため秀吉は不満であったが、使節の滞在を認めていた。

秀吉は第三次遣日使節の上洛を許可したが、応接役の京都所司代前田玄以に対し、彼らはキリシタン国の僧であるから、日本滞在中に布教しないよう厳しく取り締まるよう命じた。天正一五年の伴天連追放令下であったが、秀吉はスペインとの通商を含めた交渉のための遣日使節の日本滞在と上洛を条件付で許可していたのである。

ところが、使節団は文禄三年八月、京都に教会を建て、大坂では修道院を設立し、その禁止命令にもかかわらず、布教活動を始めていった。

使節団はフランシスコ会とアウグスティヌス会のスペイン系托鉢修道会士であり、彼らが日本で布教する事は天正一三年（一五八五年）一月二八日付の教皇グレゴリウス一三世による「イエズス会以外の修道会の日本布教を禁ずる教皇令」にも違反しているにもかかわらず、それらを無視して布教活動を展開していたのである。

この托鉢修道会の京都、大坂における布教活動は、秀吉による伴天連追放令に従い、その姿を隠し、息を潜めていたイエズス会との間で、厳しく対立し、後に大きな災いをもたらすのである。

(八) 征明嚮導――文禄の役

九州平定を成し遂げた秀吉は対馬の宗氏に対し、対馬を安堵するかわりに朝鮮国を日本国関白秀吉のもとに服属させるよう指示していた。

小田原征伐を終え、徳川家康を関東に移封した秀吉は、天正一八年（一五九〇年）一一月七日に宗義智の交渉により来日した朝鮮通信使節一行を聚楽第にて謁見し、朝鮮国の国書を受領した。

しかし宗義智はそれまでの関わりから、朝鮮国王に対し、日本に服属せよとは言えなかったため、戦乱の日本を統一した新しい日本国王を祝福する通信使を派遣するよう要請し、朝鮮の服属には言及していなかった。

このような宗義智の画策により、朝鮮国王は秀吉の日本統一の祝賀として使節を派遣したのであるが、秀吉はこれを服属使節と認識していた。

こうした状況の中で、秀吉は返書を与えたが、その中で、自分は戦国動乱で朝廷に逆らう者を討ち日本全国を統一した。しかし、これに満足せず、大明国に入るので明征伐の先導（征明嚮導）をせよと命じ、自分の望みは日本、唐、天竺の三国にその名を轟かせる事だけであると表明している。

秀吉の返書を携えて復命した黄允吉と金誠一の二人の通信使は日本が朝鮮に出兵するか否かにつき、西人派の黄允吉は出兵ありと報告したが、東人派の金誠一は出兵なしと正反対の報告をした。

朝鮮では東人派と西人派が互いに対立していたが、当時、朝鮮国では東人派が実権を握っており、金誠一の報告を採用したため、その防備に遅れをとったといわれている。

秀吉に対し朝鮮通信使節を服属使節とみせかけた宗義智は、返書にある「征明嚮導」とは、朝鮮の道を借りて明へ入りたいという「仮途入明」であると弁明したが、朝鮮は秀吉の要求を拒否した。

こうした中、天正一九年（一五九一年）一〇月、朝鮮が服属したとみなした秀吉は、側近の浅野長政を総奉行に、黒田官兵衛を縄張奉行として、朝鮮出兵の御座所となる肥前名護屋城の普請を開始した。

博多基地化構想を断念した秀吉は、新たに肥前松浦郡名護屋、現在の佐賀県唐津市鎮西町、呼子町、玄海町にわたる波戸岬の一帯に五重七階の梯郭式平山城を築城し、朝鮮出兵の前線基地としたのである。

石垣工事は島津氏ら九州の諸大名が担当し、狩野永徳の長男である狩野光信が城内の障壁画を描いた。完成した名護屋城は、京都の聚楽第に劣らない出来栄えだったといわれている。

名護屋城下には全国から馳せ参じた諸大名の陣屋が出現し、秀吉の朝鮮出兵の準備は急速に整っていった。

このような大規模な朝鮮出兵準備の慌しい中で、秀吉は原田喜右衛門によるスペインのフィリピン総督へ服属命令の書状を発信していたのである。

文禄元年（一五九二年）三月、秀吉は朝鮮出兵を命じた。

秀吉軍の兵一六万人は九軍団に編成されていたが、第一軍の小西行長と宗義智は四月半ばに釜山鎮を包囲し、「仮途入明」を迫ったが拒否されたため、これを攻め落とした。

これに続き、後続軍も釜山浦地域に上陸し、漢城（ソウル）に向け進撃を開始したため、朝鮮国王は平壌へ脱出した。

五月三日早朝、小西行長の第一軍は東大門から、加藤清正の第二軍は南大門から漢城に入り、陥落させた。これを突破口に、秀吉は明征服の段取りとして朝鮮全域を支配下に納めるため、自ら朝鮮に出陣しようとしたが、徳川家康と前田利家がこれを断念させ、六月に入り石田三成、増田長盛、大谷吉継を朝鮮奉行として派遣し、秀吉軍の指揮をとらせた。

快進撃を続ける第一軍の小西行長が平壌を落すと、朝鮮国王がかねてより宗主国の明に要請していた遼東の明軍が、六月に朝鮮救援軍として鴨緑江を渡河した。

平壌を包囲した李如松の率いる四万の明と朝鮮の連合軍との激戦の末、小西行長の第一軍は平壌から脱出し、文禄二年（一五九三年）一月に漢城に退去した。

朝鮮出兵において、明軍の宋応昌は、緒戦での秀吉軍の快進撃は日本式鉄砲の性能の高さと、その鉄砲の操作に熟練している秀吉軍兵士によるとし、さらに、日本刀による勇猛な戦闘は防ぎ難いと指摘している。

しかし、そうした中でも数千人を超える秀吉軍の兵士が捕虜となっている。彼らは「降倭」とよばれ、明軍や朝鮮軍に捕獲されたり投降したりして捕虜となった。戦いの長期化で兵糧不足や、厭戦から降倭になる兵士が多い中、秀吉の海外派兵に反抗して、計画的に降倭となる集団もあった。彼らは加藤清正配下の「沙也可」を中心とした鉄砲集団で、紀伊の雑賀衆であるといわれている。

雑賀衆は、鉄砲が種子島に伝来した初期から、その製造に携わり、鉄砲製造技術と操作に優れた能力を持っていた。

しかし、雑賀衆は浄土真宗の門徒で、一揆を起こしたため天正一三年に紀伊根来寺の根来衆とともに秀吉に滅ぼされている。沙也可は降倭すると、その鉄砲技術を重要視され、朝鮮軍や明軍にその技術を伝授し、秀吉軍との戦が終わると、沙也可はその功績により金海金氏の姓を与えられ、金忠善と改名し帰化人となった。

彼らは大邱市郊外の友鹿里に土地を与えられ、現在でもその一族の末裔が住んでいるといわれている。

明軍は文禄二年の平壌から開城に至る緒戦において、斬獲した首級一九七〇級、生け捕り五名、奪獲した倭馬三〇三二匹、さらに倭刀、銃等の兵器六三〇点を獲得したと記録している。

この降倭の一部は明軍や朝鮮軍に編入され、鉄砲や火薬の製法を伝えた。性能の優秀な日本式鉄砲は明軍や朝鮮軍に伝播し、その普及と技術向上に大きな役割を果たしている。

秀吉軍の鉄砲は野戦や守城にその威力を発揮し、文禄二年の碧蹄館の戦いでは、明軍の総指揮をした李如松の部隊を壊滅させた。明軍の鉄砲はポルトガルから伝来していたが、その製造技術は未熟で、当時、明軍が使用していた銃は銅による鋳造であるため、五～七発を連射すると銃身が熱を帯びて破壊する恐れがあった。

秀吉軍の銃は鉄を鍛造して製造しており、連発耐久性、命中精度、射程距離における性能は明軍の鉄砲を遥かに凌駕していたのである。

三月に入ると、漢城の龍山にある秀吉軍の食料倉庫が焼打ちされた事もあり、小西行長は秀吉軍総大将宇喜田秀家及び石田三成等の朝鮮三奉行の判断により明軍の沈惟敬と和議の会談に臨んだ。

この結果、秀吉軍は加藤清正が捕虜にした朝鮮の二人の王子を返し、漢城から釜山浦に撤退する事にし、開城の明軍は朝鮮より引き上げた後、日本への和議使節を派遣する事で両軍は合意した。

文禄四年（一五九五年）九月一日に和議の合意に基づき明国冊封正使楊方亨と副使沈惟敬は大坂城で秀吉に

拝謁し、明皇帝からの誥命と金印並びに冠服を伝達した。誥命とは皇帝が臣下に爵位を授けるための辞令である。

その誥命には「なんじを封じて日本国王と為す」と書かれているだけで、和議の条項が記入されていなかった。

このため激怒した秀吉は、明国との和議交渉を断絶した。

この和議交渉の断絶により、秀吉は再度の朝鮮出兵を計画していたが、そうした中に新たな事件が突発するのである。

サン・フェリペ号事件である。

(九) サン・フェリペ号事件と二六聖人の殉教——慶長の役

スペイン王国の大型ガレオン船サン・フェリペ号は、一五九六年七月一二日にルソンのカビテを出港し、既に設定されていた航路によりメキシコを目指して、北太平洋海流に乗り北上したが、東シナ海で複数の台風と遭遇し、大きく損傷したため航行不能となり、慶長元年（一五九六年）八月二七日に土佐の浦戸に漂着した。

この知らせを受けた領主の長曽我部元親は、大坂の秀吉に同船漂着を報告し、その処置方の指示を仰いだ。

日本では古来より、海での遭難は神の怒りに触れたからであるとし、漂着した船の積荷を全て没収し、神の怒りを鎮めるため、神社仏閣の修理の費用に当てる事が許されていた。秀吉はしきたりに従い積荷没収を命じ、その奉行として朝鮮から帰国していた増田長盛を浦戸に派遣し、没収した積荷を大坂に搬送させた。

サン・フェリペ号には二五〇人ほどの黒人が乗せられていた。主にフィリピンに奴隷として連れてこられ、メキシコに輸出されるアフリカの黒人であった。

一五七二年には、既にスペインが支配するフィリピンと現在のメキシコであるヌエヴァ・エスパーニャとの間に、定期航路が開設されていた。

当時、イスパニアと呼ばれていたスペインは、一五一九年にメキシコを侵略し「ヌエヴァ・エスパーニャ」（新イスパニア）と命名した。メキシコに呼称が変更されたのは、三〇〇年余り後の一八二一年になってからである。

フィリピンは一五六四年にスペインのレガスピ艦隊によるセブ島上陸に続く一五九〇年のマニラ占領により植民地とされた。

当時のフィリペ二世の名を冠しフィリピンと命名されたが、現在までその名称は変更されていない。

スペインはマニラを中心基地として、中国から生糸や香辛料をマニラに運び、さらにメキシコへ輸出して銀を得て、再びマニラ経由して中国に銀をもち込み、中国の物産を輸入するという仲介貿易を行っていたのである。

その定期便であるサン・フェリペ号には黒人奴隷と一緒に十数人の修道士と大量の商品が積載されていたのである。

さらに、サン・フェリペ号の積荷から、多くの大砲と鉄砲等の軍事物資が発見されたため、スペインがフィリピンを領有した時のように、先ずフランシスコ派の聖職者を派遣してキリストの教えを説き、日本を奪い取る計画をしているとの情報がポルトガル商人達により秀吉に伝えられた。

さらに積荷没収の奉行増田長盛に対し、サン・フェリペ号の航海長は世界地図を見せて、多くの国々がスペイン領土となっている事を示し、強大なスペインは領土征服のため、まずその土地へ宣教師を送り込み、キリスト教を布教し、信者の数が相当の数に達したとき、軍隊を派遣し信者の内応を得て、征服の目的を達するのであると話し、まごまごしていると日本も同様の方法で征服されるぞと恫喝した。

さらに同乗していたスペインからのフランシスコ会宣教師は上陸して、布教活動を始める始末であった。

これらの情報に接し、秀吉はスペインの日本に対する侵略の意図を感じ取り、さらに伴天連追放令を無視し、宣教師が布教活動をしている事を知った。これに激怒した秀吉は、イエズス会も含めフランシスコ会士の処刑を命じ、キリシタンへの厳しい弾圧に着手するのである。

秀吉の命令により、京都奉行石田三成はフランシスコ会の五名の司祭と一二名の信徒、及びイエズス会士三名を含む七名の修道士の合計二四名を収監した。

収監されたフランシスコ会の五名の中に、文禄五年（一五九六年）にマニラから日本に潜入したスペイン人の司祭アセンシオンがいた。アセンシオンは長崎で小西行長や内藤如安に接触していたが、スペイン国王に日本を武力征服する正当性と必要性を説いた報告書を書き上げている。

アセンシオンはデマルカシオンで、スペインは日本を包含しており、スペインが日本を武力征服するのは当然の権利であり正当な行為であると主張し、日本の正当な支配権を有するスペイン国王は、日本のキリスト教徒を野蛮人である異教の仏教徒と暴君である豊臣秀吉から救済する義務があると訴えている。

そのためには、スペイン船が入港する長崎と平戸の港を占拠し、要塞を築き、大砲、弾薬そして兵士、武装艦隊を準備する必要があると主張している。

アセンシオンの主張は、スコラ神学における不当な暴力を退ける自衛のための武力行使は正当であるとするスコラ正戦論に立脚し、野蛮人と暴君から日本のキリスト教信者を守るため、日本を武力征服し、日本をスペイン国王の領地とし、正当な支配者として日本に君臨するための手段とする事を提言しているのである。

実際において、ポルトガルやスペインが大航海時代に入り、植民地を獲得していく中で、こうした手段によりキリスト教宣教師は領土的侵略の先兵の役割を果たし、十字架と剣は相携えて拡張主義の時代を謳歌していたのである。

既に、秀吉は伴天連追放令で宣教師の帰国と日本人奴隷売買の禁止を公布していたが、その効果は少なく、多くの宣教師が日本で布教活動をしている状態であり、日本人奴隷売買も続けられていた。

一一月一五日収監された二四名は、京都の堀川通り一条戻り橋で、左の耳をそぎ落とされた。秀吉からは、両耳と鼻をそぎ落とすよう命令が出されていたが、石田三成が手加減をしたといわれている。

耳をそぎ落とされた二四名は牛車で京都中を引き回された後、大坂と堺に連行され、さらに陸路で下関、博多と引き回され一二月に長崎へ到着した。

この護送の告知文は板に書かれ、その護送隊の先頭に立てられていた。その告知文には

これらの者どもは、ルソンより使節として渡来したが、予が禁じたキリシタンの教えを布教して、教会を建て、長期間日本に滞在したので死刑にする。

よってこれらの二四名のものは、長崎に於いて磔刑に処せられる。

慶長元年一一月二〇日

と大書されていた。

イエズス会のオルガンティーノは、護送される二四人の世話役として二名の信徒を同行させたが、途中で二人は護送の役人に捕まり、長崎に護送された者は二六名となった。

翌慶長二年（一五九七年）二月五日、二六本の十字架が立てられた長崎西坂の丘において、集まって来たキリシタンによる賛美歌と祈祷の流れる中、磔刑に処せられたアセンシオンを含む二六名は両脇を槍で突きぬかれ、凄絶な殉教を遂げた。

「二六聖人の殉教」である。

遺骸は、多くのカトリック信徒により解体され、日本で最初の殉教者の聖遺骸として世界各地に送られ崇敬を受けた。

これはマルチリヨと呼ばれ、明治期になり「殉教」と邦訳されている。

神学上「殉教」とは迫害され、自己の信仰や道徳をすてるよりも、苦しみや死を選んで信仰の証しをする事で、殉教は「信仰の証」であるとして、尊び、高く評価するキリスト教やイスラム教を特徴付ける重要な思想の一つである。

ある宗教が定着している地域へ、外来の新しい宗教思想が侵入し、それを受け入れた住民は、従来の宗教者や為政者により弾圧され迫害されるが、キリスト教では迫害により磔刑に処せられる事を「イエスの死」の贖いであるとして、「十字架上でのイエス・キリストの受難に倣う」という思想は、中世以降のローマ・カトリックにより強く推奨され、より苛酷で残酷な処刑を自ら進んで受け、強い信仰の証としていた。

一方、キリスト教信仰者は、殉教者の遺体や所持品を聖遺骸や聖遺物として尊び、丁重に崇めていた。

そうした思想に同調している、ロヨラたちが創設したイエズス会によって開教された日本では、弾圧という状況下で残酷な死を選ぶマルチリヨ思想が教理として受け入れられ、「二六聖人の殉教」をはじめ、元和八年（一六二〇年）、長崎西坂で神父や修道士と老若男女のキリシタン五五名が処刑された「元和の大殉教」、「天草崩れ」、「浦上一番崩れ」から「浦上四番崩れ」、「大村崩れ」等の受難が続いていたが、信徒は嬉々として殉教したと伝えられている。

キリシタン禁止令は明治維新以後、欧米列強に非難され、明治六年（一八七三年）に明治政府により廃止されるまで存続していた。

サン・フェリペ号事件と二六名の処刑に対し、スペイン王国のフィリピン総督は使節を日本へ派遣し、慶長二年（一五九七年）五月二七日付書簡で、没収されたサン・フェリペ号の積荷の返還と殉教者の遺骸の引渡しを要求して来た。

この要求に対し秀吉は、スペインは布教により外国を征服する国であると非難し、積荷返還を拒否したが、殉教者の遺骸返還は認めた。

この使節は秀吉への珍しい贈り物を持参したが、その中に象がいた。

秀吉はこの象が非常に気に入り、当時六歳だった秀頼の手をひいて見物し、まくわ瓜や桃を象に与えて楽しんだといわれている。大坂に出現した象を見ようと、信長の京都における黒坊主騒ぎ同様、多くの住民が殺到し死者も出る大騒ぎになった。

殉教した二六名への崇敬は、その後カトリック界で高まり、ローマ教皇庁は一六二七年にフランシスコ会士等二三名、一六二九年にイエズス会士三名を「福音者」の列に加え、一八六二年と一八六六年に「聖者」へ列している。

明との和議交渉が決裂した後、第二次朝鮮出兵の準備をしていた秀吉は、その間にサン・フェリペ号事件や長崎西坂の丘でのキリシタン二六人の処刑等、重大な案件を果敢に処理しながらの慌しい中で、第二次朝鮮出兵を発令した。

慶長の役である。

しかし、第二次朝鮮出兵の戦略方針は「仮途入明」ではなく、朝鮮南部の奪取にあった。毛利秀元、黒田長政、加藤清正の右軍と宇喜田秀家、島津義弘の左軍、さらに藤堂高虎の水軍は、慶尚道、全羅道、忠清道を果敢に攻めたが、蔚山で明軍と朝鮮軍に包囲され、その進撃は止まった。

このような事態の中で、慶長三年（一五九八年）八月一八日、太閤豊臣秀吉は伏見城において六三歳の生涯を閉じるのである。

ここにおいて、豊臣政権の五大老、五奉行は朝鮮在陣軍の撤退を決定した。

（一〇）スペインのアマルガム方式——徳川家康の浦賀開港

秀吉の死後、五大老筆頭の徳川家康は、早々にその実権を掌握し、朝鮮出兵やキリシタン弾圧により崩壊した対外関係の再構築の模索を開始した。

日本は秀吉の六年にわたる朝鮮出兵により、朝鮮、中国、琉球等、東アジアから孤立し、また、スペインとも断絶し、外交と交易の基盤は揺らいでいた。

家康は東アジアの諸国に書簡を送り、日本の新しい政権は武断政策の秀吉政権と一線を画し、友好的である事を強調し、琉球を通じ断絶した中国との通商関係の復活に努めた上で、ルソン、安南、カンボジア、シャム等にも書簡を送り、家康の朱印状を持参したものに対しては、その船の保護と貿易の安全を求めた。

この朱印状は薩摩の島津家久、肥後の加藤清正、平戸の松浦鎮信等の九州の大名や京都の角倉了以、茶屋四郎次郎、堺の今井宗薫、摂津の末吉孫左衛門、博多の鳥居宗室、長崎の末次平蔵等の豪商に発給された。彼らは銀、銅、鉄、硫黄等の鉱産物や工芸品を輸出し、中国の生糸、絹織物、南方の象牙、鹿皮、鮫皮、砂糖等を輸入していた。

朱印船貿易が盛んになると、東南アジアの各地には多くの日本人が移住し、各地に日本人町が出現していった。

シャム王国の信頼を得た山田長政は天正年間から寛永年間にかけて活躍した人物である。

こうした中で、家康が最も重要視したのはスペインであった。

当時のスペインは経済及び軍事大国であり、家康の目的はスペインから大型帆船の建造技術と、最新の金銀精錬技術の導入にあった。さらには、武士の外套や陣羽織に使用する厚手のスペイン産毛織物や、スペイン船を通じ中国産の生糸や絹織物の大きな需要に対応するためであった。

家康は慶長三年（一五九八年）、秀吉没後三ヶ月にして、フランシスコ会宣教師ヒエロニモ・デ・ジエズスを伏見城で引見した。

ジエズスは畿内においてスペインとの貿易交渉に当っていたが、サン・フェリペ号事件でマニラに追放された。しかし、布教を再開するため秘かに再入国し、信徒の家に潜伏していたが、伊勢で捕えられ伏見城に送られたのである。

家康はジエズスに対し、スペイン人が関東の浦賀に寄港し、通商を行い、その地で船を造り、金銀の鉱山技術を家臣に教えるなら、天主堂建設の土地を与え、布教をも許可すると伝えた。

家康はスペイン船の寄港地を浦賀に定め、ルソンからの定期航路を開設し、マニラからヌエヴァエスパーニャへ向うスペイン商船の関東誘致及び鉱山と造船の技術者と航海士の招聘を、ジエズスを介しフィリピン総督に対し、スペイン王国に斡旋するよう要請したのである。

この時、家康が最も重要視したのは鉱山技術者の招聘であった。

日本に於いて、佐渡をはじめ各地に金山、銀山があり、砂金も採取されていた。しかし、日本の精錬技術は、室町時代に朝鮮から伝えられた灰吹方式で、鉛を使用するその精錬法の生産効率は悪かった。

一方、スペインがメキシコやペルーで採用していた精錬技術は、アマルガム方式で、金や銀の鉱石を水銀に接触させ、これを蒸留し、金、銀を効率よく回収する画期的な方法であった。

家康はこの精錬技術を導入し、石見銀山、生野銀山、佐渡金山、甲斐の金山銀山からの産出量を増大し、交易資金と、政権確立の資金の確保を目指したのである。

また、当時の日本では大型船である九鬼水軍の安宅船が建造されていたが、その船体は沿岸航海は可能であるが、太平洋の外洋に乗り出して行ける水準になかった。

スペインは大型外洋帆船であるガレオン船の造船技術を持っており、しかもマニラで建造していた。

家康は外国との交易のため、ガレオン船に匹敵する大型外洋船の造船技術を必要としていたのである。

このように、スペインとの交渉は家康にとって重要な課題であり、マニラからヌエヴァ・エスパーニャのアカプルコへ向かうスペイン船の浦賀寄港の確立は、天下掌握のために急を要する案件であった。

家康の要請を受諾したフランシスコ会宣教師ジエズスは、スペイン船の浦賀入港に尽力する事を約束するとともに、家康に対しキリスト教布教を黙認するよう要請した。

宣教師達は、太閤秀吉が世を去ると再び活発な布教活動を展開していたが、これにより、多くのフランシスコ派宣教師が入国するようになり、それまでの九州や関西中心の布教活動は、関東においても活発に展開されていった。

慶長四年には江戸布教の本拠となる天主堂が建てられ、浦賀にも修道院が設立された。

浦賀にスペイン商船が入港すると、江戸天主堂と浦賀修道院が中心となって商品取引に大きな役割を果たしていった。しかし、フィリピン総督には、家康の申し入れを受け入れる意志は全く無かった。

フィリピンが、これまでに日本の襲撃を受けなかったのは、日本が大型船舶を所有しておらず、その造船技術や航海技術も無かったからである。さらに鉱山技師派遣は、日本に最新技術であるアマルガム法を伝授する事になり、それは単に日本の国力を増大するだけで、スペインが得る利益は少ない。

このようなフィリピン総督の判断により、マニラからの定期商船の浦賀入港は一時期実現したものの、造船技術や鉱山技師の派遣は実現しなかった。

慶長五年（一六〇〇年）関ヶ原の戦いに勝利した徳川家康は、慶長八年に征夷大将軍に任ぜられ、江戸幕府を開設した。

この間、各大名の国替えを断行し、特に豊臣方に見方した西軍の諸侯の領地没収や減封を厳しく実行し、ついには豊臣秀頼に対し大坂城を安堵したが、六五万石に減封してしまった。しかし秀頼は難攻不落といわれていた大坂城に居り、しかもその城中には秀吉が蓄積した莫大な金銀が蔵置されていたのである。

この頃までの日本は、ポルトガル王国の布教保護権によりキリスト教布教と対外貿易はポルトガルにほぼ独占されていたが、天正一二年（一五八四年）スペイン船がポルトガル船の根拠地である長崎を避け、平戸に入港した。その後、伴天連追放令下にサン・フェリペ号事件や二六聖人磔刑事件の発生により、イエズス会士は地下に潜伏し、フランシスコ会士は日本を離れていった。

同じ頃、ヨーロッパではイギリスとオランダの新興国が台頭し、一五八八年スペイン無敵艦隊は英仏海峡での海戦でイギリス海軍に大敗を喫した。

ここにおいて、大航海時代の主役を演じたカトリックのポルトガルとスペインは、プロテスタントのイギリスとオランダにその舞台を譲るのである。

その後、一六〇〇年にローマ教皇クレメンス八世は、一五八五年に教皇グレゴリウス一三世の小勅書でイエズス会のみに限定した日本の布教を、他の修道会にも許可するとした勅書を公布したため、日本にはイエズス会だけでなく他の修道会による布教活動が、徳川政権下で活発化して行くのである。

このような状況の中、関ヶ原の合戦が始まる直前の一六〇〇年の慶長五年三月一六日に、大量の銃砲と火薬等を積み込んだオランダの商船リーフデ号が豊後・臼杵の黒島海岸に漂着した。

このオランダ船は、オランダ商品の新販路開拓のため、オランダ東インド会社が派遣した五隻のガレオン船からなる東洋遠征隊で、一五九八年六月にロッテルダムを出港した。

しかし、その航海は惨憺たるもので、大西洋を横断し、マゼラン海峡を通過中に三隻が行方不明となり、太平洋に入ったところで暴風雨のため一隻が沈没し、かろうじて極東にたどり着いたのはリーフデ号だけであった。生存者は二四名で、漂着の翌日にはその内三名が死亡した。

この生存者の中に、イギリス人ウイリアム・アダムスとオランダ人ヤン・ヨーステンがいた。

リーフデ号漂着の報は臼杵城主太田一吉から長崎奉行寺沢広高に伝えられ、さらに大坂城へ通報された。大坂城西の丸でこの通報を受けた五大老首座の徳川家康は、リーフデ号の船長を大坂城へ出頭するよう命じ、五隻の船を豊後臼杵に向かわせた。

しかし船長のヤコブ・クワッケルナックは衰弱が激しかったので、航海長のウィリアム・アダムスが船長代理となり、オランダ人乗組員を伴って大阪城に出頭した。

為政者として好奇心旺盛な家康は関が原合戦の直前で騒然とした時期であったが、四月一〇日に彼らを大坂城で引見し、ポルトガルとスペイン以外の未知な欧州の情勢を知る事が出来た。

家康はリーフデ号を難破船として堺に回航し、これらの積荷を慣例に従って没収する事とした。

関ヶ原合戦を目前にした家康にとって、リーフデ号の積荷である大量の武器と火薬は予期せぬ収穫であった。

この年の九月一五日、関ヶ原合戦で西軍に大勝した家康は一〇月一日に石田三成や小西行長、安国寺恵瓊等を京都六条河原で斬罪に処した。

家康はリーフデ号を江戸へ向かわせたが、遠州灘で強風に煽られ、ロッテルダムからの長い航海によりひどく損傷しているリーフデ号は、江戸を目前にして浦賀に緊急避難せざるを得なかった。

アダムス等は陸路で江戸へ向かったが、浦賀に着いたアダムス一行に応対したのは三浦郡三崎を本拠とする船手奉行向井兵庫頭政綱とその息子の向井将監忠勝であった。

リーフデ号は大破していたため修理が出来ず、そのまま二年以上放置され解体された。

ここにプロテスタント国であるオランダとイギリスが日本に登場してくるのである。

アダムスはイギリスで一二年間にわたり造船業に携わり、その後、海軍に入り航海の技術に精通していた。さらに西洋の政治情勢のみならず、天文学、幾何学、数学、地理学を理解し、またスペイン語やラテン語にも通じ、その知識は高い水準にあったと言われている。

家康にとってアダムスは、外交顧問としてスペインとの交渉に重要な役割を果たし、かつ、外洋航海に可能な大型帆船の建造と、その航海をも指導できる貴重な人物であった。

アダムスは、家康の要請により、以前から造船の地として知られ、優秀な船大工のいる伊豆の伊東で、ガレオン船の建造を手がける事になった。

関ヶ原の戦いの直後であったが、船奉行向井政綱以下の公儀船大工達は、アダムスの指導によりヨーロッパ式造船技術を経験しながら、日本で初めて八〇トンのイギリス式小型帆船を建造した。

この船を江戸浅草川（現・隅田川）で試乗した家康はさらに一二〇トン船の建造を命じた。

このような業績を積み重ねてきたアダムスは、江戸日本橋と浦賀に屋敷を、三浦郡逸見村には所領を与えられた。

さらに、ウィリアム・アダムスはヤン・ヨーステンと共に旗本の身分を与えられ、日本名を三浦按針とし、家康の外交顧問としてイギリス、オランダ、スペインとの通商交渉において活躍した。按針とは水先案内人の意味で、航海士であったアダムスを表現している。

日本橋の屋敷は、後に日本橋按針町（現・中央区室町一丁目）の由来となっている。

オランダ人のヤン・ヨーステンは江戸城和田倉門の近くに屋敷を与えられ、現在の東京駅東側にある八重洲の地名はヤン・ヨーステンの屋敷に由来している。

アダムスに江戸と浦賀に屋敷を与え逸見村に差配地を与え、優遇したのは、家康が本拠地とした関東から遠い長崎や平戸ではなく、浦賀に貿易港を開設し、スペイン商船等の来港を促し、念願のスペイン人鉱山技師招聘を目論んだためであった。

江戸に徳川幕府が成立し、ウイリアム・アダムスの存在が知られると、オランダとイギリスがそれぞれの東インド会社を通じて日本との通商を求めて来た。

慶長一四年（一六〇九年）、オランダ東インド会社の使節ニコラス・ポイクが平戸に上陸し、アダムスを通じて家康に謁見し、日本のどの港で商売してもよいという通商許可を得た。アダムスはポイクに、家康の希望している浦賀に商館を置く事を推奨したが、関東は商圏が未開拓であるとして、平戸を選定した。

こうした中、慶長一八年（一六一三年）イギリス東インド会社のクローブ号が、イングランド国王ジェームス一世の親書を携えて平戸に入港した。司令官ジョン・セーリスはアダムスの案内で駿府の家康に謁見し、通商特許状を授与された。この特許状には、関税の免除、自由貿易、治外法権が認められ、オランダと同様にどの港で商売してもよく、江戸の希望する所に居住し、いつ帰国してもよい、というイギリスにとって頗る有利な内容であった。

それは、大坂城の豊臣勢力打倒を直前にして、クローブ号の積荷である多量の鉛、火薬、大砲等の武器弾薬を、買い入ることが出来たアダムスの協力に対する家康の配慮であったと言われている。

慶長一九年、大坂冬の陣と翌年の大坂夏の陣により、大坂城はついに落城した。豊臣家はここに滅亡し、徳川幕府は磐石の基礎を築き上げるのである。

この間、アダムスはセーリスを浦賀に案内し、家康のかねてよりの念願である商船の浦賀寄港を打診した。

しかし、セーリスはオランダが商館を建設し、多くの商人が居住し、販路が整い、外国商人に友誼的であるとの理由により、浦賀ではなく平戸に商館を設置し、イギリス東インド会社の根拠地とした。

浦賀港は良港であるが、沖合に黒瀬川と言われ恐れられている潮流の速い黒潮が流れているため、太平洋から浦賀への入港は、当時の航海技術では難しかったともいわれている。

このようにしてプロテスタント国のオランダとイギリスは平戸で商館を並べ、協力を装いながらも、イギリスがオランダとの商戦に敗れ、日本から撤退するまで厳しい暗闘が続くのである。

（二）家康の伴天連追放令──高山右近 内藤如安 原マルティノ

家康は日本におけるキリスト教の布教を好ましく思っていなかったが、禁教令下においても、その取締には寛容であった。しかし、スペインからの鉱山技術者招聘が絶望的になると、それまで黙認していた国内におけるキリシタン浸透による政治的影響に気付き始めるのである。

徳川幕府設立当初、旧教や新教の各会派による布教活動は大いに活発化し、潜伏していたイエズス会信徒を中心としたカトリックと、プロテスタントのキリスト教徒は各地に急増し、公卿、大名、武士、町人、農民等、士農工商の各階層に浸透していった。特に、武士階級には早くからキリスト教が受け入れられ、多くのキリシタン大名やキリシタン武士を誕生させていった。やがて幕臣や旗本にも信徒が増え、さらには将軍の側近や大奥にまでも、キリスト教が浸透していったのである。

慶長一〇年（一六〇五年）家康は将軍職を秀忠に譲り、大御所として駿府に退いた。

こうしたなか、慶長一七年に家康の重臣本多正信の家臣岡本大八と肥前日野江城主有馬晴信との間で、贈収賄を含む不正事件が発生した。岡本八大は安倍川の河原で火刑に処せられ、切腹を命じられた有馬晴信はキリシタンのため切腹を拒み、家臣に首を斬り落とさせた。

岡本大八事件である。

この事件の取調べが進むにつれ、駿府の旗本や大奥の侍女の間にキリシタンの存在が明るみに出た。

この状況を重視した家康は同年三月二一日、江戸、京都、駿府、長崎の幕府直轄領と有馬領に対しキリシタン禁止令を発布し、京都の教会を破壊した。

この家康よりの禁止令に則り、領主晴信の跡を継ぎ領主となった嫡男有馬直純は領内の宣教師を追放し、教会堂を破壊し、信徒に棄教を迫った。しかし、三人の重臣が公然と棄教を拒否したため、その妻子ともども火刑に処せられる事になった。

火刑当日、領内の多くの信徒が刑場に集まり、敬虔な祈りの中で、殉教者を送ったと伝えられている。

こうした状況は、家康にさらなる不気味な恐怖を与えたのであった。

それまで、日本での布教はイエズス会が独占していたが、新たにフランシスコ会やドミニコ会、またアウグスティヌス会が参入し、教団同士の争いが発生するようになった。またスペインが彼らと結託し、日本の領土征服を企てているとの情報は、秀吉と同様に、当初融和的であった家康のキリスト教に対する強い反感を誘引していくのである。

このような事件のあった翌慶長一八年（一六一三年）一二月に家康は、京都南禅寺から招いた外交関係担当の側近、金地院崇伝に命じ「伴天連追放令」を起草させ、秀忠の朱印状として全国に向け発令した。

金地院崇伝は、この他にも寺院諸法度、武家諸法度そして禁中並公家諸法度を起草し、さらに豊臣氏を滅亡に導く、大坂の陣の発端となった方広寺の「国家安康　君臣豊楽」の鐘銘を見つけ出している。

禁中並公家諸法度は、後水尾天皇を中心とした禁裏や公卿の権限を制限する法度であった。

徳川家康は、朝廷から与えられた征夷大将軍としての国政を統治する権能を確立し、同時に朝廷の幕政に対する介入を抑制する事に成功した。

この後、政治的権威を抑圧された朝廷は、文化の分野で、その権威を保って行くのである。

その情勢は時空を超えて、開国後の安政五年（一八五八年）五ヶ国と締結した修好通商条約の勅許問題が突発するまで続くのである。

金地院崇伝はその伴天連追放令の中で、日本は神仏の国であり、神仏の仁義により善悪を糾している。しかし、キリシタンは法に背き、正義を傷つけ善を滅ぼし、殉教による死を自らの理想とする。キリスト教は神仏の敵であり、邪教である。これを直ちに禁止し、キリシタンを追放しなければ国家の禍となると明記し、禁教政策を全国に実施し、また海外へ宣言したのである。

これにより、再び全国的にキリシタン弾圧が展開されていった。

秀吉の伴天連追放令は、キリスト教の布教をする宣教師の国外追放が主体であって、その信仰までは禁止しなかったが、家康と秀忠は、布教と信仰を一体として禁止している。

この伴天連追放令により、慶長一九年（一六一四年）に入ると、各地の宣教師をはじめ、秀吉により改易され追放された高山右近や内藤如安等、最後まで改宗をしなかった一〇〇人余の日本人信徒は、国外追放を命じられた。長崎まで護送された信徒は、マカオとマニラに送られた。

高山右近は永禄七年（一五六四年）一二歳のときに洗礼を受け、ドン・ジュストの霊名を授けられた。

高山右近は、織田信長を説得し、足利義昭を室町幕府一五代将軍に奉じての上洛を画策した義昭の直臣の和田惟政に仕えていた。

足利義昭と織田信長が不和となり戦いが開始されると、和田惟政は足利義昭を助け織田信長の家臣荒木村重と闘い、白井河原の合戦で討死したが、その後、高山右近は荒木村重の配下として高槻城主となった。その荒木村重は、主君織田信長へ謀反を企て失敗したが、高山右近は信長に恭順し高槻城を安堵された。本能寺の変で信長が自刃したため、羽柴秀吉に参陣した高山右近は、秀吉から厚く信頼され、播磨国明石で六万石の大名に取り立てられ、秀吉の下で活躍しながらキリスト教の布教に尽力し、蒲生氏郷や黒田孝高を改宗させている。

しかし、秀吉に棄教を迫られると、黒田官兵衛として知られている黒田孝高や名だたるキリシタン大名が棄教する中、その命に従わなかった高山右近は、全ての領地を没収され追放された。

追放後、暫くは小西行長の援助で、その所領である小豆島や肥後に隠れ住んでいたが、天正一六年（一五八八年）に前田利家に招かれ、加賀で一万五〇〇〇石の扶持を受けて、前田家の相談役となり築城や合戦にその知識を役立てていた。

この追放令により高山右近と内藤如安はマニラに送られ、原マルティノはマカオに送られた。

迫害にも怯まず、信仰を守りとおした高山右近の情報は、既にイエズス会の報告書や宣教師によりマニラに伝わっており、壮大な礼砲が鳴り響く中、フィリピン総督ファン・デ・シルバを中心に尊敬の念をもって官邸に迎い入れられ、大歓迎を受けた。

しかし、既に高齢となっていた高山右近は、大きく変化した環境により病を得て、マニラに上陸した四〇日後の翌年の元和元年（一六一五年）一月にキリストの元に旅立っていったのである。六四歳であった。

この年、大坂夏の陣で豊臣氏は滅んだ。

フィリピン総督による葬儀は、マニラの聖アンナ教会で壮大に挙行され高山右近の遺体は、教会の歴代管区長司祭が葬られている主祭壇の近くに安置されたが、その後サン・イグナシオ教会に移された。しかし、同教会は第二次世界大戦で破壊されたため、現在はケソン市にあるイエズス会の修道院に埋葬されている。

内藤如安は丹波守護代内藤宗勝の子で貞弘といい、信長に滅ぼされた松永久秀の甥である。一四歳頃に受洗し、洗礼名ジョアンを授けられ、小西行長に仕えていたが、文禄の役では、明との和議交渉の使者として、北京へ乗り込んで行った。

関ヶ原の戦いで、西軍の将として主君の小西行長が斬首されると、キリシタン大名の有馬晴信の手引きにより平戸へ逃れ、その後、前田利長の客将となり、高山右近とともに布教活動に取り組んでいた。

マニラに送られた内藤如安は高山右近の死後、日本人のキリシタン町であるサン・ミゲルを築いたが、一六二六年（寛永三年）に病死した。七七歳であった。

遺体は終焉の地であるサン・ヴィンセント・ポール教会に埋葬されている。

天正遣欧使節の一員であった原マルティノは、マカオに追放され寛永六年（一六二九年）に没している。

この「大追放」は大坂冬の陣の直前に行われているが、豊臣方とキリシタン弾圧により徳川政権に反発するキリシタン信徒との結び付きを、徳川方が恐れたためだといわれている。

それでも、豊臣方に集まった武将の中にはキリシタンも多く、大坂城は浪人や全国から追放されたキリシタンの避難所となり、大坂城内には、二人のイエズス会宣教師と一人のアウグスティヌス会宣教師が潜入し、多くのキリシタンを象徴する十字やキリスト像の旗印が翻っていたという。

こうしたキリスト教を含んだ激しい歴史の流れの中、天正遣欧使節同様、遠くローマに向かった日本人達がいた。

（二）伊達政宗の視線――慶長遣欧使節 支倉常長

それは家康の願望を受け継ぎ、ヌエヴァ・エスパーニャを通してスペインとの交易を目指した伊達正宗の計画であった。

慶長一四年（一六〇九年）七月、第八代フィリピン総督ドン・ファン・デ・シルバがスペイン本国からマニラに赴任してきたため、前フィリピン臨時総督ドン・ロドリゴ・ビベロ・デ・ベラスコは、旗艦サン・フランシスコ号に乗艦し、サン・アントニオ号とサンタ・アナ号を伴ってアカプルコに向けカビテ港を出帆した。

九月に入り、日本近海で暴風に遭遇した艦隊は、サン・アントニオ号だけがアカプルコに着いたが、小型のサンタ・アナ号が豊後の海岸に漂着し、旗艦サン・フランシスコ号は上総国夷隅郡岩和田沖で座礁し、乗組員三七三人中、五六人が死亡し三一七人が岩和田田尻の村民に救助された。

この情報に接した家康は、大多喜城主本田忠朝に対して、遭難者を丁重に扱うよう指示した。

ビベロは、この時の村民による心の籠った対応に深く感動したと『ドン・ロドリコ日本見聞録』にその状況を記述している。

この事件を基に、三二〇年後の昭和三年（一九二八年）一一月、千葉県夷隅郡御宿町岩和田に「日西墨三国交通発祥記念の碑」が建立され、日本、スペイン、メキシコ三国の交流を現在に伝えている。

家康は直ちにアダムスを現地に向かわせ、ビベロに日本国内の通行証と、食糧と身の安全を保障し、積荷を没収しないとした朱印書を手交させている。

翌月の一〇日、江戸城に案内されたビベロ一行は、将軍秀忠に謁見し、続いて駿府城で家康に謁見した。

家康は、頓挫していたスペインのアマルガム法式の精錬技術を導入するための鉱山技師招聘を実現させるため、彼等を優遇したといわれているが、ビベロ一行の帰国のために、アダムスが建造した一二〇トン船を提供するほどの強い期待を抱いていた。

サン・ベエナベンツーラ号と名付けられた一二〇トン船は、ヌエヴァ・エスパーニャの鉱山技師五〇名を日本に派遣するようスペイン国王フェリペ三世に要請する使節として任命された、スペインのセビリア出身のルイス・ソテロを筆頭に、ビベロ一行と京都の商人田中勝介を含めた二三人の日本人が乗船し、慶長一五年(一六一〇年)八月に浦賀からヌエヴァ・エスパーニャのアカプルコへ向かい、太平洋を横断する最初の日本船となったのである。しかし、スペインにとって何んの利益もない、精錬技術の流出は、ただ日本の国富を生み出すだけで、スペイン王国が、日本の要請に応じてアマルガム法の鉱山技師を派遣する事はなかった。

このような状況の中で、ヌエヴァ・エスパーニャ副王は、遭難した前フィリピン総督ビベロ一行の帰還のため自国の船を派遣してくれた徳川将軍に、その返礼のため、副王大使の肩書を持ったセバスチャン・ビスカイノを使節として派遣した。

ルイス・ソテロや田中勝介等、アカプルコに渡航していた日本人を同乗させたビスカイノ一行は、新造船のサン・フランシスコ二世号でアカプルコを出航し、慶長一六年六月に浦賀へ入港した。

ビスカイノ一行は三浦郡の船手奉行向井兵庫頭政綱及び将監忠勝父子に迎えられた。

この頃の浦賀は、幕府外交顧問ウィリアム・アダムス（三浦按針）の所領もあり、スペイン人やオランダ人、イギリス人が貿易や宣教のため居住する国際色豊かな地域であった。

六月二二日に向井忠勝の手配によりビスカイノ一行は江戸城で将軍秀忠に、続いて七月五日に向井政綱の案内により、駿府において大御所家康に謁見した。この時、ビスカイノは浦賀にスペイン商船を入港させるが、遭難した場合に沿岸の地理を知っておく必要があるとして、長崎から秋田までの沿岸測量の許可を申し出た。家康は、スペインやフィリピンそしてヌエヴァ・エスパーニャとの交易や鉱山技術者派遣の期待を込めて、日本沿岸の測量を許可するのである。

しかし、ビスカイノの目的は測量と称して、日本沿岸における「金銀島」の探索をするためであった。マルコポーロの『東方見聞録』による黄金の国の伝説は、日本で金や銀が多量に産出されているため、その噂は消える事なく信じられていたのである。

当時の日本では戦国大名が軍資金を確保するため、金銀鉱山の探索と開発が盛んに展開されて来た。ビスカイノはスペインのフェリペ三世に対し、日本近海にあると伝えられている「金銀島」をスペイン王領拡張のため探し出し、既に侵略した新大陸のヌエヴァ・エスパーニャやフィリピンの植民地化に続き、日本と中国を侵略する足掛かりとすると報告している。

幕府より沿岸測量の許可を得たビスカイノは、慶長一六年九月、陸路で江戸を出発し仙台に入り、測量をしながら南下し長崎に至るまで、約半年間にわたり測量を続け、翌年七月浦賀へ戻った。

沿岸の海図を作成したビスカイノは、九月に入ると帰国するとして浦賀を出帆した。しかし、ビスカイノは帰国せず、自ら作成した海図をたよりに日本近海にあるとされる金銀島の探索に向かったのである。

サン・フランシスコ二世号で浦賀を出航したビスカイノは、「金銀島」が存在するとされている日本の東北沿岸を一ヶ月にわたって探索したが発見できず、暴風雨で船が損傷したためアカプルコへ向かう事が不可能になり、浦賀に引き返した。

ビスカイノは船の損傷の修理に幕府の助力を求めたが、幕府はそれを拒否した。スペインと対立するオランダ人やイギリス人が、ビスカイノの真の目的を幕府に暴露したのである。

アダムスは、スペイン国王は日本との貿易を少しも考えておらず、キリスト教を布教して日本を支配する事を望み、ビスカイノは日本沿岸の測量をして「金銀島」探索と同時に、どの地点からスペイン軍を上陸させ、日本を侵略するかの準備をしているのであると報告している。

幕府から突き放されたビスカイノは、積荷や黒人奴隷を売って船を修理する費用を捻出しようとしたが失敗し、帰国する術を失った。この修理資金捻出交渉の通訳をしたのがルイス・ソテロであった。

仙台藩主伊達政宗は、徳川幕府が推し進めていた江戸市街普請のため、半蔵門一帯の堀の土木工事を担当し、領国の仙台と江戸を往復していた。そのような中、江戸修道院長の任にあったソテロは、伊達政宗の愛妾が病を得た際、フランシスコ会の医僧ペドロ・デ・ブルギリヨスを紹介し、愛妾の病が治癒した事から、伊達政宗の知遇を得た。

慶長一六年（一六一一年）ビスカイノは東北沿岸測量のため仙台に到着した時、青葉城に伊達政宗を訪れているが、

その際、ビスカイノは仙台領内には多数の良港があり、特に現在の石巻市牡鹿半島にある月の浦港が最良であるとし、直接ヌエヴァ・エスパーニャとの通商航路を開く事を勧めた。

伊達政宗は、この年の末に江戸邸でソテロとビスカイノを招き歓談したが、その際にヌエヴァ・エスパーニャへの航路開設を決意したといわれている。

この頃、二代将軍秀忠はビスカイノが帰国すると称して金銀島探索のため浦賀を出航する際に、向井将監忠勝と伊東の公儀船大工に建造させていた日本製ガレオン船の二番目となるサン・セバスチャン号を遣欧船としていっしょに出港させる計画をしていた。家康も秀忠も洋式大型船を建造しヌエヴァ・エスパーニャや、さらにスペイン王国へ交易のための使節の派遣を計画していたのである。その使節にはソテロが任命され、伊達政宗の家臣支倉常長が同乗していた。

翌年一〇月、造船期日の遅れによりビスカイノのサン・フランシスコ二世号に遅れて浦賀を出航したサン・セバスチャン号は、積荷過剰のため浦賀水道で座礁してしまい、秀忠の遣欧使節計画は頓挫してしまった。

将軍秀忠による遣欧使節中断をソテロより聞いた伊達政宗は、家康と秀忠の承認を得て、遣欧使節用の洋式大型帆船の建造を開始するのである。

伊達政宗の目的は、自領内にキリスト教布教を認める事を条件に、ヌエヴァ・エスパーニャと直接通商を開く事にあった。そのために、ローマ教皇に優秀な宣教師の派遣と、スペイン国王フェリペ三世にヌエヴァ・エスパーニャとの直接通商許可の斡旋を依頼する遣欧使節の派遣を決定したのである。

伊達政宗より建造の協力を要請された幕府の船手奉行向井将監は公儀船大工を派遣した。

既にアダムスの指導により二隻の洋式帆船と秀忠のサン・セバスチャン号によるガレオン船の建造経験があり、大型の朱印船建造の技術を継承している日本人船大工の造船技術は優れていた。

ソテロの同僚であるフランシスコ会のフライ・アロンソ・ムニョスの指導により建造された長さ三五メートル、幅一〇・八メートル、帆柱三二・五メートル、五〇〇トンのガレオン船は「サン・ファン・バウティスタ号」と命名され、太平洋を二往復し、最後はフィリピンでスペイン艦隊に編入されている。

同船には伊達政宗の使節支倉常長、ソテロ、船長格の横沢将監吉久、船手奉行向井将監忠勝の家人一〇人、ビスカイノの一行四〇人、それに各方面から集まった商人を含め総勢一八〇人ほどが乗り込んだ。

この時、四三歳であった支倉常長は、支倉六右衛門余市の名で伊達政宗軍に従い、文禄・慶長の役で二度の朝鮮出兵を果たしている。

慶長一八年（一六一三年）九月一五日サン・ファン・バウティスタ号は月の浦を出帆しアカプルコに向かった。

慶長遣欧使節である。それは、天正遣欧使節派遣から三一年後の事であった。

三ヶ月の順調な航海の後、一行がアカプルコに到着したのは翌年の一月二八日であったが、その頃、日本では幕府による高山右近や内藤如安等のキリシタン国外追放が始まっていたのである。

ヌエヴァ・エスパーニャ総督は一行がスペインやローマを訪れ、通商だけでなく、宣教師派遣等の宗教を含んだ外交関係樹立を目的としていることを通知されたため、日本人の商品売却の自由を保障し、日本人に危害を加えたり、不当な扱いをしてはならないとした命令を発している。

三月二四日一行はメキシコ市に入ったが、日本で幕府によるキリスト教の迫害が始まったという情報が届いており、大きな歓迎を受けなかったといわれている。

伊達政宗の親書を総督に提出した支倉一行は、スペインからローマに向かう使節団とヌエヴァ・エスパーニャに残る残留組に分別された。

残留組は商人達が主体で、彼らは翌一六一五年四月にサン・ファン・バウティスタ号でフィリピンを経由して日本に戻って来ている。一六一四年一一月にスペイン国王フェリペ三世が日本とヌエヴァ・エスパーニャとの直接貿易を禁止したため、日本へ直行できなかったのである。

支倉使節団一行三〇名は、五月八日メキシコ市を出発し陸路でメキシコ湾岸のベラクルスのウルワ港に向かった。

一六一四年七月一〇日、一行はウルワ港を出帆しハバナを経由して、大西洋を横断し六〇日の航海でスペインのサン・ルカルに到着した。それまでに奴隷として売られていった日本人が横断したと思われるが、記録に残されているものとしては、日本人として初めての大西洋横断であった。

サン・ルカルから河川を北上し、コリア・デル・リオでセビリア市から出迎えに来たソテロの兄弟を含めて大歓迎を受け、衣服を新調し、必要な品々を補給し、長旅の疲れを癒す事が出来た。

コリア・デル・リオに着いた日本人は二五名ほどであったが、ローマに辿り着いた日本人は一六名ほどで、何人かの日本人がこの地に残留したといわれている。現在セビリアに近いこの町には、日本を意味する「ハポン」姓の住民が六〇〇人ほど在住しており、彼らは残留した慶長遣欧使節の末裔であると信じている。

一〇月二一日、一行は馬車でソテロの出身地であるセビリアに向い、一〇月二七日にセビリア市長の接見を受け、伊達政宗の市長宛書簡を提出し、大歓迎を受けた。

一一月二五日セビリアを出発した支倉常長一行は一二月二〇日にマドリードに到着した。

年が明けて一六一五年一月三〇日にスペイン国王フェリペ三世に拝謁した支倉常長は伊達政宗の親書を提

出し、ヌエヴァ・エスパーニャとの交易の許可を求め、そのために船の修理や来航者及び自領でのフランシスコ会の布教に便宜を与える事を約束している。

支倉一行は約八ヶ月間マドリードに滞在し、八月二二日バルセロナに向け出発し、バルセロナから三隻の船でローマに向かった。しかし、天候が悪く、南フランスのサン・トロペに避難し歓待を受けている。サン・トロペからジェノヴァを経由して、一〇月一八日ローマの外港であるチヴィタ・ヴェッキアに入港した。

一〇月二五日にローマに到着した支倉使節団一行のローマ市入場の儀式は、一〇月二九日に挙行され、未曾有と言われた天正遣欧少年使節に劣らぬ規模だったと伝えられている。

一一月三日、教皇パウルス五世への公式謁見は、ヴァチカン宮殿において二六名のローマ駐在枢機卿全員と高位聖職者や廷臣が多数出席する中で行われた。

使節支倉常長は伊達政宗から拝領した白地に動物や鳥、花が絹、金糸、銀糸で織られている和服を着用し、教皇パウルス五世に伊達政宗からの親書を奉呈した。

その親書で伊達政宗は、奥州の領国内でフランシスコ会派の布教活動を奨励する事を約束し、そのために有能な宣教師の派遣を要請し、さらにヌエヴァ・エスパーニャとの交易を許すようスペインのフェリペ三世に斡旋を懇願している。

一一月一九日、ローマの元老院は日本の使節にローマ市の公民権を与え、支倉常長を貴族に列する事を決議した。

ローマに約二ヶ月半滞在した支倉使節一行は帰国の途に就き、一六一六年四月にはマドリードに戻った。

支倉常長は、マドリードでスペイン国王にヌエヴァ・エスパーニャとの通商交渉を求めたが、キリスト教禁止やキリシタンの国外追放等、徳川幕府のキリスト教政策が急転換した情報が続々と伝えられていたため、その交渉は実現しないまま強制的に出国を命じられた。このため一六一七年七月四日に支倉一行は目的を達成出来ぬまま、セルビアからヌエヴァ・エスパーニャに向かった。

伊達政宗の慶長遣欧使節が出航したその年の一二月二三日に、幕府はキリシタン禁教令を発布していたのである。

アカプルコには伊達政宗の指示により横沢将監が乗り込んだサン・ファン・バウティスタ号が一行を待っていた。

アカプルコから支倉一行を乗せて日本へ向かう準備をしたいた同船は、フィリピンの新任総督ドン・アロンソ・ファハルドの要請でスペイン兵の輸送のためマニラへ向かう事になった。

オランダ艦隊がスペイン領フィリピンに迫っていたのである。

マニラでスペイン艦隊に編入されたサン・ファン・バウティスタ号は元和五年（一六一九年）五月、マニラ湾におけるオランダ艦隊との戦闘で撃沈されたといわれている。

フィリピンにおけるスペインの敗北と徳川幕府によるキリシタン弾圧政策により、伊達政宗が構想したヌエヴァ・エスパーニャを通じたスペインとの通商とフランシスコ会によるキリスト教の布教計画は完全に潰えるのである。

日本に帰る船を失った支倉一行はソテロと別れ、マニラに来航していた幕府の朱印船で長崎に帰る事が出来た。

元和六年七月末に長崎に到着した一行は、幕府の取り調べを受けたが、厳しい処罰は無く、宣教しない事を条件に帰国が許された。

支倉常長は海路で八月二四日に仙台に到着し、七年に及ぶ長旅を完了し、伊達政宗に持ち帰った贈呈品を伝達するとともに、帰朝報告をし労いを受けた。

しかし、伊達政宗は二日後の八月二六日に遅れはせながら幕府の方針に従い、領内にキリシタン禁止令を発した。

明治四年（一八七一年）一一月一二日にサンフランシスコに向け横浜を出航した岩倉具視を特命全権大使とする「遣米欧使節団」は、アメリカを視察し、二年後の明治六年にヴェネチアを訪れ、当時において一三〇万点が所蔵されている文書館を見学した。一行は廃棄されそうな図書や文書をも集めて保存していることを目の当たりにし、博物館や図書館、文書館は西洋文化の極致であると感嘆している。

彼らはこの文書館で「天正遣欧使節」と「慶長遣欧使節」の記録文書に遭遇している。

団員の久米邦武が編著した『米欧回覧実記』によると、四少年の「天正遣欧使節」については若干の知識であったようで、二枚の書簡を見て大友氏の使臣であろうと記述している。この他に、五葉の書簡があり、その署名を「支倉六右衛門」と判読しているが、大友家の使臣より三〇年もあとの事なので、大友家の使臣ではないだろうと記述している。

この『米欧回覧実記』より推測すると、伊達政宗が派遣した「慶長遣欧使節」に関して、日本では全く知られておらず、この「遣米欧使節団」が二六〇年後に発見した文書により初めて、その存在が知られたと思われる。

鎖国に入った江戸時代を通じ、キリスト教に対する厳しい弾圧により、キリスト教関連の文物は破壊されたり焼却されたり、秘蔵されたりして、世間からまったく忘れ去られていたのである。

支倉常長が持ち帰った「支倉常長祈祷像」と「ローマ市公民権証書」は、現在仙台市博物館に所蔵され、国宝に指定されている。しかし、明治九年（一八七六年）の明治天皇東北巡幸の際、宮城博覧会で展示されたが、地元の人々も、その遺品がどのような来歴のものであるか説明が出来なかったと伝えられている。

一連の「慶長遣欧使節関連資料」は平成二五年（二〇一三年）六月一九日、ユネスコの記憶遺産に登録され、一一月二日にはスペイン、メキシコ等の関係者が出席し、「慶長遣欧使節」派遣四〇〇年を記念する式典が石巻市月の浦の復元されたサン・ファン・バウティスタ号の前で挙行された。

支倉常長は異説もあるが元和七年（一六二一年）七月に失意の中、五一歳で病死したといわれている。

マニラで別れたソテロは、この年に長崎へ密入国したが捕えられ、寛永元年（一六二四年）にフランシスコ会宣教師二名、イエズス会とドミニコ会の宣教師各一名とともに大村で火刑に処され殉教し、慶応三年（一八六七年）ローマ教皇ピウス九世により列福されている。四九歳であった。

家康がおよそ一七年間にわたり願望し続けた、スペイン人鉱山技術者の招聘によるアマルガム法導入のために機能していた浦賀港は、元和二年（一六一六年）、鎖国になる二五年前に国際貿易港としての役割を終え、嘉永六年（一八五三年）のペリー来航までの二三七年間にわたり平穏な時を過ごすのである。

（一三）「太平のねむり」へ――「元和の大殉教」「島原の乱」を経て

元和元年（一六一五年）大坂夏の陣で豊臣氏を滅亡させ、徳川政権の磐石な基礎を構築した徳川家康は、翌元和二年死去した。七五歳であった。

第二代将軍徳川秀忠は、キリシタン弾圧を引き続き強化し、大村や京都、長崎に於いて、キリシタン信徒の大量処刑が繰り返し行われた。

この頃、幕府は将軍の朱印状を発給し東アジアとの交易を活発に行っていたが、その海域ではスペインとポルトガルに対し、新興のイギリスとオランダが海上覇権を奪取すべく、艦船を投入し争っていた。

そうした中、マニラを出航し日本に向っていた平山常陳の朱印船が、イギリス、オランダ艦隊により拿捕され、日本に入国を禁じられているポルトガル人とスペイン人の二人の宣教師が船内から発見された。

訴えを受けた長崎奉行は二年間にわたる取調べの結果、二人が宣教師である事を確認し、一六二二年（元和八年）七月、長崎で平山常陳と乗船していた聖アウグスティヌス会のペドロ・デ・スンガとドミニコ会のルイス・フローレンスの二人の宣教師を火刑にし、その船員一二名を斬首した。

平山常陳事件である。

処刑が終わると斬首された一二人の首は晒され、その胴体は火刑になった三人の遺体と一緒に刑場に放置された。

それらの遺体を、聖遺骸として入手しようと集まった大勢の信徒は、番人によって追い払われたが、ペドロ・デ・スンガはヌエヴァ・エスパーニャ副王だったヴィラマンリケ侯爵の息子だったため、その遺体は聖遺骸として信者により持ち去られた。

この事件で幕府はキリシタンに対し不気味さと深い不信感を抱き、キリシタンに対する弾圧を強化し、対外政策の方針決定に大きな影響を受けたのである。

このような状況の中、幕府によりキリシタンとして捕縛された信徒は、大村や長崎の牢獄に入れられていたが、それらの信徒五五人が、元和八年八月五日に長崎の西坂の丘で処刑される事になった。五五人の中には神父や修道士、それに女性や子供が含まれており、イエズス会、フランシスコ会、ドミニコ会の司祭九人と修道士を含む二五人が火刑され、三〇人が斬首された。

「元和の大殉教」である。

この処刑の様子は、見ていた修道士によりスケッチされ、マカオで油絵として完成された。その後、その油絵はローマに送られ、「元和大殉教図」としてイエズス会本部であったローマのジェズ教会に保管され、現在に伝えられている。

この処刑の後、大村、壱岐、平戸でも殉教があり、一一八人を超える殉教が続いた。

こうした殉教は宣教師に強制されたのではなく、信徒の自己決定による、自らのキリスト教信仰の証しのためであったといわれている。集団での殉教を決意する際、信徒達は血判をして、その自己決定を誓った事が知られている。より凄惨な殉教は、神に対する強い信仰の証しとして、より多くの信徒に浸透していったのである。

このような残虐な処刑による殉教は、海外に広く伝えられ、より苛酷な殉教を求める狂信的な信者を引き付けた。

このため、マニラやマカオから、宣教師や信徒が長崎に潜入したといわれている。

明治元年（一八六八年）ローマ教皇ピウス九世により、「元和の大殉教」の殉教者五五人は福音者に列せられている。

家康の死後、家康により特権的な立場を与えられていたウィリアム・アダムスの影響力は弱くなり、イギリス東インド会社の平戸商館の業績は次第に悪化していく中で、モルッカ諸島の香料貿易の覇権をめぐりイギリスとオランダは激しく対立し、オランダにその主導権を握られたイギリスは、一六二三年になるとモルッカ諸島から撤退し、平戸のイギリス商館も閉館された。

これにより、日英交易は断絶するのである。

このイギリスとオランダの抗争に、日本人が戦闘要員と雇傭されていた。

これまでに多くの日本人が、アジアに進出したポルトガル、スペイン、オランダ、イギリス等のヨーロッパ人の貿易や植民事業に傭兵として使用されていた。

ポルトガル人はマラッカ要塞の防衛に、日本人傭兵部隊を活用し、スペイン人はマニラでの中国人暴動鎮圧に日本人傭兵を使用している。

イギリス人も日本人を水夫や兵士として傭兵しており、一六一三年には遣日使節として来航した司令官ジョン・セーリスは一五名の日本人を船員として雇傭し、ロンドンに帰国したが、彼らはロンドンに上陸した初めての日本人となったと言われている。

日本人を最も多く利用したのはオランダ人であった。

オランダ人は日本人集団を契約移民として雇傭し、バタビア等オランダ勢力圏内の各地に配属し、水夫や兵士の他に、大工や鍛冶等の技術者として活用していた。

オランダ人はオランダ東インド会社の交易網と植民地経営を維持するため、低賃金で勤勉で勇猛な日本人を数多く雇傭していたのである。

このような状況を察知した幕府は元和七年（一六二一年）になり、平戸のオランダとイギリスの商館に対し、日本人を戦闘要員として国外に連れ出す事を禁止する命令を通達している。

「元和の大殉教」の余韻が残る元和九年（一六二三年）、ルソンからスペインのフェリペ四世の即位の報告と修交を求める使節が来航したが、幕府はスペインを「邪法をもって風俗を乱そうとする国」としてその使節を追い返し、スペイン人の来航を禁止したため、ルソンを根拠地としたスペインとの交易も、翌一六二四年を最後に断絶した。

大坂夏の陣により徳川氏に滅ぼされた豊臣氏恩顧の残党は、主に西日本の各地にその身を隠していったが、同時に徳川氏により厳しく弾圧されたキリシタンも各地に「隠れキリシタン」として潜伏していた。

徳川幕府はこの両者の結び付きを最も恐れ、元和九年、第三代将軍となった徳川家光は、キリシタン弾圧をさらに強化し、寛永六年（一六二九年）になると、キリシタン摘発のため「踏み絵」を導入するようになった。

さらにキリスト教徒の動向を恐れていた幕府は、引き続き外国船やキリスト教徒に対する禁止令を次々と発布していった。

寛永一〇年（一六三七年）と寛永一一年に三代将軍徳川家光は奉書船以外での日本人の海外往来禁止、キリスト教禁止等一七か条の下知状を長崎奉行に発行した。

寛永一二年には、日本人の海外渡航と海外在住日本人の帰国を禁止し、寛永一三年には、日本人とポルトガル人との混血児を海外に追放する条項を加え、次第に外国人キリスト教徒と日本人の海外往来の規制を強化していった。このため、日本人は海外へ出国できず、また海外から帰国出来なくなったのである。

こうした厳しいキリシタン取締りにより、残存信徒の多くは九州に逃れていった。

このような情勢の中で、寛永一四年一〇月末に島原半島と対岸の天草島で一揆が発生するのである。島原はかつてキリシタン大名有馬晴信の所領であり、天草も同じくキリシタン大名の小西行長の所領であったため、多くのキリシタンが逃れて来ていたのである。

徳川幕府は、キリシタン勢力を抑圧するため有馬氏を日向に移封し、反キリシタンの松倉重政を新たに領主として配置し、天草は唐津領主寺沢堅高の飛地とした。

新領主松倉重政の領民弾圧は尋常ではなかった。年貢を納められない農民を蓑でくるみ、火を付ける「蓑踊り」といわれるような残酷な仕打ちが行われていた。新領主の厳しい抑圧を受け、さらに飢饉と凶作に見舞われた非キリシタンの農民を含む領民は、ついに一揆を起こした。

島原の乱である。

天草四郎時貞を総大将に武力蜂起した一揆軍は領主の居城である島原城に迫り、天草では富岡城に迫った。しかし、島原城を落とせなかった一揆軍は原城に立てこもった。

この事態を重大視した幕府は、討伐の上使として板倉重昌と石谷貞清を急派し、さらに九州の諸大名を叛乱の鎮圧に当たらせた。

上使板倉重昌が指揮する幕府軍は、寛永一四年一二月一〇日と二〇日に原城への攻撃を行い、翌年一月一日には総攻撃をしたが、一揆軍の猛烈な反撃に合い、上使板倉重昌は討死し、幕府軍は四〇〇〇名もの死傷者を出し、大敗を喫した。

こうした中、翌寛永一五年一月四日に着陣した上使老中松平信綱は、一揆軍の状況を判断し、力攻めをせず包囲戦を採用し、一二万四〇〇〇人の大軍により原城を包囲した。

　この包囲作戦により非戦闘員を含む三万七〇〇〇人を擁し、約三ヶ月に及ぶ籠城戦で、補給を断たれた一揆軍の兵糧や弾薬は、大きく消耗していった。このため次々と脱走する者が出て来た。

　この状況を把握した幕府軍は二月二八日早朝、総攻撃を敢行するのである。

　幕府軍は四方から突入し、壮絶な戦いにより、城内に残った二万人に及ぶキリシタン農民一揆軍を皆殺しにし、原城を制圧し、四ヶ月に及ぶ戦いは終結した。

　三月四日、幕府軍は日野江の浜に柵木を立て、おびただしい数の一揆軍の首を晒した。

　この島原の乱は、新領主からの苛酷な抑圧による単なる農民一揆ではなく、島原方面に逃れて潜伏していた多くのキリシタン武士たちの煽動による、一般農民をも含んだキリシタン一揆であった。実際に一揆を指揮したのは有馬家のキリシタンの家臣達であったといわれている。

　幕府は、島原の乱直後に原城を徹底的に破壊し、領民の遺体は壊された石垣や土とともに埋められ、乱は完全に封印された。

　この島原の乱における夥しいキリシタンの死は、武器を持って闘っているため、殉教とは認められていない。

　現在でも城内本丸あたりを掘ると、多くの人骨が出土するが、それと一緒に鉛で作られた小さな十字架が多数発見されている。最後を覚悟したキリシタンは、火縄銃の鉛弾を溶かし、十字架に作り替え、握りしめていたのである。

　島原の乱を鎮圧した幕府は、三月に入ると長崎在住のポルトガル人を追放し、ポルトガル船の来航を禁止し、信徒発見の通報に対する賞金を増額してキリシタンの摘発を強化した。

さらに、寛永一六年（一六三九年）四月より平戸のオランダ人混血児の調査が実施され、五月には、平戸奉行によりオランダ人と混血児とその日本人母親の追放が命じられた。ポルトガル人に加えて、オランダ人に対しても厳しい規制が行われるようになった。

このような処置に続き、幕府は島原の乱によりそれまでの対外政策の大幅な見直しを迫られ、一連の鎖国令と言われる法令である下知状が伝達されていった。この方針に基づき、寛永一六年に発せられたのは「御用之覚書」と言われる四通の老中奉書である。

第一通は、「かれうた御仕置之奉書」であり、ガレオットというポルトガル船である「かれうた船」の来航禁止を命じ、それでも来航した場合は、その船を破却し、その乗船者は全員斬罪にせよと命じている。

第二通は、「浦々御仕置之奉書」であり、諸大名に向けた奉書で、ポルトガル人を追放し、沿岸の防備を強化するよう命じ、異国船は全て長崎へ廻し、不審者が乗船している場合は、直ちに訴え出るように命じている。

他の二通は、唐人とオランダ人への通達文で、キリシタンを入国させぬよう厳しく命じている。この状況を知らずにマカオから長崎に入港した二隻のポルトガル船は、荷物の積み下ろしも出来ず、即時退去させられた。

このような幕府によるポルトガル船来航禁止の報告に接し、驚愕したポルトガルのマカオ政庁は、インドに駐在するゴア総督に報告した。マカオの経営資金は対日貿易に大きく依存しているため、ゴア総督はマカオ政庁に指示し、貿易再開を交渉するため、四人の特派使節を長崎に派遣した。

寛永一七年五月、使節団一行は長崎に入港した。

これに対し幕府は、「かれうた御仕置之奉書」を厳しく実行し、使節及び乗組員六一人を西坂で斬首し、その首級を梟した。さらに残った下級船員一三人をジャンク船でマカオに送り返し、幕府の断固たる政策をポルトガルに報告させた。

これにより、天文一二年（一五四三年）種子島に漂着し日本に鉄砲を伝え、イエズス会によりキリスト教を開教し、日本の海外貿易を独占して来たポルトガルは、寛永一六年（一六三九年）をもって九六年間にわたる活動を禁止され、日本から追放されたのである。

ポルトガルが追放されると、オランダのみが平戸に残されたが、幕府は寛永一八年、長崎に出島を築き、オランダ商館を平戸から出島に移し、オランダ船の入港を出島に限定した。

幕府は「かれうた御仕置之奉書」によるポルトガル船来航禁止処置に伴い、ポルトガルによる軍事的報復に対処するため、これを契機として海外軍事勢力に対する沿岸警備の構築に初めて着手した。

また、オランダの情報により、ポルトガルからの報復攻撃を受ける可能性のある台湾以南への朱印船の出航を自粛した。これはポルトガル、スペイン、イギリスが既に日本を撤退した状況で、日本の朱印船をも封じ込め、日本を独占するためのオランダの策略であった。

オランダはポルトガルやスペインより遅れて、日本に来航したのであるが、その二国と異なり、日本においてはキリスト教に関与せず、貿易にのみ専念し、幕府の対外政策に協力する、いわゆる「オランダの忠節」により、日本を独占する事に成功したのである。

これにより幕府は鎖国を完成した。

鎖国を完成した徳川幕府の目的は、キリシタンの入国を遮断し、剣と十字架に対する恐怖を排除する事にあり、貿易という経済的利益を犠牲にしてまでもひたすら徳川政権の防衛と安泰を維持する、政治的決断であったのである。

このようにして、日本は鎖国政策を実施し、海外の情報は幕府により統制されていたが、やがてペリー来航による開国に至るまで、自己完結型の経済と日本独自の文化、芸術、芸能は、元禄文化に代表されるように大きく開花し、熟成する「太平のねむり」を謳歌していくのである。

(一四) 鎖国とは——ケンペルの『鎖国論』

幕府の鎖国政策では唯一、長崎がオランダと中国に開かれ、他の港は全て開鎖されたと後世認識されているが、長崎の他にも港は開いていたのである。

それは薩摩、対馬、松前であり、対外交易の窓口が開かれていた。これらは長崎を含めて「四つの口」といわれている。

鎖国政策が実施されている期間においても、日本はこの「四つの口」を通じ、対外関係を継続して海外商品と海外情報を入手していたのである。

長崎は、秀吉が直轄地としたが、徳川幕府に於いても直轄地となり、外国貿易の窓口となっていた。

幕府は、寛永一八年（一六四一年）から出島が機能し始めると、オランダ人や中国人のみに貿易を許可した。

オランダは出島に商館を建設し、そこを現在のジャカルタであるバタビアで一六〇二年に設立されたオランダ東インド会社の支店として、長崎周辺の唐人屋敷を根拠地とした中国人商人とともに、活発な貿易を展開していった。

薩摩口は、琉球への窓口として機能していた。

徳川家康は幕府を確立すると、秀吉の文禄・慶長の役により絶えていた明との国交を回復しようとしたが、明に拒否されていた。

琉球はシャム（タイ）、安南（ヴェトナム）、マラッカ（マレーシア）、ジャワ（インドネシア）、明、朝鮮、日本と活発な交易を行っていたが、秀吉は朝鮮出兵に際し、琉球王国に対して薩摩藩への協力を命じた。

これにより琉球は実質上、薩摩藩の支配下に入った。

慶長一四年（一六〇九年）、薩摩藩の島津家久は、家康の許可を得て琉球の支配を強化し、検地や刀狩を実施した。このため琉球王国は薩摩藩の従属国となるのである。

しかし琉球は明や清からも冊封を受け、二年に一度の朝貢貿易を続けていた。

朝鮮出兵により明との国交は継絶していたが、薩摩藩は、この琉球の朝貢貿易を裏で管理し、幕府は薩摩藩を窓口にして、家康が果たせなかった明との交易を再開したのである。

対馬口は、朝鮮との交流の窓口であった。

秀吉の朝鮮出兵で絶えていた朝鮮国との国交は、対馬藩の働きかけにより回復した。幕府に朝鮮との交易を許可された対馬藩は、朝鮮王朝と己酉約条を締結し、釜山に倭館を設置し、交易を着実に進め、また朝鮮通信使との交流に、大きな役割を担っていた。

松前口は、蝦夷地のアイヌを中心に北方地域の海産物や毛皮交易の窓口であった。

秀吉は文禄二年（一五九三年）松前藩の所領を安堵し、蝦夷地との交易を認めたが、家康もこれを継承した。

当時、松前では稲作ができなかったため石高を有せず、家臣には米の代わりに渡島（宮城県）の海辺を商場として知行のかわりに与えていた。これを商場知行制という。家臣は自ら蝦夷地のアイヌへ、米、綿布、鉄製品をもたらし、アイヌからの鮭や鰊、昆布等の海産物を得る交易を行っていた。さらにアイヌを通じてロシアや中国東北部の山丹からの産物をも流通させていた。しかし江戸中期になると、主として近江商人が商場の運営を請け負うようになっていった。江戸末期になると、活発になったロシア船の対応に、松前口はその重要性が増大していくのである。開かれた「四つの口」は日本の安全を守るため、人口が多く、重要な地域である江戸や京都の入口に当る大坂から遠く離れた長崎、対馬、薩摩、松前に設定されていた。

また、鎖国の実務は漂着者の取り調べ、海上監視、航路管理、国境管理、滞日外国人の取締り、輸入書籍の検閲、輸出入品の管理、日本人の出入国の監視、そして日本人による国内情報流出の警戒等、多岐にわたっていた。

幕府はこれらの「四つの口」を通じ、薩摩藩は琉球と、対馬藩は朝鮮と、松前藩は蝦夷地との独占的交易を許可し、長崎は幕府直轄としてオランダを中心に対処し、交易と同時に海外情報の入手に力を入れていったのである。

このように鎖国といわれている時代でも「四つの口」が機能し、交易が活発に行われ、それと同時にそれぞれの口を通じて海外の情報は入ってきていたのである。

しかし、後述するように、海外情報の中心となっていたのは阿蘭陀風説書であり、唐風説書であった。「鎖国」とは国を鎖す事であるが、既に見てきたように徳川幕府における鎖国体制の実態は、四つの口が海外の窓口として開かれており、完全に国を鎖してはいなかった。

鎖国の目的は必要物資の調達を確保しながらも、国内のキリシタン勢力とヨーロッパ諸国の軍事力との結合を阻止し、徳川幕府の安泰を図る政策であった。幕府はポルトガル船来航により、国内のキリシタンと結び付き、「島原の乱」のような一揆が起こる事を最も強く警戒していたのである。

しかし「かれうた御仕置之奉書」が次第に「祖法」として厳しく遵守されていったため、国を鎖す「鎖国」という概念が出て来たと言われている。

では外国と完全に交流を禁止する意味の強い「鎖国」という概念はどのようにして一般化してきたのだろうか。

それは享和元年（一八〇一年）、長崎のオランダ通詞だった志筑忠雄がドイツ人医師エンゲルベルト・ケンペル（一六五一～一七一六）の著したオランダ語訳の『日本誌』の中の一章を翻訳した『鎖国論』に始まっている。

ケンペルは元禄三年（一六九〇年）オランダ東インド会社の医師として長崎の出島に赴任して来た。閉ざされた出島において、ケンペルはオランダ商館の日本に関する諸資料を読みあさった。さらに幸運にもオランダ商館長の江戸参府に随行し、二年間の任期中に二度も江戸に行く機会を得て、江戸文化が最も華やかに開花していた元禄時代の日本の民情と風土を直接体験している。

元禄五年（一六九二年）任期を終えて帰国したケンペルは、日本での体験を基に『日本誌』を著作した。

その原稿はケンペルの死後、一七二七年にイギリス人の努力により英語版が出版され、さらにオランダ語訳、フランス語訳、ドイツ語訳が出版された。

このオランダ語訳の『日本誌』は、一七三〇年代にオランダ東インド会社の商館長により日本にもたらされ、日本駐在のオランダ人とって日本に関する貴重な参考文献として重用されていた。この『日本誌』の一部を『鎖国論』として日本語に翻訳したのが長崎でオランダ通詞をしていた志筑忠雄であった。

安永五年（一七七六年）に通詞になった志筑忠雄は通訳が苦手であったため、程なく辞職し、寛政一〇年（一七九八年）には天文学書の翻訳を完成した。その語学力と天文学をはじめとする西洋科学の知識は、大変深かったと言われている。

志筑忠雄が「鎖国論」の翻訳を終えたのは、享和元年（一八〇一年）であった。しかし、この時節は林子平の『海国兵談』が取締りを受けた事もあり、『鎖国論』は公刊されなかったが、写本として転写され広く流布していったのである。

「鎖国」という言葉が使用されるようになったのは、この志筑訳の『鎖国論』が流布した後であった。それまでは〝キリシタンの入国禁止〟や〝かれうた船来航禁止〟という禁止令の概念であり、それはしばしば「海禁」という言葉で表現されていた。

「鎖国」が使用されるのは、高野長英の『戊戌夢物語』に出て来るように江戸時代末期の一八三〇年代あたりからと言われている。ケンペルの『日本誌』が日本にもたらされてから、ほぼ一〇〇年後のことであった。

ケンペルは『日本誌』で

「造物主の配慮と自然の法則に遡り、この神聖なる人類の交際社会を、無謀にも隔離分断して恐るることを知らぬ日本国民のやり方は、全くの背理行為である。日本人は、如何なる外国人の出入りや交際にたいしても、その国の門戸を閉ざした。彼らは異邦の旅人を追い返し、入国を許した少数の者達を敵と見なして監視をつける。

本国人を、その生国の島の中に捕囚にしておく。

海上で嵐に遭って、異国の岸辺に漂着した者達を逃亡者と見なし、終身の禁固に処してしまう。

故国の空気に飽いて逃げ出そうとしたり、好奇心に駆られて外国を見るために出国を企てた者達は十字架に磔す。

悪天候に災いされて、この国の海岸に吹き寄せられた異国人を、俘虜として捕えてしまう。

このような事は、神の秩序と自然との神聖な法を侵害する事になり、彼ら自身は罰をうけるべきである。」

このように、外国との交流を遮断し、国土という檻の中に住民を封じ込めてしまうのは造物主の法則に反する行為であると、幕府の政策を非難している。

しかし、

「地球上の各地域は、河、海、山脈や異なる風土により截然と分割されており、それによって、異なる能力を備えた住民たちを住まわせている。

人間がノアの洪水で結束しようとした時、言語の相違により彼らを互いに隔ててしまったのは、ほかならぬ神御自身である。

それは、全人類による唯一完全な共同体を解消して、別々の国土に別々の民族が住むべきであるとの意図ではないか。

したがって、同一の言語にどうかして結び付いた住民たちが、全く違う言語を用いる隣国を妬み、憎み、排除するのも自然な事である。

もし、自然が全ての国土に全ての必要物資を配備し、人心に潜む一切の欲望を充足させていれば、戦乱はなく、各民族は他の民族との争いを気にせず、祖国の未開地を開墾し、学問、技術、道徳の分野で熱意と、精励を以って自己を陶冶し、信賞必罰をより公正に施し、子供の教育、家事万般に熱心に身を入れ、国民として最も幸福な状態に近づいて行く事になるのであろう。

これを一言で言えば、日本人の模範例に倣えと言うことである。」

と喝破し、

「日本は彼らの小世界に閉じ籠り、節制につとめつつ、その幸福を享受し、自国以外の一切の外国との交際を絶って、悠然と構えているのである。

諸国間の交易は、生活のために必要な物産の獲得のために発生したのであるが、自然の恵みによって各種の必需品が豊に具わり、住民の勤勉な労働により発展充実している国に於いては、元来交じわって何ら得る事のない異国の悪徳、貪欲、瞞着、暴力からその住所と国境を守る事が義務であると言うべきである。

国土の置かれた位置や環境条件が隔離を許し、かつその国民がそれを実現するに十分な能力を有するならば、それこそがまさに然るべき在り様なのだ。」

このような見解を示したケンペルは、自分が目撃した日本について

「日本が地球上の他の全ての国にもまして、この利点に恵まれている」

と記述している。

さらに

「現在の将軍綱吉は、父祖の徳をよく承継し仁慈深き君主である。この君主の下で万民は完全に一致協和し、皆々その神々を敬い、法律を遵守し、長上の意に従い、同輩には礼譲と友誼をつくしている。

この民は習俗、道徳、技芸、立居振舞いの点で、世界のどの国民にも勝り、国内交易は繁盛し、肥沃な田畑に恵まれ、頑健強壮な肉体と豪胆な気性を持ち、生活必需品はありあまるほど豊富であり、国内には不断の平和が続いている。海外の全世界との交通を一切断ち切られて、完全な閉鎖状態に置かれているが、世界でも稀に見る幸福な国民である」

と五代将軍綱吉の元禄時代を、ケンペルが体験したヨーロッパやアジアと比較して極めて高く評価している。

このように日本は外部世界に門を鎖し、二世紀以上に及ぶ未曾有の平和を享受しながら、自然循環を基にした自己完結型の経済システムを完成させ、民族文化を磨き、熟成させていたのである。

最近ヨーロッパにおいて、日本の江戸時代における自己完結型自然サイクルの経済活動に関心が集まり、その研究が推進されているといわれている。

第二章　開国への序章——ロシアとアメリカの拡張主義

一　ロシアの拡張主義——毛皮と食糧を求めて

(一) ロシアの東進と南下——黒テン　ラッコ　日本人漂流民

日本が大海に隔てられた東の端の小さい島の中で独自の文化を育み、世界に類を見ない長期間の太平を持続している間にも、世界支配を目指すヨーロッパ人同士の争いは激しく続いていた。

ヘレン・ミアーズはその著『アメリカの鏡・日本』の中で

「一七世紀初め、日本が孤立主義にこもったのは、ヨーロッパ諸国の「拡張主義」のせいなのだ。」

「一七、一八、一九世紀、日本が世界から身を引き独自の社会を発展させている間、ヨーロッパ人たちは爆発的拡張を続けていた。職業軍人集団であるサムライ階級が、茶の湯に親しみ、花を活け、本来の仕事がなくなった無聊を隠遁的芸事で慰めていた時、イギリス、オランダ、フランス、ロシアは貿易、征服、戦争、植民地獲得といった本当の意味の帝国の建設を目指し東西南北に広がっていた。」

「一六世紀から一七世紀のヨーロッパ人は、世界の未開発地域を次々と植民地化していく拡張主義者となっていた。」

と指摘している。

ヨーロッパ人はアフリカを支配し、アメリカ大陸を侵略し、さらに東南アジアに侵入し、中国を目指し、いよいよ極東にも侵入して来るのである。

ヨーロッパ人にとって日本列島は無用の地であったが、一九世紀に入ると捕鯨と広大で豊かな中国の潜在的市場に気付き、日本は戦略的な価値を帯びてきた。

日本は彼らにとって燃料や水、物資の補給基地としてクローズアップされてきたのである。

鎖国体制に入った後でも、日本近海にはオランダ以外の外国船がしばしば現われていた。

ロシアは一六一九年頃からシベリアにその勢力を拡大し、一六三七年にはコサックが原住民を征服しながらオホーツク海沿岸にまで進出していた。

シベリア征服は一五八一年からストロガノフ家の援助により、コサックのエルマークによる武力行動で始められた。

彼らは武装集団として毛皮を求め、シベリアを占領して行った。それは国家としての軍事遠征ではなく、武装集団の私的な行動であったが、ロシア政府はその占領を事後承認していった。

ロシアのシベリア進出は河川の水路網を利用して行われ、オビ川を通じ北極海沿岸へのルートが活用された。

ロシア政府は、シベリアで得られる黒テン、リス、黒狐、ビーヴァー等の毛皮による利益を独占するため、一六三七年にはシベリア庁を設置し、その管理を厳しく実施していった。

一六四九年、ロシア人がオホーツクの建設を開始したが、同地域にはモンゴル系の先住民と明国を倒したばかりの、満州族による清国が立ちはだかった。

この頃、エロフェイ・ハバロフがアムール遠征隊を組織し、アムール川一体で掠奪や住民殺害を繰り返していた。

このためハバロフ軍は清国軍と戦闘になったが、銃器に勝るハバロフ軍は清国軍を撃破した。

一六五六年になると、清国軍はハバロフから替わったステパノフ軍を壊滅し、アムール川流域の支配権を奪還した。

このためロシア人は、アムール川流域からネルチンスクに退いていったが、その後、再びアムール地域にロシア人が侵入するようになった。

一六六五年にはロシアにより連行されたポーランド人流刑囚達がアルバジン要塞を占拠し、ロシアは同要塞を軍事拠点とし、さらにアムール川支流のゼーヤ川流域に侵入し要塞を築いていった。

このため清国の康熙帝は、一六八三年にアルバジン要塞の攻撃を開始した。

アルバジン戦争である。

六年間に渡る戦いの後、一六八九年に、ロシアはアルバジン要塞を放棄した。

この結果、両国はアルグン川を境界とし、清国はロシアに交易を許可するとしたネルチンスク条約が締結された。

これにより、ロシア側の毛皮と中国側の絹織物や綿織物による北京貿易は、ネルチンスクを拠点として繁盛していったが、やがて不正規な取引が横行し、北京には毛皮がだぶつき、価格が暴落するようになった。

このため、一七一七年に入ると清国側の要請により、両国間の貿易は停止された。

しかし、この貿易停止は通商問題だけでなく、ロシア側の再度の侵入による国境問題が主要な原因だった。

一七二七年になり両国は、ブーラーで国境画定交渉を行い、新たにキャフタ条約が締結され、ロシアと清の国境が確定し、貿易条項が定められた。

このネルチンスク条約とキャフタ条約の交渉にはイエズス会宣教師がラテン語での通訳を行っている。イエズス会はロシアでのカトリック布教を目指し、その許可を得るための協力であったと言われているが、その希望は実現しなかった。

ネルチンスク条約には、ロシア語文、ラテン語文、満州語文の三種類の条約書が作成されていた。

キャフタ条約を締結した両国は、バイカル湖にあるキャフタ村を交易場として、黒テンの毛皮を中心に交易が行われるようになった。

この交易を継続しながら、ロシアはシベリアの開発を推進して行くが、そのためには食糧を確保しなければならず、蝦夷地や日本との交易を目指し、ロシアによる日本接近が開始されるのである。

シベリアからカムチャッカに侵入したロシア人と、初めて接触した日本人は、大坂商人の手代デンベイ（伝兵衛）であると言われている。

カムチャッカを征服するため、一六九六年アナディアル要塞を出発したコサックのウラジミル・アトラーソフは、一年前に漂着し、原住民と暮らしている一人の異国人デンベイを発見し、モスクワへ連れて行った。デンベイは一六九五年（元禄八年）一一月に大坂商人淡路屋又兵衛の船荷監督役として大坂から江戸に向った。しかし、北西の強風により船は難破し、半年間に及ぶ漂流のあと、翌年六月にカムチャッカ半島南部に漂着した。

生き残っていた一三人は、地元の先住民に襲撃された。

船は破壊され、積荷は掠奪され、デンベイを含む三人が村へ連行されたが、他の二人はまもなく死亡し、彼一人が残ったのである。

一七〇二年一月に、ピョートル一世は、日本人と判明したデンベイを引見し、デンベイに対し、ロシア人に日本語を教えるよう命令した。

ピョートル一世は、ロシア人に日本語を学習させ、カムチャッカから日本へのルートを探索し、日本との交易を目指したのである。

ロシア語の学習をさせられたデンベイは、一七〇五年に開設されたペテルブルグ日本語学校の教師となったが、その後の事は判明していない。

一七一〇年（宝永七年）には、紀州出身と思われるサンマ（三右衛門）が漂着し、ペテルブルグに送られている。

ピョートル一世は、既にオランダが日本との交易で大きな利益を得ている事を知っていた。しかし一七二五年、その計画半ばでピョートル一世は死去した。

一七二九年には、カムチャッカ南端のロパトカ岬に日本船が漂着した。大坂へ藩米を運ぶ途中で、嵐により遭難した薩摩の若潮丸である。

約半年間漂流し、カムチャッカに漂着した一七名の乗組員のうち、一五名はコサックに殺され、積荷は掠奪された。

生き残ったソーザとゴンザは奴隷にされた。ソーザは宗蔵（三六歳）、ゴンザは権蔵（一一歳）であった。

その後、シベリア総督府の役人に助け出された二人は、ペテルブルグに送られ、一七三四年に女帝アンナ・イヴァノヴナに謁見した。

二人はロシア正教に改宗させられ、一七三六年に科学アカデミーの日本語学校の教師となり厚遇されたが、ソーザは四三歳で死に、ゴンザは一七三九年に二一歳で死んだ。

ゴンザは一万二〇〇〇語からなる最初の露日辞典を編纂したが、日本語の表記は薩摩弁であった。

一方、ロシア人のカムチャッカ半島侵入は、コサックにより一六四八年あたりから始まったといわれている。

一六九五年に、アナディル要塞の司令官アトラソフは、カムチャッカ半島の征服に出発し、同地域の詳細な記録を残しているが、同時に大量の黒テンとラッコの毛皮を持ち帰った。

しかし、一八世紀に入っても、北太平洋地域のユーラシア大陸とアメリカ大陸が接続しているのか判断はまだ決着していなかった。

このため、一七二五年にピョートル一世は、ドイツの哲学者ライプニッツの勧めもあり、この問題の調査のため探険隊派遣の勅命を出し、デンマーク人のヴィトゥス・ベーリングにその任務を命じた。

第一次探検では、カムチャッカ半島を北上し、北極海との堺にあるチュコトカ半島に達し、両大陸は陸続きでない事を発見した。さらに北上し海峡であることを確認しようとしたが、シュパンベルグがその水域の危険性を感じたため、ベーリングはその地点から引き返し、一七三〇年にサンクトペテルブルグに帰還した。

その際、ベーリングは黒テンより高価なラッコの毛皮を入手し、持ち帰っている。

しかし、ベーリングが引返した地点より北方でユーラシア大陸とアメリカ大陸が繋がっている可能性があるとして、その確認をしなかったベーリングは激しく非難された。

このため、一七三二年ロシア元老院は、ベーリングの第二次探検として海峡問題だけでなく、シベリアとカムチャッカの総合的な学術調査を目的とした、大規模な「大北方探検」を実施した。

この一環として、日本探査が含まれていた。

ベーリングの探険隊は一七四一年六月に北太平洋探査に出発し、七月にアラスカへ到着した。

その後、アリューシャン列島を発見し、後にベーリング島と名付けられた島に上陸したが、ベーリングは壊血病によりこの島で死亡した。

この探査により、北太平洋の毛皮獣を目的に狩猟者が続々と集結し、ラッコ、ホッキョクキツネ、オットセイ等の毛皮が大量に流通し、北太平洋地域の毛皮産業は大きく発展していった。

この学術調査で日本探検を担当したのは、第一次探検にも参加したマルティン・シュパンベルクで、ベーリングと同じデンマーク出身の海軍将校であった。

日本の北に蝦夷地があることは、イエズス会の報告でヨーロッパでは広く知られていた。

シュパンベルクは日本と千島の探索を命じられ、一七三八年六月に三隻の船でオホーツクを出港し、ウルップ島まで南下したがその目的を果たせず帰還した。

翌一七三九年（元文四年）五月、シュパンベルクは四隻の船で再び日本探索に出港した。

同年六月一六日、シュパンベルクは日本の本土を初めて発見した。

六月二二日、仙台の牡鹿半島の沖合いに停泊していると、二隻の船が近寄ってきた。その船は鮮魚、米、野菜を積んでおり、ロシアの羅紗の布地や衣服との交換が行われた。

僚船のウォルトンは、六月一九日に安房国天津村の沖に停泊し、給水のため八名が上陸している。海上や陸地には多くの見物人が押し寄せ、彼らは大いに歓迎されたと記録されている。

ウォルトンはさらに南下し、伊豆下田沖に達し、帰路に着いた。

シュパンベルクとウォルトンの来航は「元文の黒船」として記録されている。

しかし、日本側がロシア人を歓迎したとは記録されておらず、ロシア人が勝手に上陸し、井戸から水を汲み、代価を置いて、野菜を持ち帰ったとし、日本人はただ傍観していただけであると報告されている。

この頃、日本は寛永一六年（一六三九年）に幕府が定めた、一連のいわゆる鎖国令が、国の祖法として継続されていたため、報告は祖法を考慮して記述され、事実を隠したといわれている。

このようにシベリアやカムチャッカ、さらにアラスカに進出して行くロシアは、いよいよ南下し、日本に向うのである。

一七七八年（安永六年）にシャバリンはロシア人として初めて蝦夷地（北海道）ノカマップ（根室の東部付近）に三隻の皮舟で上陸した。

この報告を受けた松前藩吏新田大八は、彼らと正式に会談した。

シャバリンは日本との交易を望んだが、もとより新田大八には返答する権限はないので、来年返答する旨を伝えた。

次の年、厚岸でシャバリンと会見した松前藩吏浅利幸兵衛は祖法に従って、異国との交易場所は長崎のみであり、その他の場所は国法により禁じられているので、以後は当地には来航しないようにと通告した。

さらに、ロシア側の記録によると、米や酒が不足したらアイヌを通じて申し出をし、ロシア人が択捉や国後に、直接来ないでほしいと通告されたと記述されている。

(二) ロシアの日本接近——林子平『海国兵談』

このようにロシアが南下し、日本に接近している情況の中で、林 子平は蝦夷地を見分し、さらに長崎で西洋の事情や地理を学んでいた。

姉が仙台藩主伊達宗村の側室となったため、仙台藩士となった兄と共に、仙台に在住していた林子平は、安永元年（一七七二年）に蝦夷地を見分し、安永四年には長崎に遊学し、オランダ商館長より、ロシアの南下についての知識を得た。

ロシアの南下に危機を感じた林子平は、天明五年（一七八五年）に朝鮮、琉球、蝦夷について記した『三国通覧図説』を発表し、天明七年には『海国兵談』を著し、海洋国家の防衛手段としての海防論を説いた。『海国兵談』は寛政三年（一七九一年）四月に全一六巻が書き終えられ、三八部が製本出版されたが、国家の安全を脅かすものであるとして、林子平はその年の一二月に老中松平定信の命により仙台から護送され、日本橋小伝馬町の獄屋に投獄された。

林子平の著書『三国通覧図説』と『海国兵談』は板木を召上げられ出版を差止められた。

翌年、寛政四年五月一六日に、町奉行小田切土佐守により仙台藩での禁固を命ぜられた林子平は、仙台の兄嘉善宅で蟄居謹慎中、寛政五年六月二一日に死亡し、仙台北山龍雲院に葬られた。五六歳であった。

林子平は『海国兵談』の中で、

「海国とは何の謂ぞ。曰く、地続の隣国無して四方皆海に沿える国を謂也。然るに海国には海国担当の武備有て、唐山の軍書及び日本にて古今伝授する諸流の説と品替れる也。」

として、海国としての日本は、今までのように中国流の大陸国の兵制ではなく、海国としての兵制が必要で

あることを主張し、

「海国の武備は海辺にあり。海辺の兵法は水戦にあり。水戦の要は大銃にあり。これ海国自然の兵制なり。」

と主張した。

しかも、既に薩摩の坊の津、筑前の博多、肥前の平戸、攝津の兵庫、泉州の堺、越前の敦賀等に異国船が侵入しているが、これを防ぐには、長崎の港における防備のように、大砲を主体とした日本全域の沿岸武備が必要であると説き、さらに

「細やかに思えば、江戸の日本橋より、唐、阿蘭陀まで境なしの水路なり。然るに、江戸を不備にして長崎にのみ備るは何ぞや。私の意見を以てせば安房、相模の両国に諸侯を置いて、入海の瀬戸に厳重の備を設け度事也。」

と論難し、幕府の海防政策を批判してまでも、海国の危機意識を強調している。

江戸幕府が、第三代将軍徳川家光による寛永の鎖国令で異国船の来航を禁じ、日本人の海外渡航及び海外からの帰国を禁じたため、約一世紀にわたり、日本各地の港は平穏であった。

しかし、一八世紀に入ると日本近海には、再び異国船が出没するようになるのである。

一八世紀中葉になると、一〇〇万人ほどの人口を有する世界最大の都市となった江戸には、関西方面を中心とする諸国から、廻船により食料をはじめ大量の物資が運ばれて来ていた。

これらの廻船は浦賀へ入港し、積荷改めを受けてから江戸へ向かった。

延享四年（一七四七年）には五五九三隻の廻船が積荷改めを受けたと記録されている。

日本では鎖国令により外洋船はもとより、大型船の建造も制限され、造船技術の発達もなく、沿岸を航行する旧態然とした荒波に弱い平底帆船が主流であった。

特に、冬に荒れ狂う季節風では、数多くの廻船が難破し、海に沈んでいった。

そうした中で、幸運にも、小笠原諸島や鳥島に漂着したり、遠くはカムチャッカ半島やアリューシャン列島、それに北米大陸に漂着する船が少なくなかった。

東方進出に着手しているロシアのピョートル一世は、こうした日本人漂流民を日本語学校の教師として採用し、日本との通商を目論んでいたのである。

こうした中、天明二年（一七八二年）に伊勢国白子から江戸に向った大黒屋光太夫の神昌丸が遭難し、八ヶ月の漂流に耐え、翌年の七月にアリューシャン列島のアムチカト島に漂着した。

当時ロシア政府は漂流日本人をイルクーツクの日本語学校の教師として迎え入れていたため、光太夫、磯吉、小市の三人はイルクーツクへ送られた。

しかし、光太夫はあくまでも日本に帰る事を望んだ。

この地で光太夫は、幸運にもペテルブルグ科学アカデミーの植物や鉱物の学者キリル・ラクスマンと知り合った。

ラクスマンは、日本帰国を強く希望している光太夫を連れてシベリアを横断し、ペテルブルグへ行き、直接ロシア女帝エカチェリーナ二世に漂流日本人の送還を嘆願した。

ラクスマンの嘆願書には、日本人漂流民の送還は日本との通商を開く手段となるであろうという文章が盛り込まれていた。

エカチェリーナ二世はイルクーツク総督ピーリに対し、オホーツクで船を仕立て、光太夫、磯吉、小市の三人を日本へ送還する勅令を下した。

送還使節は、キリル・ラクスマンの次男アダム・ラクスマンが選任され、

「これら日本人を祖国に送還する機会をもつて、日本との通商を開かんとす」

と明記されたピーリ総督の日本宛の書簡が用意された。

寛政四年（一七九二年）九月三日、一行を乗せたエカチェリーナ二世号は根室に到着した。

松前藩はロシア使節来航を江戸へ急報し、三人の幕府役人が派遣された。

老中松平定信はロシアの要求に対して、日本の祖法としての「鎖国」を説明し、国交樹立と通商は認めず、江戸に来航させないため、長崎への入港許可証を与え、穏便に帰国させる方針で、これに臨んだ。

松前での幕府応接使とラクスマンの会談で日本側は「国法書」を手交し、

「日本は国交のない異国船は打ち払う事になっているが、わざわざ我国の漂流民を送り届けてくれたので、今回は無事に帰国を許す。江戸に行く事は禁ずるが、通商を望むのであれば、長崎での協議になる。これに不満で漂流民を渡さないのなら、当方は強いて受け取らなくてもよい。」

と高姿勢で交渉に臨んだ。

ラクスマンは幕府の回答を了承し、光太夫と磯吉はこの会談終了後に日本側へ引き渡された。

送別会では、長崎入港の許可証である「信牌」がラクスマンに渡され、和やかな雰囲気であったと言われている。

ロシア政府は「信牌」が贈呈された事により、日本との国交樹立に見通しが付いたとして、ラクスマンに

褒賞を与えている。

大黒屋光太夫と磯吉は江戸へ送られ、将軍家斉に拝謁し、江戸城に近い番町の薬草園の中に住居を与えられた。

幕府はラクスマンに長崎来航許可証である「信牌」を与えているので、ロシア船の来航に備えて、光太夫と磯吉をロシア語通詞としてその経験を役立たせようとし、その生活は比較的自由であったといわれているが、二人の所在は的確に把握されていた。

光太夫は再婚し、蘭学者大槻玄沢や桂川甫周等と交流している。寛政一〇年（一七九八年）に磯吉は一時帰郷をゆるされ、光太夫は享和二年（一八〇二年）に帰郷を果たし、神昌丸乗組員の遺族を訪ねている。

二人のロシアにおける知識と経験は、その後の幕府の対ロシア政策に活用された。

老中松平定信は、ロシアから使節が長崎に来れば、蝦夷地での通商を許す考えだったと言われているが、その使節はすぐに派遣されず、エカチェリーナ二世は一七九六年一一月に六七歳で死去した。ラクスマンが持ち帰った「信牌」はその後一一年間にわたりイルクーツク政庁に放置されたままだった。

老中松平定信はロシア使節の再来航に備え、江戸湾の防備に着手し、さらに伊豆や相模沿岸の防備のため、自ら現地視察をしたが、まもなく失脚したため、幕府の沿岸防備計画は、頓挫したままであった。

寛政八年（一七九六年）になると、比較的平穏であった蝦夷地にイギリス船プロビデンス号が姿を現わしたため、蝦夷地警備が再認識され、幕府はロシア人をはじめとして外国人の進出に対処するため、蝦夷地へ巡見隊を派遣した。

地理学者として知られ、長崎奉行所手附出役を勤めた近藤重蔵は幕吏としてこの巡見隊に参加した。

寛政一〇年（一七九八年）に、近藤重蔵は国後島から択捉島に渡り、同島を領有する意図のあるロシアに対抗するため、「大日本恵土呂府」の標柱を択捉島タンネモイに設置し、択捉島が日本領である事を宣言した。

これが択捉島を日本固有の領土であるとする歴史的根拠の一つとなっている。

翌寛政一一年に、幕府は蝦夷地を松前藩から上知し、幕府直轄地とし、蝦夷地御用掛が設置され、南部藩と津軽藩に各々五〇〇人の兵を派遣させ、防備を強化した。

また、淡路島出身の廻船業者高田屋嘉兵衛に蝦夷地航路の運営を任せ、国後から択捉の航路が開拓され、蝦夷地開発が推進されていった。

こうした中、ベーリングがアラスカより持ち帰ったラッコの毛皮に商品価値を見い出したイギリス、フランス、アメリカがアラスカを中心とした北太平洋に進出するようになり、またロシアの毛皮商が乱立したため、ロシア皇帝パーヴェル一世は、一七九九年に「露米会社」の設立を勅許し、二〇年間にわたる北太平洋領域で排他的特権を付与した。

これにより「露米会社」は、ロシアが発見し、その領有権を持つ北米大陸の北緯五五度以北及び西経一四〇度からベーリング海峡までのロシア領であるアラスカを中心として、アリューシャン列島や千島列島を占有し、その活動を拡大していくのである。

しかし、ロシアでは、シベリアからアラスカにまで広がったロシアの広大な領域を維持するために、食料を中心とした物資の調達が重要課題となり、対日通商の必要性が再び浮上した。

ロシアでは「信碑」があるので、使節を長崎に派遣すれば、日本との国交樹立と通商は、容易に可能であると考えられていた。

一八〇三年、アレクサンドル一世は日本との国交と通商の樹立、アラスカ植民地視察の任務を帯びた特命全権大使派遣の命令を下し、その全権大使にニコライ・ペトロヴィッチ・レザノフを任命した。

ロシア政府は、この全権大使に日本人漂流民を同行させ、日本へ送還するため、イルクーツクに居住している一三人の日本人漂流民を、ペテルブルグに送るようシベリア総督に命じた。

彼らは、寛政五年（一七九三年）一一月に石巻を出航し、暴風のためアリューシャン列島に漂着した石巻の廻船若宮丸の乗組員達であった。

途中三人が病気で引き返したが、ペテルブルグに到着した一〇人は、アレクサンドル一世に拝謁し、皇帝より帰国の意志の確認を受けた。

津太夫、左平、儀平、太十郎の四人が帰国を希望し、他の六人はロシアに残留する事を希望した。

一八〇三年、全権大使レザノフと津太夫ら四人を乗せたナジェジダ号とネヴァ号はペテルブルグの沖合にあるクロンシュタットを出港し、蝦夷地防備を強化している日本に向ったのである。

二隻はハワイ諸島に到着した後、ネヴァ号と別れ、長崎に向ったナジェジダ号は大隅半島沖で暴風に遭遇し、大きく損傷したが、文化元年（一八〇四年）九月六日に長崎港外に辿り着いた。

小船で近づいた役人にレザノフが「信牌」を示すと、役人はすぐさま伊王島沖に投錨するように指示した。

幕府及び長崎奉行は『阿蘭陀別段風説書』でロシア使節来航の情報を得ていた。

ロシア政府は、ロシア駐在オランダ公使に日本派遣使節への協力を依頼していたのだった。

長崎奉行は、彼らの上陸場所と積荷の置場を出島近くの梅ヶ崎に指定した。

しかし、幕府の指示はなかなか届かず、半年間も待たされたレザノフは体調を崩していた事もあり、一二月二八日には忍耐の限度にあると通詞に不満をぶつけている。

年が明けて一月一九日、通商拒否を示した目付遠山金四郎景晋の下知状が長崎奉行所に届いた。二月三〇日に長崎に到着した目付遠山金四郎景晋は、三月六日レザノフを長崎奉行所に呼び出し、会談の挨拶をした。翌七日に幕府の回答書である「教諭書」を読み上げ、オランダ、中国、朝鮮、琉球とは古くからの交易で、その他の国とは通商しないのが国是となっており、日本で不足している物資は何も無いので、通商は出来ないと通告した。

長期間待たされたあげく、幕府の通商拒否回答に強く憤慨し落胆したレザノフは、若宮丸の漂流者を引き渡し、修理を終えていたナジェジダ号に乗船し、文化二年三月一九日に長崎を出港した。

しかし、長崎の町人や商人はもとより、長崎の通詞や長崎奉行所の役人、さらに遠山に随行した幕府役人も、この通商拒否の決定には大いなる不満を示していた。

オランダは、ロシアより対日通商交渉の協力を依頼されていたが、長崎出島のオランダ商館長ヘンドリック・ドゥーフは、逆に、オランダが享受して来た一六〇年にわたる対日貿易独占の特権を死守するため、長崎奉行に対し請願書を提出し、幕府の対ロ通商交渉を牽制したといわれている。

レザノフは日本との通商樹立の任務は失敗に終わったが、まだアラスカを視察する任務が残されていた。このためアラスカに向ったレザノフは、同行したニコライ・フヴォストフ中尉とガヴィル・ダヴィドフ少尉に対し、二隻の武装船で樺太南部のアニワ湾と千島列島南部を襲撃をするよう命令した。

レザノフは、この襲撃により日本に衝撃を与え、通商を促し、日本が入植している樺太と択捉、国後をロシア領とする事を計画したのである。

しかし、一八〇七年三月一日、レザノフはペテルブルグ帰還途中の中部シベリアで死亡した。フヴォストフとダヴィドフは、文化三年（一八〇六年）にユノナ号とアヴォシ号でオホーツク港を出港し、フヴォストフのユノナ号はクシュン古丹に上陸し松前藩運上所を襲撃し、食料を奪い、倉庫を焼き払った。翌文化四年には択捉島紗那の会所を襲い、勤番の南部藩と津軽藩の藩士と銃撃戦となった。しかし、日本側は弾薬を使い果たし、留別をめざし全員が避難した。フヴォストフは無人となった会所から大量の食料品、衣料品や武器を略奪し、会所を焼き払った。利尻島では松前商人の宜幸丸、松前藩の藩船禎祥丸と誠龍丸、幕府の官船万春丸等を捕獲し、積荷を奪い、船を焼却し、さらに日本が通商を受け入れなければ、武力で蝦夷地を占領すると恫喝した文書を、択捉で捕虜にした三人に持ち帰らせている。

(三)「これは日本人の勝ちだ」——間宮林蔵 樺太探索

この時、間宮林蔵は択捉島紗那において、彼らの襲撃に遭遇している。

間宮林蔵は安永九年（一七八〇年）常陸国筑波郡平柳村の農民として生まれ、地理や算術の才能を見込まれ、幕府の下役人となった。

寛政一一年（一七九九年）南千島に派遣され、同地に来ていた伊能忠敬より測量技術を学び、享和三年（一八〇三年）には西蝦夷地を測量し、伊能忠敬が制作した「大日本沿海輿地全図」の蝦夷地測量図の完成に寄与している。

文化五年（一八〇八年）、間宮林蔵は幕府の命による樺太探索において、後に間宮海峡と名付けられる海峡を発見し、樺太が島である事を確認した。

ロシアの文豪で『三人姉妹』や『桜の園』著し、単身でシベリアを横断して、サハリンを探検したアントン・パーヴロヴィチ・チェーホフは、一八九五年に著した紀行文『サハリン島』の中で「日本人が、サハリンと大陸間を往復し、サハリンが島である事を証明した」と記述している。

さらにチェーホフによると天明七年（一七八七年）、フランスの航海家ラペルーズ伯爵は樺太の西海岸を北上したが、次第に海峡は狭くなり、水深も浅くなったため水深二〇メートル地点で船を止めた。水深が同じ割合で浅くなり、潮の流れもほとんど認められないため、この水路は海峡ではなく湾であると認定し、樺太は島ではなく陸続きであると発表している。

その九年後の寛政八年（一七九六年）にイギリス人レ・ブラウトンが小型船でラペルーズより北に進んだが、両岸が狭まり、水路が終わり湾奥に突き当たったと判断し、ラペルーズと同様に樺太は島ではないと結論付けている。

さらに、文化二年（一八〇五年）に樺太を調査したロシアの航海者クルゼンシュテルンも同じ誤りを犯した。クルゼンシュテルンは、日本沿岸、カムチャッカ、千島列島を測量し、ロシアの地理学研究に大きな貢献した人物で、サハリンの測量では東沿岸を北進し、サハリンと北端の岬を回り西側の沿岸を南下したが、やはり水深が次第に浅くなり、ラペルーズの地図による先入観もあり、水深七メートルの水域で実際に見ていないが陸続きであると断定している。

間宮林蔵は小さな船で探索したため、水深を気にする事なく、その強い勇気に裏付けられた探究心と責任感とにより、途中で引き返す事なく突き進んで、樺太が島である事を実証したのである。

チェーホフは同書で、樺太の調査は一六一三年から日本人により始められたが、ヨーロッパには伝わっていなかったと記述している。

間宮林蔵の業績を世界に紹介したのはシーボルトであった。

シーボルトは日本の測量地図を持ち出したいわゆるシーボルト事件で、文政一二年（一八二九年）に日本から追放されオランダに帰国したが、日本で集めた膨大な資料と、自らの日本滞在体験を基に一八三二年にオランダで『日本』を出版した。

シーボルトはその著書『日本』の中で、樺太が島である事を発見した間宮林蔵の業績を称賛し、樺太島と大陸との間の海峡を「間宮海峡」と命名し、同書に間宮海峡やアムール河の河口地域の地図を掲載している。

シーボルトは一八三四年にロシアのペテルブルグでクルセンシテルンを訪ね、間宮林蔵と最上徳内が作成した海峡の精密な実測図を示すと、クルゼンシテルンは「これは日本人の勝ちだ」と叫んだと書き残している。

こうして間宮林蔵の業績はシーボルトの著書によりヨーロッパに広く伝えられたが、それまでには既に二〇年余の年月が経過していた。

チェーホフは日本人の業績がヨーロッパに達したのがあまりにも遅かったため、もはや必要とされなかったと記述している。

シーボルトの『日本』は一八五三年にロシア語に翻訳されたが、出版される事はなく、現在に至っており、ロシアの一般読者はこの本を読む事は出来ない状態にある。

その後、間宮林蔵は文政一一年（一八二八年）に勘定奉行遠山景晋の配下となり、全国の情勢調査をし、密貿易の竹島事件や、伊能忠敬制作の「大日本沿海輿地全図」の写しを国外に持ち出そうとしたシーボルト事件等に関与している。

さらに、川路聖謨は間宮林蔵の蝦夷地を中心とした北方地域の知識により、ロシアのプチャーチンとの日露和親条約における国境交渉を有利に進めたと言われている。

蝦夷地襲撃を終えてオホーツク湾に帰ったフヴォストフとダヴィドフは、オホーツクの長官ブハーリン海軍大佐により、海賊行為をしたとして投獄され、略奪品も没収された。

あくまでもロシアとの通商を拒否する幕府は、ロシアに対する警戒を強め、文化三年（一八〇六年）蝦夷地全域を永上知にし、幕府の直轄地として、その警備と経営に当る事になった。

それは、フヴォストフ事件発生の直前の措置であった。

この措置は、藩として国境警備に対応できないとの松前藩主松前章広より封地返上の申し立てによるもので、これにより松前藩は陸奥国梁川への転封を命じられた。これにより幕府は津軽藩、南部藩、久保田藩、鶴岡藩、仙台藩、そして会津藩に順次出兵を命じ、さらに陸奥、出羽、越後の各藩に対し、東北地方の沿岸警備の強化を命じた。

このフヴォストフ事件の発生した文化三年には、薪水給与令が発令されていたが、この襲撃事件により、幕府は翌文化四年一二月にロシア船にのみに、祖法である打ち払い令を適用する事にし、文化六年には蝦夷地全域でロシア船の打ち払い令を実施している。

さらに幕府は、これを全ての異国船に適用し、幕府と沿岸周辺諸大名との警備協力体制を固めて行こうとした。

幕府としては、漁師や農民、廻船の乗組員や商人達が異国船と接触し、異国人と交流する事により、日本国内の情報が流出する事を恐れていたのである。

こうした中、文化五年（一八〇八年）に、フェートン号事件が発生した。

当時、ナポレオン戦争に端を発し、イギリスとフランス支配下のオランダは交戦国となっていたが、イギリス海軍のフェートン号はオランダ国旗を揚げて偽装し、オランダ船捜索を目的に長崎港内に侵入してオランダ船を拿捕した。さらに、長崎奉行に対し、武力をもって威圧し、薪水や食料を要求した。港湾防備が脆弱のため、長崎奉行松平康英はこの要求を受け入れざるを得ず、薪水や食料を調達したフェートン号はようやく出航した。

長崎奉行・松平康英は、イギリス艦船の理不尽な行為に対抗できない長崎の防備に憤慨し、この国辱行為の責任を取り、自ら切腹するのである。この事件により日本において、イギリスは凶暴な国として認識された。

蝦夷地襲撃の五年後、文化八年、カムチャッカで勤務していたロシア海軍少佐ワシリー・ミハイロヴィッチ・ゴロヴニンは、海軍大臣より南千島、シャルタン諸島とタタール沿岸（間宮海峡）の測量を命じられ、五月四日にディアナ号艦長としてペトロパヴロフスクを出港した。

七月五日、ディアナ号は薪水補給のため国後島の泊湾に入港したが、松前奉行所調役奈佐瀬左衛門により、ゴロヴニンと六名の部下が捕えられた。

この時、ロシア船打払令が発令されており、スヴォストフとダヴィドフの事件がまだ解決していなかった事もあり、捕縛されたゴロヴニンは松前に護送され、松前奉行荒尾但馬守成章の取調べを受けた。

この取調べの結果、ゴロヴニンはこの事件と関係ないことが判明したが、幕府からの出国許可がなかなか下りなかった。

オホーツクに逃げ帰っていたディアナ号の副長ピョートル・イワノヴィッチ・リコルド少佐は、ゴロヴニンを救出するため、日本船を拿捕し、日本と交渉する計画を実行した。翌年の文化九年（一八一二年）国後島泊湾に投錨し、日本船の入港を待ち構えていたディアナ号は、八月一四日入港してきた大型の日本船観世丸を捕獲した。

観世丸は高田屋嘉兵衛の持船で、択捉島から干魚を箱舘へ搬送する途中であった。

淡路島出身の農民である高田屋嘉兵衛は一八歳で廻船業を志して船乗りとなり、和泉屋伊兵衛のもとで船頭になるが、寛政七年（一七九五年）に兵庫の北風家の援助を受け、辰悦丸を建造して、蝦夷地を中心とした廻船業を興した。

近藤重蔵や間宮林蔵、最上徳内等の蝦夷地に係りのある幕府役人に人脈を得て、蝦夷地交易を許可され、さらに幕府の命により択捉航路を開拓し、蝦夷地物産売捌方となる。

また、近藤重蔵の依頼を受け、国後島と択捉島間の航路開拓を行い、鮭や鱒の豊富な択捉島に一七ヶ所の漁場を開設し、漁業により住民の定住化を計り、各村の礎を築いた。

これらの功績により高田屋嘉兵衛は、幕府により蝦夷地常雇船頭に任命され、苗字帯刀を許されていた。

リコルドは高田屋嘉兵衛を拘束したが、その器量に圧倒され、ゴロヴニン救出の計画に協力させ、日本側との交渉の助言を求めた。

高田屋嘉兵衛は、リコルドにロシア政府はフヴォストフ事件に関与しておらず、独断で違法行為をしたというイルクーツク知事とカムチャッカ長官の文書を提出するように説得し、ゴロヴニン事件を解決した。

この時代、ロシアがシベリアからオホーツク沿岸にその活動を活発化すると、それに必要な食料を含めた各種物資はシベリア経由で陸上輸送するか、南アフリカの喜望峰を経由して海上輸送されていたが、それらの輸送には多くの経費と時間が掛かり、ロシアでの小麦粉はカムチャッカに運ばれると一五倍以上の高値となるため、この地域の新領土を保持していくには、日本との通商による食料確保がどうしても必要であったのである。

しかし、この事件後も、ロシアは日本人漂流民を送還し、日本との交渉の機会を探っていたが、日本の対応が厳しいため、シベリア総督ペステリは、一八一六年に日本との交渉は時期尚早であるとロシア政府に上申し、許可された。

これにより、イルクーツクの日本語学校は閉鎖された。

ロシアとの交渉が一段落した文政四年（一八二一年）、幕府は松前奉行を廃止し、松前藩に蝦夷地を還付した。

このゴロヴニン事件が発生した同じ年の一八一二年六月、ナポレオン軍はロシア遠征を開始した。「冬将軍」を味方に付けたロシア皇帝アレクサンドル一世は、この戦いを「祖国戦争」と位置付け、モスクワ焼土作戦によりナポレオン軍を打ち破った。

その後、一八五四年に勃発したオスマン帝国とのクリミア戦争等により、日露間は嘉永六年（一八五三年）のプチャーチンの来航までの約四〇年間にわたり没交渉となり、平穏が続くのであった。

二　捕鯨とノーベル賞——鯨油とダイナマイト

ロシア船は姿を消したが、関東や東北の太平洋沿岸に異国船の姿が頻繁に見られるようになって来た。イギリスやアメリカを中心とした捕鯨船である。

鯨は北極から南極まで広範囲に生息しており、鯨取りは古くからノルマン人が行っていたが、一一世紀頃からスペインのバスク人がその技術を伝習し、イベリア半島北岸のビスケー湾で捕鯨を始めたといわれている。

一三世紀に入ると、バスク人による捕鯨は盛んになり、大西洋北部にまで拡大していった。一六世紀にはその最盛期を迎え、鯨油を中心として鯨の製品はヨーロッパ全域へ販売されていた。

一五九〇年代に入ると、オランダのウィレム・バレンツは、北極海への探検でスピッツベルゲ島を発見し、同時に大型のホッキョククジラが生息している事を確認した。

その後、捕鯨技術が向上し、捕鯨は大型船で大規模に行われるようになり、このため、グリーンランドを中心とした北極海周辺海域に於ける鯨は、大きく減少していった。

一八世紀に入ると、オランダ、イギリスに加えアメリカが捕鯨船団を組織し、一九世紀に入るとその乱獲により、大西洋におけるセミクジラとホッキョククジラは、その姿を消した。

イギリスはこの状況に対応し、太平洋へと進出して行った。

アメリカでは、一七世紀頃からセミクジラとマッコウクジラを対象とした捕鯨が行われていたが、一八世紀には大型の帆走捕鯨船を中心とし、鯨油のみを目的としたアメリカ式捕鯨船を出漁させ、大規模捕鯨を展開していった。

これらの大型化した捕鯨船には、甲板上に釜を据付け、皮下脂肪の厚い皮を煮て採油し、船内の樽に保存し、出先で食料や薪水を補給しながら、三年から四年間も捕鯨の航海を続けるようになっていた。

このように、長期の航海が可能となった捕鯨船は、水や食糧、燃料の補給地を確保する必要に迫られ、新たに寄港地として、捕鯨海域にある日本に接近して来たのである。

この頃になると、イギリスで産声を上げた工場制機械工業による産業革命は、原料供給地及び加工生産品の販売市場として、それまでに獲得していた植民地を活用する事により、急速に進展していった。

これに伴い、機械類に使用する潤滑油や、工場や一般家庭で使用する燈油に対する需要が増大して行き、鯨油がその膨大な需要を賄っていたのである。

さらにノルウェーやスウェーデンで生産される鯨油を原料とした石鹸は、衛生観念というヨーロッパの新思想を象徴する文明の利器となっていた。

こうした中、一九世紀に入ると戦争を基軸として、より高性能な爆薬が必要となり、ヨーロッパの科学者は硝酸を中心とした爆発物の研究を活発化していった。

史上最初の爆薬は古代の中国で発明されたといわれる黒色火薬で、硝酸塩、硫黄、炭素により構成され、炭素は木炭であったため火薬は黒色となったのである。

当初、黒色火薬は爆竹や花火に使用されていたが、一一世紀になると火矢を発射する兵器に使用されるようになった。この黒色火薬がヨーロッパに伝わったのは一二六〇年頃で、イギリス人のフランシスコ会修道士ロジャー・ベーコンによるといわれている。

ヨーロッパにおいて最初の火薬兵器は一三〇〇年代中頃に製作されたファイアーロックといわれる火縄銃であった。

一八四五年フリードリッヒ・シェーンバインはスイスのバーゼルで硝酸と硫黄の混合液を使用して実験中、その混合液をこぼしてしまい、妻の綿製のエプロンで拭き取り、濡れたエプロンを乾かすためストーブの上に掛けたところ、大きな音とともに閃光を発し燃えた。

これにヒントを得たシェーバインは綿布のセルロースを主体とした綿火薬の開発に成功した。

ほぼ同じ頃、トリノのイタリア人科学者アスカニオ・ソブレロは鯨油から抽出されるグリセリンを、硝酸と硫酸の混合液に混入してニトログリセリンの製造に成功した。

ニトログリセリンは含まれている一酸化窒素の作用により血管を拡張するため狭心症治療にも使用されていたが、従来の黒色火薬とは比較にならない強烈な爆発力があった。

スウェーデン人のアルフレッド・ベルンハルト・ノーベルは一八五五年頃に、取扱いが難しいニトログリセリンを安全に起爆させる方法の研究に没頭していた。その結果ノーベルは導火線の先に少量の黒色火薬をセットして、ニトログリセリンを思い通りに爆発させる起爆装置を開発し、一八六三年にスウェーデンで特許を得た。

ノーベル一家はニトログリセリンの製造工場を経営していたが、一八六四年九月にストックホルムの実験室で爆発事故が発生し、弟を含む五人が死亡した。

そうした中、ニトログリセリンの性能が知れ渡り、その需要が急速に増大したため、ノーベルは一八六八年までにヨーロッパの一一ヶ国に工場を稼働させ、アメリカのサンフランシスコにも会社を設立した。ニトログリセリンはその不安定な性質により、各地で爆発事故が発生し、フランスとベルギーはニトログリセリン製造を禁止したが、その圧倒的な爆発力に対する需要は増大していった。

このため、ノーベルはニトログリセリンの爆発力を損う事なく安定化させる研究を新たに開始し、液体のニトログリセリンを固体化させる事によりこの難題を解決した。

ノーベルは液体のニトログリセリンに珪藻土を混ぜ合せ、その固体化に成功し、「ダイナマイト」と命名した。

一八六七年ノーベルは「ノーベル安全火薬粉」として特許を取得し、ダイナマイト製造販売を開始し巨大な富を築いたのである。

前年の一八九五年に持病の心臓病が悪化したノーベルが書き残した遺言書により、その莫大な財産を基金としてノーベル賞が創設された。

ノーベルが製造したダイナマイトは鉱山や道路建設等にも使用されたが、多くの戦闘に使用され、大量の破壊と数知れない多くの人命を奪った。それ故にノーベルはノーベル賞の科学、物理学、医学、文学の各賞で人類の進歩、発展を願う一方で、平和賞を設けて人類が争う事のない平和を強く願ったのである。

ノーベルは一八九六年一二月七日イタリアのサンレモの自宅で机に向かっている時、脳溢血で死亡した。六三歳であった。現在、出生地であるストックホルムの「北の墓地」に埋葬されている。

強いて言えば、ノーベル賞は鯨によってもたらされたとも言える。

ダイナマイトの原料となるグリセリンを大量に得るためには数多くの鯨を必要としたのである。

印刷機、船舶、機関車には潤滑油が必要であり、一般家庭のランプにも、さらにはグリセリン製造にも鯨油の需要は増大していった。

この増大する鯨油の需要を賄うために、捕鯨船はグリーンランド海域で乱獲をしたため、鯨の減少をきたし、そのため太平洋を新たな捕鯨海域とし、日本近海にその姿を頻繁に見せるようになったのである。

このように、鯨油の需要増大により、鯨は激しい乱獲競争に見舞われ、最後の宝庫が「ジャパングラウンド」と呼ばれた日本列島と小笠原諸島の海域であり、欧米捕鯨船は続々と日本近海に集結していたのである。特に茨城の常陸沖にはマッコウクジラが多く、その頭部にある脳油は鯨蝋といわれ、ロウソクや精密機械用の潤滑油として高値で売れたため、多くの捕鯨船が集まって来た。

ハーマン・メルヴィルが著述した『白鯨』のモデルとなったアメリカ捕鯨船ピークォド号の船長エイハブは、日本近海で台風に遭遇し、帆柱がおれ、日本の材木で補修したと記録している。日本近海の異国船は必要に迫られ、日本の国禁を犯して上陸し、材木や生鮮野菜を調達していたのである。

このように、太平洋に於いて操業するイギリスやアメリカの捕鯨船は、五〇〇～七〇〇隻に達したといわれ、その活動範囲はインド洋南端から太平洋を北上し、オホーツク海に至る太平洋全域に拡大していった。こうした鯨油の膨大な需要により、捕鯨は盛んに行われていたが、一八四八年を過ぎると大きく衰退していった。

一八五〇年一月二九日、アスファルトから灯火用オイルを製造する技術がアメリカ合衆国特許七〇五二として認可された。

地質学や鉱物学の学者であるアブラハム・ゲスナーは西インド諸島のトリニーダ島で採取した石油から出

来たアスファルトを四二〇℃で灯油となるケロシンオイルを分離する技術を確立したのである。

これにより、鯨油より安価で、性能の良い灯油の生産が開始された。

早くもその翌年には、ハリファックスのミーガービーチ灯台では、このケロシンオイルで鯨油より七五パーセントのコスト削減が出来たと報告している。

一八六五年の灯油の価格は一六セントだったが、一八九五年には二セントになっていた。アメリカの捕鯨船は一八四六年当時、七三五隻を誇っていたが、一八七六年になると、わずか三九隻になっていた。石油の出現と一八四九年からのゴールドラッシュによる乗組員の減少により、捕鯨は衰退し、やがて捕鯨の時代は終わりを告げるのである。

三　常陸沖――会沢正志斎「国体」の認識

太平洋に面した常陸の長大な海岸線の海防は、水戸藩が担当していた。この海域において、古くは一六〇九年にメキシコ船が安房の御宿に漂着したが、一八〇〇年代に入ると、外房の九十九里浜をも含めて、捕鯨船を中心とした異国船が頻繁に出没するようになった。

文政年間に入ると、イギリスを中心とした捕鯨船が、常陸沖に出没し、沿岸の漁師達と接触していた事が記録されている。

文政四年（一八二一年）石巻の妙見丸が鹿島沖で異国船と接触し、七人の異国人が食料を求めて乗り込んで来た。妙見丸は食料を渡し代金を受け取らずに逃げ、最寄の大津村へ報告した。

文政六年には常陸河原子村の漁師は捕鯨船と接触し、釣った魚を求められた。

さらに同年、常陸水木村の鰹漁師が高戸浜沖で異国船と接触し、川尻村の漁師は小木津沖で異国船と接触している。

接触の際、漁師は異国人から菓子類を受け取り、釣り上げた魚やきせる等所持品を手渡していた。

磯浜村の漁師は異国船に乗船し、船に大砲二門と鉄砲、短筒を確認したと報告している。

また捕鯨船に乗り込んだ磯浜の漁民は、鯨から脂を採取する作業を見学したが、捕鯨船が武装している事に気付いており、捕鯨船を単なる漁船と思ってはならないと水戸藩に報告している。

このように、多くの異国船が常陸の沖合いにあらわれるようになった。

この沖合いには古くから「横磯」と呼ばれる潮流の境があり、鰹漁をする漁民はその外側には出なかったが、鰹が「横磯」の外を通過する場合は、やむをえず「横磯」を超えて異国船のすぐ近くで漁をする事になる。

異国船は大小数隻の船で船団を組み捕鯨をしていたが、いつしか手招きされるようになり、漁師忠五郎が乗船すると、船長室に通され、酒を振舞われ、彼らがイギリス人であることを判断している。

忠五郎は二度目に訪問したとき、三日間逗留し、鯨漁や鯨油の煮出しを見学している。

その後、他の漁師達も捕鯨船を訪れるようになり、キセルや煙草入れ、美濃紙等と、異国人のナイフやマッチ、書物、グラス、ビン等の持ち物と交換し、それらの珍しい品物を持ち帰った。

幕府の禁止令にもかかわらず、監視の目が届きにくい海上で漁師達はい異国人と嬉々として品物を交換し、交流していたのである。

漁師が持ち帰った異国の品物は水戸藩内に出回り、異国船との接触が発覚した。このため水戸藩は、三〇〇人ほどの漁師を捕縛し、漁師の出漁を禁じている。このように水戸藩を中心とした常陸沖では、日本の漁師達と捕鯨船を主体とした異国船との接触が頻繁に発生し、外国語をも理解する漁民が出現していたのである。

このような状況の中、文政七年五月二八日、常陸大津浜沖に二隻の異国船が現れ、二隻のボートで一二人の異国人が上陸した。

身振り手振りで、彼らは捕鯨船員で食料を求めていることが判断されたが、村役人は一二人全員を拘束し、棚倉藩の軍勢が布陣し警備にあたった。

さらに水戸藩の軍勢や平藩、湯長谷藩、泉藩、白川藩の軍勢が布陣した。

六月九日には、通詞二名を伴ない幕府代官が到着し、取調べをしたところ、イギリスの捕鯨船である事が確認され、母船に病人が多く、新鮮な野菜や肉を求めて上陸した事が判明した。

水戸藩から筆談役として派遣された彰考館の会沢正志斎は、オランダ人ではない、初めて見る異国人のため言語が通じないと記録している。当惑する会沢正志斎は、わずかであるが英語を理解する漁民を発見し、異国人と接触させると、彼らがイギリスの捕鯨船員で、補給のため上陸したと知らされた。このため、水戸藩は果物や野菜、薩摩芋、鶏、鮭を与えて一二人を解放した。

大津浜事件である。

常陸沖ではこれより七年ほど前から、異国船がしばしば接近しており、日本の漁師と異国船の乗組員とが交流し、物品の交換が行われ、二五〇年来の国禁の法を破っていたのである。

会沢正志斎は、幕府はロシアに対しては国法である打払い令を適用しているが、イギリス船が沿岸に停泊しているのに打ち払おうともせず、上陸して来た者に食糧を与え放還していると幕府の政策を非難し、イギリスの捕鯨船の構造は漁業や通商も出来、しかも戦争も出来るようになっていると警告している。

この大津浜事件の二ヶ月後の八月八日に、同じくイギリス船が薩摩のトカラ列島の宝島に上陸し、発砲して牛を掠奪した。宝島はその昔、平家の落武者が定住した離島である。これに対し、守備兵が応戦し一人を殺害し、イギリス船を追い払った。

宝島事件である。

このような事件が発生するに及び、幕府は警備の強化とともに文政八年（一八二五年）二月一八日、「異国船無二念打払令」（文政令）を公布し、異国船が来航した場合は無条件で何が何でも打ち払うよう命令した。

会沢正志斎は、一般の民が異国人との交易の利益という誘惑に負けたならば、商売をエスカレートしていき、民心は異国によって捉えられてしまうということを最も危惧した。異国からの利をもってする誘惑に対して、「民心」が惑わされないための心の「中心」をいかにしたら与えられるかが、正志斎の最重要なテーマとなって浮かび上がって来た。

つまり、日本民族としてのアイデンティティーを何に求めるかを、正志斎は突き付けられたのである。

地元民が、片言でも英語を話せるようになるほど、頻繁に異国船と接触していた事実に驚愕した会沢正志斎は、同年に『新論』を著した。

幕府が新たな文政令で、異国船を打ち払う攘夷の方針を決した事に感激した会沢正志斎は『新論』の中で、およそ国家を防衛し、軍備を整えるためには、先ず和戦の方針を定めなければならぬ。

このいずれかが決定しなければ、天下は水に漂うものである。

現在、攘夷の令は天下に布告され、和戦の方針はすでに定まり、天下は其の目指すところを知るに至った。

とし、利をもって惑わし、国を奪おうとする異国人に対し、日本人としての「民心」に、その中心となるよりどころを与え、国の本質たる「国体」を明確に示す必要性を説いている。

会沢正志斎は、日本の「国体」の中心は天皇にあると説き、
さて、現今は古を去ること遠いとはいえ、仰ぎ奉るところの天皇は厳然として天祖のただしい御血統にましまます。

治められる人民は依然として天祖の愛養したものたちの子孫である。

人心の中になお健在なるものをよりどころとし、その教えの筋を正し、神皇が天下を教化育成せられたお心を根本とし、天に仕え、祖先を祀り、君臣の義を正し、父子の親を厚くし、万民を教化して、その心を一つにするならば、成しがたい事があろうはずがない。

さらに、
西洋人は日本を狙って、色々な国が次々と来航した。

その国は違っても、その敬い崇めるものは同一の神である。故にキリスト教が日本を狙うことは三〇〇年間一定不変であるが、日本はこれに対処するに時代時代によりまちまちであった。

つまり、隙をうかがっている側は終始一定の方針を持っているのに、これに対処する側は前後の統一がないという事である。

それでは、世論を一定として乗ずべき隙をなくするためにはどうしたらよいのだろうか。
それには外夷の実情を明らかにする事であり、民心の中心に天皇を仰ぎ、一定不変の「国体」を確立しなければならない。

と主張している。

会沢正志斎は、林子平と同様に、今まで異国を日本に近付けず、日本を守ってきた海が、いまや異国を近付ける手段になってしまっていると指摘し、海防の重要性を説き、国体の概念を初めて論じ、

わが民族の「心のよりどころ」となっているのは、天皇と民衆の不変の関係であり、それが、わが民族の「国体」である。

と説いている。

既に水戸藩では『大日本史』の紀伝四五巻までを完成し、幕府及び朝廷に献上していたが、その編纂と日本の一般国民に「中心」を与える現実の課題とが、天皇を中心とする国体論に結実し、会沢正志斎は「民心」の中心に天皇を植えつけることにより、異国に対抗する民族の「よりどころ」となしたのである。

常陸沖の太平洋に面する水戸藩の異国船に対する危機意識は次第に強まり、会沢正志斎の『新論』へと結実して行き、幕末の尊皇攘夷思想をリードしていくのである。

四　異国船無二念打払令——モリソン号事件

何が何んでも異国船を打ち払えという過激な文政令のなか、天保八年（一八三七年）六月二八日、三浦半島

の城ヶ崎沖に、異国船が来航していると報告を受けた浦賀奉行太田資統は、近づいて来る異国船を砲撃し退去させた。

さらに同船は鹿児島の山川港に入港しようとしたが、同様に砲撃を受けたため、日本を離れていった。

翌年六月に、新任のオランダ商館長ヨハン・ニーマンより、この異国船に関する情報が伝えられた。それによると、この異国船は、マカオから日本人漂流民の送還と通商交渉をするために来航したアメリカ船モリソン号であった。

漂流民は、アメリカ本土に漂着した尾張小野浦の回船宝順丸の岩吉、久吉、音吉の三名と、ルソン島に漂着した肥後国川尻の庄蔵、寿三郎、熊太郎、力松の四人の合計七人であった。

知多半島小野浦の廻船宝順丸は、天保三年（一八三二年）一〇月、尾張藩の米や瀬戸物を積み江戸へ向う途中、遠州灘で「ならい風」の強風に遭遇し、一四人の乗組員とともに、カナダ国境に近いアメリカ北西部のアラヴァ岬に漂着したのは二年後の一八三四年に入った頃だった。宝順丸には、江戸に送る尾張藩の米が大量に積まれており、海水を真水にする装置である「蘭引き」も装備されていたが、二年に渡る漂流で生き残ったのは岩吉、久吉、音吉の三人だった。

イギリスの毛皮商社ハドソン・ベイ・カンパニーの支配人ジョン・マクローリンは、この情報を受け、鎖国している日本との交易交渉のために、彼らを利用する事に思い付き、三人を連れてロンドンへ向った。しかし、イギリス政府はこの提案を採用しなかったため、三人はロンドンからマカオに送られた。

一方、肥後国川尻の荷船は天保六年（一八三五年）、天草から肥後に向う途中で遭難し、約一ヶ月間漂流の後、ルソン島に漂着した。

ニューヨークのオリファント商会のチャールズ・キングが、この七人の日本人漂流民を利用し、日本との通商交渉を計画した。チャールズ・キングは、ロンドンからの三人と、マニラから連れて来ていた四人の日本人漂流民と一緒にモリソン号に乗船し、日本へ向かう事となったのである。

このようにしてモリソン号は、天保八年七月、日本人漂流民七人を乗せ、日本との開国交渉を目指し、日本へ向けマカオを出港した。

この頃の商船は、大砲を設置した武装商船が主流であり、モリソン号も帆船で大砲を備えた武装商船であった。

しかし、モリソン号は広東において、全ての大砲を取り外し、戦意のない事を表示しての来航だったのである。

アメリカ商船モリソン号が城ヶ崎沖に投錨すると、漁船が集まって来たが、翌日になると突然、砲台から砲撃を受けた。

無二念打払令が実行されたのである。

丸腰で来航したモリソン号は応戦できず、そのまま沖合に遠ざかった。

この砲撃で一発がモリソン号に命中したが、何ら被害はなかった。当時、幕府が配備していた大砲は古い型で、砲弾の威力は弱わく、射程距離も短く、また射撃技術も低かったのである。

ヨーロッパにおいては、ナポレオン戦争により武器の改良が大幅に進展し、特に銃砲の技術は目覚しい進歩を遂げていた。

城ヶ崎沖で砲撃を受けたモリソン号は退去したが、その際、接近した漁船に巻たばこや銀銭を投げ込んで来たと日本側には記録されている。しかし、後に明らかになったモリソン号側の記録によると、多くの漁船が集まって来て、網梯子をおろすと乗船して来たので、ビスケットや葡萄酒を振る舞い、役人の派遣を依頼した英語と中国語で書いた文書を手渡したと記録されている。異国船に興味をもった漁師達が、モリソン号側の招きに応じ乗船したのだが、罰を受ける恐れがあるため、贈られた物品は船に投げ込まれたと奉行所に届け出たと言われている。

「異国船無二念打払令」が公布されているのにもかかわらず、日本人は異国人に好奇心を持ち、積極的に接触したのである。

翌天保九年（一八三八年）、『阿蘭陀風説書』により、打ち払った外国船の情報がもたらされた。その外国船はモリソン号で、七人の日本人漂流民の送還のため、武装を解除して、敵意のない事を示し、江戸に向ったが、砲撃を受け「理不尽な振る舞いに大いに難渋し、日本との交渉も出来ず、七人の漂流民を返還できず江戸湾を出航した」と記述されていた。

しかも、新任のオランダ商館長E・グラディソンと前任のE・ニーマンにより連署された『阿蘭陀風説書』には、アメリカ船であるモリソン号をイギリス船と間違って伝えていた。

そのため幕府はモリソン号をイギリス船と誤認して、この情報に驚き、凶暴なイギリスが報復のため海軍を派遣して来るのではないかと恐れ、イギリス脅威論が醸成されていった。

一方、モリソン号の来航目的が伝えられると、幕閣の中で、漂流民の送還のために来航した異国船を無二念に打ち払うのは、幕府の仁政にとり問題であるとの議論が沸き起こった。漂流民は、幕府の祖法である貿易統制にも、キリシタン禁制にも違反しておらず、漂流という災難にあって、異国へ辿り着いたのであり、海外渡航禁止令にも違反していない。それを有無をいわさず打ち払うのは、幕府の祖法に反する行為であると強く主張したのである。

この主張は、後に発生する同様事件に大きく影響を及ぼしていくのである。

しかし、宝順丸の音吉たち三人はマカオで宣教師カール・ギュツラフから英語を学び、聖書の日本語訳を手伝っていたため、単なる漂流民ではなくなり、幕府が最も警戒するキリスト教関係者となっていたのである。

チャールズ・キングの八月一三日の日記には、そのことを知っている音吉、岩吉、久吉の三人が五年ぶりに見る故国を前にして、もはや帰国で出来ないことを悟り、髪の毛を剃り落としたと記述されている。

その後、音吉は上海のイギリス商社であるデント商会に雇われていたが、やがて独立し、貿易業を営みながら日本人漂流民の援助していた。音吉は帰還した漂流民を通じて一八五〇年頃に清国で発生した太平天国の乱についての情報を初めて日本に伝えている。

五　幕府の海外情報——『阿蘭陀風説書』『唐風説書』

(一) 幕府の情報管理——蛮社への漏洩

鎖国政策下にあっても、前述したように海外に対して、松前口、対馬口、薩摩口と長崎口の「四つの口」が開いていた。徳川家康の時代に松前口、対馬口そして薩摩口はそれぞれ松前藩、対馬藩、薩摩藩の各大名により、その整備と運営が行われたが、長崎口は幕府直轄として、長崎奉行所が設置され、キリスト教徒の入国禁止のための監視と、オランダ貿易及び唐貿易を管理する重要な役割を担う口として整備されていった。鎖国下に於いて、幕府は海外の情報を、『阿蘭陀風説書』と『唐風説書』により長崎奉行を通じて入手していた。

『阿蘭陀風説書』とは、オランダ人によりもたらされた海外の情報である。その中には事実に基づいた時事情報と同時に、単なる噂話しの類である風説も含まれていた。

幕府は、ヨーロッパや東インド及びアメリカの情報は専らオランダによる『阿蘭陀風説書』に依存していたが、その他にアジア周辺からも長崎で貿易を許されている中国人を中心とした貿易商人により『唐風説書』がもたらされていた。

幕府は寛永一八年（一六四一年）より、平戸のオランダ商館長に対し、海外情報の提供を依頼していたが、次第にその情報提供は義務化していった。その内容は主としてポルトガル、スペイン及びイギリスの動向であり、幕府は鎖国政策により、既に排除したそれらの国々の、日本に対する報復を警戒すると共に、キリスト教徒や宣教師を日本に潜入させないための監視を行っていたのである。

慶安四年（一六五一年）三代将軍徳川家光が死去し、徳川家綱が四代将軍になると、オランダに対する情報提供の義務化は慣例化していった。

幕府は、近隣以外はオランダのみに貿易を許可しているのであるから、オランダからの情報提出は幕府に対する「奉公」と見なしていたが、オランダも通商を維持するために「オランダの忠節」といわれる態度で幕府の要望に応えているのである。

『阿蘭陀風説書』には、通常の風説書と別段風説書とがあった。

通常の風説書は、長崎の出島にオランダ船が入港すると、通詞がオランダ商館長より、ヨーロッパや東インドにおける情勢や、王の即位や死亡等の一般情報を聞き取り、書面にして作成されていた。

これに対し、別段風説書は「特別な」という意味を持ち、オランダ領東インド総督の決定により、特に重要な事項をオランダ政庁の所在するバタヴアにおいてオランダ語で作成し、出島のオランダ商館長を通じて幕府に提出された。

通常の風説書の提出は、寛永一八年より始まり、別段風説書は天保一一年（一八四〇年）から提出された。その後、両風説書の提出は安政四年（一八五七年）まで続けられた。

前述したように、この頃になると幕府の鎖国政策にもかかわらず、日本と交易を求めて、ロシア人が蝦夷地に来航するようになった。

寛政四年（一七九二年）にはラクスマンが漂流民大黒屋光太夫を伴い来航し、文化元年（一八〇四年）にはレザノフが長崎に来航し、通商拒否された後にフヴォストフ事件が発生したが、文化八年にはゴロヴニン事件と高田屋嘉兵衛の事件が発生した。

さらに、日本近海での捕鯨が盛んになると、大津浜事件、宝島事件が発生したため、幕府はそれまでの外国船打払令を強化し、一八二五年に「異国船無二念打払令」を発布し、何が何でも、異国船に砲撃をして打ち払う過激な政策を実施し、鎖国政策の強化を計った。

しかし、その後にも、文政一一年（一八二八年）にはシーボルト事件や、天保八年（一八三七年）のモリソン号事件が発生すると、幕閣のみで管理していた『阿蘭陀風説書』や『唐風説書』の秘密情報が幕府内部から漏洩し、幕吏の間でも鎖国政策に対する疑問が広がり始めた。

さらに、モリソン号事件で幕府が装備していた大砲は古くて役に立たず、兵士の射撃技術も劣っている事が露呈されると、蘭学者を中心として、漏洩して来た海外の情勢に基づき、幕政を批判する文書が書き上げられ、写本により密かに読まれるようになった。

このような状況に中で、目付鳥居耀蔵は由緒ある旗本の責務として、徳川幕府の政権維持と安泰を目的として、蘭学者を中心とした幕政批判者の取締りを開始するのである。

蛮社の獄である。

蛮社とは、南蛮と言われるオランダを中心とした学問を学ぶ蘭学者の集団であり、鳥居耀蔵は事実無根の訴因を捏造してまでも、彼らの捕縛を実行している。

蘭学者渡辺崋山と蘭方医高野長英は鳥居耀蔵の告発により獄につながれ、吉田長淑の蘭馨堂で二人と交流していた小関三英は、渡辺崋山収獄の三日後の天保一〇年五月一七日に自刃している。

蘭方医高野長英は『戊戌夢物語』を著し、モリソン号における幕府の鎖国政策を批判したため捕えられた。無期刑である永牢を申し付けられたが、五年後に牢舎が火災になり解き放された際に、そのまま逃亡した。その後、嘉永三年（一八五〇年）一〇月三〇日、潜伏中の江戸青山百人町で捕吏に発見され、自刃した。

高野長英は文化元年（一八〇四年）奥州水沢で生まれたが、一八歳のとき、江戸の蘭方医吉田長淑の塾である蘭馨堂の内弟子となり、医術と蘭学を学んだ。

文化七年（一八二四年）、吉田長淑の死去により、長崎の鳴滝塾に入り、シーボルトに師事し、シーボルト事件を直接体験している。

蘭学者渡辺崋山は寛政五年（一七九三年）九月に三河国田原藩江戸藩邸の長屋で生まれた。現在の三宅坂にある最高裁判所一帯であり、三宅坂の地名は藩主三宅氏に由来している。

田原藩は貧乏藩であったため、渡辺家の生活は苦しく、崋山一五歳の時、絵師になり家計を助ける事を思い立ち、谷文晁に入門し、やがて、西洋銅版画に出会い、西洋画を研究している。また、崋山は二三歳頃より蘭方医吉田長淑をしばしば訪ねており、蘭馨堂で高野長英とも交流している。

天保九年（一八三八年）一〇月一五日に開催された蘭学者の集まりである尚歯会の会合が終了した後に、評定所記録方の芳賀市三郎は高野長英や渡辺崋山ら数人にモリソン号事件の機密情報を漏らした。

このようにして漏れてきた幕府の機密情報であるモリソン号事件をテーマに、さらにロシアのレザノフ事件を加え、高野長英は『戊戌夢物語』を書き、渡辺崋山は『慎機論』を著し、幕府の鎖国政策を慎重な表現で批判した。

鳥居耀蔵は寛政八年（一七九六年）一一月に大学頭林述斎の四男として生まれた。

林述斎は正妻を持たず、数人の側室との間に男女一七人の子供があり、耀蔵は第七子であった。

林家は徳川家康に儒学者として仕えた林羅山を祖とし、その八代目である林述斎は松平定信の寛政の改革において教育関係を担当し、昌平坂学問所を改革し、湯島聖堂の整備をするなど、幕府の儒学を中心とした文教の分野を充実させている。

文政三年（一八二〇年）、耀蔵は二四歳の時、旗本鳥居一学の養子となった。

鳥居家は、徳川家康が、石田三成を関ヶ原の合戦に引き出すための上杉征伐に出陣する際、伏見城の留守居役となり、石田軍と戦い、討ち死にした家康側近の鳥居元忠の家系で、旗本中の旗本の家柄である。

高野長英は『戊戌夢物語』で、また渡辺崋山は『慎機論』において、ほぼ同じ内容で鎖国政策を批判している。

崋山は、政策は時代の変化に応じて古いものは改めるべきであり、キリシタンを恐れたための鎖国は、もはやその存在意義を失い、鎖国制度を改めるべきであると主張している。

しかし、老中水野忠邦や目付鳥居耀蔵等の幕閣において鎖国政策は、もはやキリシタン対策のためではなく、徳川幕府体制を護持する基本政策として位置付けられていた。

鳥居耀蔵は有力旗本として、幕府の根本を揺るがす蛮社の幕政批判は許容できるものではなかった。

こうした情勢の下に、彼らは、「異国船無二念打払令」の延長として、緩み始めた鎖国政策の引き締めをはかるため、幕府体制を揺るがす蘭学者を中心とした、幕政批判を厳しく弾圧したのである。

こうした中、一八三八年頃より中国の広東において、清国政府が、イギリスによるアヘン貿易に対する取締を強化したため、武力衝突が発生した。このためイギリス政府は艦隊の派遣を決定した。

アヘン戦争である。

(二) 封印されたアヘン戦争情報——幕府の対応

イギリスは、海禁政策を施行している清国と正式な外交関係がなかったので、国交を結ぶために一七九三年より二度にわたり、イギリス国王ジョージ三世の使節としてジョージ・マカートニーを送った。

しかし、乾隆帝の清国は中華思想の伝統に従い、外国使節が皇帝に謁見するためには、隷属の意を示す作法である三回跪き九回頭を地面にすりつける「三跪九叩頭の礼」を要求したが、イギリスはそれを拒否した。

冊封国として、清国の礼儀を正しく受け入れる国には、朝貢貿易を許可していたが、清国の礼儀に従わないイギリスとは、清国では不足している物品は無いとして国交を開かなかった。

しかし、広東において「公行」と呼ばれる民間商人とイギリスの東インド会社が、主に中国産の茶葉を中心に広東港のみに限定し、管理された貿易体制である広東システムといわれる貿易を始めるようになっていった。この中国茶はイギリスで紅茶として販売され大人気を博し、紅茶がなければイギリス人は便秘で苦しむとさえいわれるようになった。

清国側の公行は茶を輸出するだけでイギリスの主要輸出品である綿織物をはじめとする、イギリスから輸入する商品はほとんどなかった。しかも公行への支払は銀に限定されていた。

輸入のみの東インド会社は代金決済手段である銀の不足を来たしたため、貿易赤字を解消するために、清国が欲しがる商品を探し出す必要に迫られた。茶を輸入するために必要な銀を、清国側から取り戻さなければならなかったのである。

このため、東インド会社は一七七三年になると、植民地としていたインドのアヘンを密かに清国に持ち込んだのである。

既に一七二九年には、ポルトガル商人がインドのゴアからアヘンを持ち込み、その需要は大きかったため、清国は直ちにアヘン禁止令をだし、アヘンの輸入も使用も禁止されていた。

清国でアヘンの需要が高いことに気付いた東インド会社は、私企業であるとはいえ、イギリスの国策会社であるため、密貿易に直接乗り出す事は出来なかった。そのため、東インド会社はアヘンの独占販売を維持し、密貿易を隠蔽するために、イギリスの一般の民間貿易会社にライセンスを与え、それらの会社を通じて、広東にある霊丁島を拠点に、ベンガル産のアヘンを清国の商人に密売させ、銀の還流と貿易の黒字化に成功するのである。

このようにして、アヘンが清国に流入し、アヘン中毒者が急増したため、清国政府は一七九六年になると、新たにアヘン禁止令を発布した。

当初は、東インド会社によりアヘンの供給量はコントロールされていたが、一八二〇年代になると「マルワ」といわれるインド西部の安価なアヘンが、ライセンスを持たない商人により大量にもたらされ、供給量の統制が破壊されていった。

さらに、ナポレオン戦争に勝利したイギリスでは、アダム・スミスやデヴィット・リカードによる自由貿易思想が高まり、一八三四年には東インド会社の清国独占が剥奪された。

広東システムでは東インド会社がその秩序を維持していたが、同社の独占権が失われたため、英国政府は貿易監督官を新設し、広東貿易の管理と自国民保護に乗り出した。

しかし、最初に貿易監督官に任命されたウィリアム・ナピエーは、従来の慣行を無視し、公行を通さず広東と広西の両省に直接取引の交渉を求めたため、清国側の公行とは大きく対立していった。

この対立に、貿易監督官ナピエーを強く支持したのは、ジャーデン・マセソン商会を中心とする貿易業者であった。

ジャーデン・マセソン商会は一八三二年（天保三年）、スコットランド人ウィリアム・ジャーデンとジェームス・マセソンにより、インドのカルカッタで設立され、清国から茶や生糸を買い付けていたが、その一方で、インドから持ち込んだアヘンの密売で莫大な利益を稼いでいたのである。

このように無秩序化したイギリス貿易業者のアヘン密売に対し、清国の道光帝は、アヘン取締りに、強硬な厳罰で対処する事を決定した。

一八三八年に道光帝は林則徐を「令尹」である欽差大臣に任命し、アヘン密売業者とアヘン中毒患者の摘発を開始した。

欽差大臣林則徐は広東に着任すると、貿易監督官チャールズ・エリオットに対し、アヘン密売貿易の拠点である霊丁島に停泊しているアヘンの貯蔵船から、貯蔵アヘンの引渡しを要求し、同時に有力アヘン商人ランセロット・デントの逮捕を命じた。

イギリス側はデントの逮捕を拒絶したため、全権を有する欽差大臣林則徐はイギリス人居住地を封鎖し、清国人労働者の引き揚げを命令した。

六週間にわたる対決の結果、イギリス側はアヘンの引渡しに同意し、封鎖は解除された。

欽差大臣林則徐は、押収したおよそ一四〇〇トンのアヘンを消石灰に混ぜて、一種の科学反応を起こさせ処分した。

さらにアヘン商社に対し、アヘンを清国内に持ち込まないとする誓約書の提出を命じ、誓約書を提出しない商社を追放した。

最初に追放されたのはジャーデン・マセソン商会であった。

このような時に、酔ったイギリス人船員が地元民を殺害する事件が発生した。清国側は犯人の引渡しを要求したが、イギリス側がそれに応じなかったため、林則徐はイギリス居住地への食料と水の供給を停止させた。

これに対し監督官チャールズ・エリオットは、優秀な通訳である宣教師カール・ギュツラフを差し向け、九龍の清国軍に対し、食料と水の供給を再開しなければ、イギリス海軍は軍事行動を開始すると通告させた。宣教師ギュッラフはキリスト教を禁じる清国に対し、布教のためにはイギリスの海軍力で圧力を加える必要があるとし、さらに清国を弱体化させるためとして、ジャーデン・マセソン商会のアヘン密売の拡大に協力していた。

しかし、清国側の供給再開への動きは全く無かったため、一八三九年一一月にイギリス海軍は通告通りに行動を開始した。イギリス海軍のヴォーラジ号が砲撃し、川鼻沖の戦いが開始された。

イギリス政府はこうした状況に対処するため一八四〇年二月、議会の決議を経てイギリス艦隊の派遣を決定した。

イギリス政府による艦隊派遣の決定には、ジャーデン・マセソン商会のウィリアム・ジャーデンがイギリス国内の世論形成に深く関与したといわれている。

アヘン戦争を立案したのは大手の貿易商であり、彼らは中国沿岸部にアヘンを密輸しているため、イギリス海軍より中国沿岸各地の状況を熟知していた。

このイギリス海軍による清国攻撃作戦計画の提案書には、必要とされる船舶数、大砲の数、兵員数まで具体的に記述されており、ウィリアム・ジャーデンによりイギリス政府に提出された。

欽差大臣林則徐によるアヘン没収の一年後の一八四〇年六月に、イギリスの植民地インドでセポイと呼ばれるインド人兵士を乗せたイギリス政府派遣の艦隊は、広東沖にその姿を現わした。

一八四〇年七月五日午後一時、イギリス艦隊の一斉射撃により清国の舟山守備隊は逃げ出し、ジャンク船隊も戦闘不能になった。

大敗した清国は一八四二年八月二九日、南京に近い長江に停泊したイギリス海軍のコーンウォリス号艦上で、イギリス全権大使ポティンジャーと、更迭された林則余に代わり新任の清国欽差大臣耆英により、南京条約が調印された。

この南京条約で清国はイギリスに対して、香港島の割譲と広州、福州、廈門、寧波、上海の五港開港、そして賠償金二一〇〇万ドルの支払を約束した。さらに、翌一八四三年一〇月に、イギリスは南京条約の不明確な内容を是正するため、香港で虎門寨追加条約を締結した。

この追加条約で、イギリスは開港した五港の定められた地域での居住と、領事裁判権及び片務的最恵国待遇が認められ、清国は関税自主権を放棄させられた。この虎門寨追加条約は典型的な不平等条約であった。

アメリカ合衆国第一〇代大統領ジョン・タイラーは、イギリスが南京条約を締結すると、マサチューセッツ州下院議員ケイレブ・クッシングを全権大使として清国に派遣し、南京条約と同様の条約締結交渉を開始した。

しかし、清国はアメリカ合衆国を清国から最も遠方の文化的に未発達の蛮族の国であると倣し、友好的に接触して来た全権大使クッシングに対し侮辱的な対応をしたため、交渉は進展しなかった。

タイラー大統領やダニエル・ウェブスター国務長官からアメリカ合衆国の尊厳を守り、イギリスが獲得した特権と同様の条約を目指すよう指示されていたクッシングは、次第に軍事行動をも含めた強硬な態度に転じ、一八四四年七月三日に、マカオ郊外の望厦に於いて、イギリスが獲得した南京条約及び虎門寨追加条約と同様の特権のある修好通商条約としての望厦条約の締結に成功した。

一〇月に入ると、フランスも同様に広州港外の黄埔で黄埔条約を締結した。

このようにして、イギリス、アメリカ、フランスの列強諸国による中国蚕食が開始されるのである。列強国とは、海軍と商船を持ち、自国の力によって、世界のどこへでも行く事の出来る海洋国家であるといわれ、イギリス、フランス、オランダ、スペイン、ポルトガル、そして新たにアメリカが加わった。

この頃のアメリカは、イギリスから独立したばかりの新興国家であったが、イギリスが輸入していた中国茶を直接輸入するようになり、清国と接触し、東アジアとの関係を持つようになったのである。

イギリスが取り扱うインド産アヘンは中国だけではなく、イギリス領のペナンやシンガポール、シャム、サイゴン、サラワク、さらにオランダ領インドネシア等の植民地へも輸出されていた。

オランダは、ライセンスを与えた商人を通して、イギリスが取り扱うアヘンを流通させ、それで得たライセンス収入を植民地経営の重要な財源としていた。

イギリスの「アヘンに依存する恥知らずな大英帝国の貿易」は、第一次世界大戦の終わる頃まで続けられ、アヘン専売制の開始された一七七三年から一四〇年に及ぶ長期間にわたり、イギリスは中国にアヘンを売り続けていたのである。

この頃のヨーロッパにおいて、イギリスは、香港の次に日本を標的とするだろうとの風説が広がっていた。

アヘン戦争の情報は天保一〇年（一八三九年）六月二四日付、通常の『阿蘭陀風説書』により幕府に初めて伝えられた。

その風説書には、広東におけるイギリス人のアヘン密売を禁じるため、清国政府は欽差大臣を派遣し、貯蔵アヘンを全て差し出すよう厳命した事や、北京においてアヘンを用いる者は厳罰に処す事が記述されていた。

しかしこの情報では、まだ戦争が起こっていなかった事もあり、幕府はこの阿蘭陀風説書の情報に何んの反応も示さなかった。むしろ、この騒動で、長崎での貿易に対する影響を懸念していた。

バタビアのオランダ領東インド政庁は、この情報を日本の幕府へ正確に伝達すべき重要事項であると判断し、政庁の植民局長官に対し、広東やシンガポールを含め多くの情報を収集し、簡潔明解な報告書を作成し、『別段風説書』として日本政府に提出するよう命令した。

このようにして、バダビアの政庁で作成された『別段風説書』は、天保一一年七月二九日に長崎に到着したコルネリアン・エン・ヘンリッチ号で、初めて日本に届けられた。

オランダ商館長は幕府に対し、「一八三九年より一八四〇年まで清国に於いて、イギリス人等のアヘン商法を停止したために起った著しき事を記す」と題した詳細な内容の別段風説書を提出した。

ここにおいて、幕府はようやく、かつてのフェートン号事件やモリソン号事件に鑑み、凶暴なイギリスに対する警戒心を呼び起こし、また、予定していた唐船がイギリス軍の乍浦攻撃により出港出来ず、長崎に入港しなかった事もあり、この『別段風説書』に注目し始めた。

幕府は別ルートの情報を求め、長崎の唐人屋敷に在留している清国商人に風説書としての情報や、琉球風説書の提出を命じている。

天保一二年（一八四一年）にはオランダ船ミッデンブルク号が遭難し、マカオに漂着したため、オランダ船は長崎に入港しなかった。

このため天保一三年には六月と七月に相次いで二隻のオランダ船が入港し、一八四一年分である「一八四〇年から一八四一年に至る中国におけるイギリス人のアヘン貿易禁止に関する主要な出来事の続報」と一八四二年分はその第二続報の別段風説書としてもたらされた。

このように、アヘン戦争に関しての情報は、主にオランダ『別段風説書』によりもたらされていたが、幕府はこのほかにも、『唐風説書』や琉球からの風説によって角度の異なる情報を入手していた。

これらの情報は、長崎奉行から老中へ機密情報として伝達され、その情報は幕府内でも、老中水野忠邦を中心として、極限られた範囲にしか伝えられなかった。

ところが、これらのアヘン戦争情報は幕府内部より漏れ伝わり、水戸藩主徳川斉昭、海防掛松代藩主真田幸貫の家臣佐久間象山、幕府天文方渋川六蔵、長崎町年寄で砲術家高島秋帆等は、日本への影響に危機感をもって対処している。

しかし、このような海外に関する一連の情勢に、最も早く反応したのは、高野長英や渡辺崋山等の蘭学者が集まる尚歯会のメンバーであり、それは天保一〇年の「蛮社の獄」となって弾圧されるのである。

(三) 和流砲術と西洋砲術――高島秋帆の実践的独学

ロシアだけでなく、イギリス船やアメリカ船の接近が相次ぎ、幕府は文政八年（一八二五年）「異国船無二念打払令」を発したが、天保一一年（一八四〇年）に清国の商人からの『唐風説書』によりアヘン戦争の情報が伝わるに及び、長崎町年寄高島秋帆は、西洋砲術の採用を提唱した上書を長崎奉行に提出した。

この上書は老中水野越前守忠邦に取り次がれ、天保一二年五月、現在の東京都板橋区である武蔵国豊島郡徳丸ヶ原で幕府関係者や旗本、それに多くの大名を前に、高島秋帆による西洋流砲術の演習が実施された。

寛永年間に長崎の出島が築造されたが、この築造には出島町人といわれる二五人の豪商がいた。

高島秋帆は、二〇〇年余を経た出島町人の末裔である町年寄高島四郎兵衛茂紀の三男として、寛政一〇年（一七九八年）に生まれた。代々、町年寄を務め、身分は士分以下であったが、名字帯刀を許されていた。文化五年（一八〇八年）八月、前述したフェートン号事件が発生すると、幕府は長崎防備のため、地役人に砲術の訓練を始めた。

地役人である高島四郎兵衛茂紀は、当時、和流砲術の最先端にあった荻野流増補新術の訓練を受け、師範の資格を得ていた。高島秋帆は父親からその和流砲術の伝授を受けたが、百目筒が最大で、その威力は欧米列強の軍艦にはあまりにも無力であった。これに気付いた高島秋帆は、関連するオランダ書籍を取り寄せ、独学で砲術の研究を開始するのである。高島家は代々長崎町年寄であったため、高島秋帆は長崎通詞にオランダの砲術書を翻訳してもらい、出島のオランダ人からも教えを受けたが、彼等は軍事技術の情報伝達には消極的で、その核心となる軍事知識は限定され、独学で理解するしかなかった。

高島秋帆は机上の学問ではなく、オランダ製の歩兵銃、野戦砲、臼砲、ホーウィッスル砲等の銃砲を自費で購入し、実地訓練による実技を重視し、西洋流砲術の開祖となったのである。

この徳丸ヶ原の演習を契機に、老中水野忠邦は用人秋元幸助や代官江川英龍（太郎左衛門）を、砲術教授となった高島秋帆に入門させ、大砲や火薬の製造を中心に西洋砲術を研究させている。

このようにして、高島流砲術が幕府に採用されると諸藩にも波及し、ようやく西洋流砲術が日本にも普及していく情勢になった。しかし、西洋流砲術を推進した水野忠邦が天保の改革の失敗により、天保一四年（一八四三年）失脚したため、その普及は停滞していった。

天文一二年（一五四三年）に種子島に伝来した鉄砲は、戦国大名が召し抱える砲術家や鉄砲鍛冶により広く伝波し、戦乱の時代を通し種々の改良が成され、織田信長による数千挺の実践配備により、強力な武器としての役割を確立した。

伝来以来半世紀以上にわたる創意工夫により鉄砲の製造方法や、火薬の調合方法は著しく向上し、前述のように、豊臣秀吉による朝鮮の役の際、朝鮮や明に流布していったが、徳川幕府が成立するとオランダは日本の高性能な鉄砲をアジア各地に輸出している。しかし、徳川幕府の強力な幕藩体制の確立と鎖国政策により、戦乱のない平安な時代になると、鉄砲や大砲は実践から遠ざかり、火薬調合や鉄砲の打ち方の秘伝を伝授する武芸となり、関流と荻野流に代表される和流砲術として伝承されていった。

しかし、幕府による海防体制が強化されると、和流砲術の入門者は増加し、稽古場も増設されたが、大砲や鉄砲は旧式で、戦乱により改良が重ねられた西洋の鉄砲や大砲には、遠く及ばない性能であった。鉄砲や大砲の製造はその性能の改良もなされたが、それ以上に，象嵌を施すなど、国友幸太や大工原土佐介宗武等の鉄砲鍛冶により芸術品の域に達する作品となり、実戦使用への改良より、その姿の美しさを競うようになって行ったのである。

鎖国体制により戦乱のない平和を謳歌している日本において、鉄砲や大砲の技術革新が停滞していく中、西洋においては、一七九九年に始まったナポレオン戦争以降の多くの戦乱を経て、一八五四年からのクリミア戦争や、一八六一年から五年間続いたアメリカの南北戦争においても旺盛な武器の需要が続き、それと同時に、必要に迫られた武器の性能や生産技術の向上は凄まじい勢いで進展していったのである。

特にイギリスは一八世紀に最盛期を迎えた奴隷貿易により、アフリカへの銃輸出が増大した。アフリカ土着の部族支配者が他の部族を襲い、他部族民を奴隷として捕獲するために銃が使用された。

一七世紀にイギリスはカリブ海の「砂糖諸島」と言われる西インド諸島を獲得すると、砂糖黍(きび)の栽培を拡大し、その過酷な労働に耐えうる労働者を大量に必要とするようになった。

このためイギリスは西アフリカのギアナ湾に面する黄金海岸や、奴隷海岸と言われたベニン沿岸を中心に捕獲された奴隷を、イギリス領西インド地域での砂糖黍プランテーションの労働力として輸出し、同地域で生産された砂糖はイギリスに輸出され、イギリスは奴隷を入手するためイギリス産の綿織物、鉄製品、ウイスキー、ビーズ等と大量のマスケット銃が西アフリカに輸出された。

これらの銃を入手出来た部族は、大規模な奴隷狩が出来るようになり、捕獲したより多くの奴隷と交換に、さらに多くの銃を入手出来たのである。奴隷は労働力だけでなく、武器獲得の手段としても使用されたのである。

西インド諸島の砂糖黍プランテーションでの奴隷の死亡率は、その過酷な労働により異常に高く、常に補充する必要があった。砂糖の生産が拡大するとアフリカからの奴隷輸出が増大し、それに伴ないイギリスからアフリカへの銃の輸出が増大していった。これらの銃は当初オランダが中心となって供給していたが、一八世紀中葉を過ぎると、主としてイギリスのバーミンガムやベルギーのリエージュで製造されていた。

このようにして、アフリカ人同士による輸出するための奴隷狩りにより、部族間戦争や大量の人口の喪失により、アフリカ人社会は破壊され、その経済的、社会的、さらに文化的発展が大きく阻害され、現代に至るアフリカ人社会にまでその影響はつづいているのである。

イギリスの産業革命は、こうした三角貿易で得た莫大な利益により準備されていったのである。

それまでの銃砲生産の中心は、ナポレオン戦争下で銃砲を改良していったヨーロッパであったが、アメリカ合衆国が一七七六年に一三州で独立し、合衆国憲法修正第二条が制定されると、「市民の武器保持の自由」が公認され、銃の需要が増大したため、手作業ではなく機械による標準化された均質な銃の大量生産が開始された。

このように銃の需要と供給が拡大していく中で、一八一二年に始まった米英戦争、一八四六年のメキシコ戦争、そして一八六一年の南北戦争を経たアメリカの兵器産業は急速に技術革新が展開され、銃産業も急成長を遂げた。

アメリカではホイットニー銃、モーリー銃、スプリングフィールド銃、スペンサー銃、さらにコルト回転挙銃が専用工作機械により、互換性のある標準化された部品を組み立てるアメリカ式製造システムの採用により、大量に均質な銃器を生産できるようになった。このため、アメリカの銃器産業は南北戦争後には自給体制が整えられ、さらに大規模な輸出産業へと進展していくのである。

この頃になると、ヨーロッパ各国の軍隊は滑腔銃から施条銃に、前装式から後装式に、さらに単発銃から連発銃へ技術開発が急速に推進され、アメリカでは南北戦争が終結すると、旧式となった大量の廃銃の放出が「死の商人」により開始された。

(四)軍備が無いから狙われる――佐久間象山 海防論

幕府の海外情報分析を担当する天文方の渋川六蔵は、天保一三年（一八四二年）八月に幕府改革意見書を提出し、

「イギリスは清国との戦争が片付き次第、日本に交易を申し入れて来るであろう。もし、幕府がそれを許

可しないなら、兵艦を派遣するだろう。故に、それに対抗すべく、海防を強化しなくてはならない」と提言し、フェートン号事件やモリソン号事件により狂暴なイギリスに対する警戒が高まる中で、海防に対する強い危機感を認識している。

こうした状況の下、アヘン戦争が終了し、南京条約が締結された一八四二年になると、老中水野忠邦は、文政八年（一八二五年）の「異国船無二念打払令」を緩和し、文化三年（一八〇六年）に発令した「薪水給与令」を復活し、「天保の緩和令」として政策転換するのである。

幕府は、狂暴と認識しているイギリスを中心とした異国船の来航に対し、強硬な文政令により打ち払いを敢行し、戦争になった場合、幕府の海防軍備では到底太刀打ち出来ず、アヘン戦争における清国と同様の状況に陥る事に気付いたのである。

出島のオランダ商館長は、バタヴァのオランダ東インド総督に対し、徳川幕府は、清国でのアヘン戦争が、日本にも近づいて来るのではないかとの恐れを抱いていると報告している。その理由としては、毎年幕府は大砲を注文しており、天保一三年には、文政八年に発令した「異国船無二念打払令」を撤回し、文化三年の「薪水給与令」を復活させ、これを、諸外国に公表するようにとの要請を受けた事を指摘している。

商館長は、日本が異国船を無二念打に払いを続けていれば、イギリスを始め外国との衝突が発生する可能性があり、もし衝突すれば、ヨーロッパ諸国の軍事力には太刀打ちできないという幕府の恐怖心を察知していたのである。

天保一三年、水戸藩の徳川斉昭の推挙により、松代藩主真田幸貫が老中の海防掛に就任した。真田幸貫は儒学者として既に大成していた家臣の佐久間象山を海防掛顧問に登用し、海外事情の調査を命じた。このため佐久間象山は、高島秋帆の教えを受けた西洋式砲術家・江川英龍に入門し、主にナポレオン戦争により大きく発達したフランスの砲術の知識を得た。

佐久間象山は、同時に、自力で洋書を読破し、砲術を初めとして西欧の軍事事情の研究を開始した。その研究に基づき上書「海防策」を完成し、藩主・真田幸貫に提出した。

既に佐久間象山は、イギリスと清国が戦闘して、清国が非常に劣勢である事は承知しており、清国の次は日本であるとの危機意識に基づき、

イギリスが日本を狙っている事は、西欧諸国では周知の事であり、おそらく、イギリスは清国との戦争が片づき次第に日本へやって来て、まず貿易を要求し、それが許されなければ、武力を行使するであろう。

イギリスにしてみれば、既に清国まで軍隊を派遣しているので、日本と戦争を始めてもたいして費用はかからない。しかも日本近海に軍艦を配置する事により、日本の海運を妨害し、その間に大きな利益のある捕鯨をやり、日本近海の諸島と貿易を行えば、本国からの資金を必要としないですむであろう。このような見通しにより、イギリスは必ず日本に戦争を仕掛け、それと同時に莫大な貿易を要求してくるであろう。たとえ清国と同じ条件であろうとも、現在当方には特定の物資が不足している事もないので、オランダとの貿易で銅が大量に流出したように、有用な品が流出してしまうおそれがある。それ故に、イギリスとの貿易は絶対に許してはならないが、そうすると必ず戦争になるであろう。しかし、今の状態では、イギリスと戦っても勝目はないので、この際、総力を挙げて武備を固め、万全の措置を取るべきである。

と主張し、その具体的方策として「海防八策」を提言している。

海防八策

一　全国の海岸要地に砲台を築いて、外敵の侵略に応戦できるようにして置くこと。

二　オランダとの貿易で銅を輸出する事をいったん中止し、その銅を使って西洋流の大砲を数百数千と鋳造し、諸藩に分配する。

三　西洋流の強大な船を造り、江戸へ食糧を運びこむ船に難破などの事故がおこらぬようにすること。

四　海運担当の役人の人選に気をつけ、外国との駆け引きはもちろん、およそ海運に関するどのような問題についても不正がないように、厳正の処置を取ること。

五　西洋流の軍艦を造り、海戦戦術を十分に調練すること。

六　片田舎のすみに至るまで学校を建て、教育を盛んにし、一般民衆の誰でもが忠孝の道を守り、節操を正しく保つようにすること。

七　賞罰のけじめを明らかにし、幕府の恩威がともに行われ、民心が常に団結しているようにすること。

八　能力によって人材を登用できるような制度を確立すること。

佐久間象山はこの海防八策の内、特にその二の西洋流の大砲を数多く造ることと、その五の軍艦を造って海戦戦術の訓練をまず始める事が大切であると主張している。しかし、幕府は西洋流の大型船舶の建造を禁止しているので、これを改める必要があり、材料や職人を集める事に時間とよけいな費用がかかるので、まず、オランダより軍艦を二〇隻ほど買い上げるのが良いと提案している。さらに海戦戦術の調練には、オランダより戦術家を教官として雇い、鉄砲や大砲の製造は全国から人材を集め、大量に製造させる事を献策している。

佐久間象山は、イギリスが日本を狙って来るのは、幕府に海防政策がなく、海軍が存在しないためであると認識していた。日本が軍艦を購入し、さらに軍艦や火器類の製造を国産して海軍を編成し、西洋流の戦術を訓練している事をイギリスが知れば、日本には容易に近づかないであろうと考えたのである。

さらに日本に海軍力や火器類の力がイギリスに劣らぬようになれば、近寄る船を全部打ち払う幕府の政策が可能となるとしている。

このような情勢分析に接し、老中の阿部正弘は強く国防の危機を認識し、渡辺崋山が提唱した「外防郵船」の蛮社思想がようやく幕府内部に浸透し、江戸湾防衛体制の改革が進み出すのである。

（五）老中首座 阿部正弘二七歳――水戸藩 徳川斉昭

弘化二年（一八四五年）二月二二日、水野忠邦が二度目の老中辞職となった事に伴い、勝手掛老中だった阿部正弘は、現在の首相に当る老中首座を命じられた。

阿部正弘二七歳の時であった。

幕府の老中には財政や民政を担当する勝手掛老中と、訴訟や裁判を担当する公事掛老中がある。

阿部正弘は文政二年（一八一九年）一〇月一六日、福山藩主阿部正精の六男として江戸藩邸でうまれた。

天保七年（一八三六年）一八歳で、福山藩一〇万石の藩主となり、二五歳で寺社奉行から、慣例の京都所司代、大坂城代を経ずして、一躍勝手掛老中に抜擢された。

天保一一年、二二歳で寺社奉行を命じられた阿部正弘は、翌年一〇月に、江戸城大奥女中と日蓮宗感応寺僧侶との不純交流事件を見事に裁いた。

天保八年、一一代将軍徳川家斉の命により、現在の豊島区雑司が谷から目白四丁目あたりの一帯の鼠山に二万八六〇〇坪に及ぶ大寺院日蓮宗感応寺が落成した。

その四年後に同寺院において男女の不純交流事件の噂が流れた。老中水野忠邦の命により、寺社奉行阿部正弘は調査を開始した。吟味の結果、日蓮宗中山法華寺智泉院住職日啓を大奥女中と一切関係ない単なる女犯の罪で処罰し、四年前に建立したばかりの感応寺の大伽藍を跡形もなく破壊した。その際、大奥に関しては一切不問として処分はしなかった。

この裁きにより、阿部正弘は大奥にその存在感を示し、その後、老中首座としての政治活動に、大奥からの強い支援があったといわれている。老中水野忠邦を罷免した一二代将軍徳川家慶に大きく期待された阿部正弘は、弱冠二七歳で老中首座に就任したのである。

その後においても、日本沿岸では異国船がしばしば目撃され、日本と接触している。

文政期に日本近海に姿を現わした異国船は主に商船や捕鯨船であったが、天保から弘化の時期になると、通商や補給のための開港を求める外国使節の軍艦がしばしば来航するようになった。

天保一三年（一八四二年）にアヘン戦争終結の南京条約が結ばれると、二年後にはアメリカとフランスが南京条約と同等の条約を締結し、清国の周辺諸国へも通商を求め、接触するようになった。さらに、アメリカによる太平洋の捕鯨が最盛期を迎え、日本近海では多くの捕鯨船が操業していた。そのため、難破した日本人漂流民がアメリカ捕鯨船に救助されたり、アメリカの捕鯨船が補給や難破のため、日本に沿岸に接近する事例が多くなっていった。

こうした中、弘化元年（一八四四年）七月二日、オランダ国王ウィレム二世の特使コープスが軍艦パレンバン号で来航し、オランダの国書がもたらされた。

オランダ国王ウィレム二世は、アヘン戦争で清国がイギリスに敗れた事を告げ、蒸気船が発明されるようになり、異国船を打ち払えば戦争になると警告し、外国人への対処を緩和し、オランダ以外の国とも通商を許可するよう提案した。

これに対し幕府は、オランダ国王の提案に謝意を表したが、日本の祖法として通信は朝鮮と琉球、通商はオランダと清国に限定しているので、その他の国とは新たに「交通」は出来ないとし、さらにオランダは通商国であり、通信国でないので、徳川将軍からの返書は出せないと返答している。

弘化二年には、アメリカの捕鯨船マンハッタン号が鳥島で収容した漂流民一一人と、難破船から救出した一一人の日本人を送還のため江戸湾内館山沖に投錨した。

マンハッタン号事件である。

マーケーター・クーパー船長のマンハッタン号は、アメリカ東部沿岸のサグ・ハーバー港を二年前に出港し、喜望峰を通過してインド洋に入り、千島列島の捕鯨場へ向う途中、小笠原諸島で食料と水を補給したが、二月八日、海亀を取ろうと鳥島に近寄った際、幸宝丸の一一人の日本人漂流民を発見し、救助した。

幸宝丸は、現在の徳島県鳴門市である阿波国撫養の商人天野屋兵右衛門の持船で、塩、米、藍玉を江戸に運ぶ途中、弘化元年一二月二六日に、紀伊国田辺沖で遭難し、翌一月一三日に鳥島へ漂着したのであった。

幸宝丸の一一人を救助したマンハッタン号は、北太平洋を目指し北上したが、その途中で、今度は難破して漂流している千寿丸の一一人を発見し、収容した。

千寿丸は、上総国銚子の幸太郎の所有する船で、一月一一日に塩鱈を積んで岩手の都を出港したが、嵐で遭難し、漂流したのである。

このため、マンハッタン号のクーパー船長は、救助したこれら二二人の漂流民を、日本に送還する事を決断し、捕鯨のための北上を中断して、江戸へ向うのであった。

マンハッタン号が江戸へ向うのを知った日本人漂流民は、江戸へ直行する事に危険を感じ、事前に浦賀奉行所へ告知するよう申し出た。この提案を受けたクーパー船長は、二月一七日、現在の勝浦市である上総の夷隅郡守谷村で、幸宝丸の由蔵と千寿丸の太郎兵衛を上陸させ、さらに現在の千倉町である南朝夷村に幸宝丸の幸助と千寿丸の留吉を上陸させた。

太郎兵衛は、守谷村の領主清水斉彊により江戸に送られ、浦賀奉行土岐頼旨に届けられた。幸助、留吉、由蔵の三人は村役人に付き添われて船で浦賀奉行所に送られた。

彼らの取り調べにより、この異国船は国籍が分らないが、捕鯨船であり、水と食料が不足しているが、彼ら二二人の漂流民を救助し、日本へ送還するために江戸に向かう事が判明した。

浦賀奉行大久保忠豊は、川越藩の浦賀近くにある大津陣屋と忍藩の富津陣屋に警備を強化するように指示している。

江戸に在任していた浦賀奉行土岐頼旨は千寿丸の太郎兵衛の訊問や、現地の浦賀奉行大久保忠豊から由蔵の取調べの報告を得て、弘化二年二月一九日に幕府へ上申書を提出した。

浦賀奉行土岐頼旨はその上申書の中で、

一　外国へ渡った漂流人は長崎へ回航するようオランダを通じて諸外国に通知してある。

二　しかし、今回は海上で救助された遭難者であり、外国で生活した者ではない。
三　この度の異国船は捕鯨船であるが、他国の民を助け、自分達の仕事を中断して送り届けに来たのである。
四　これを浦賀で受け取らず、長崎へ回航させるのは、さらなる負担をかける事により、自国民を捨てる仁徳のない国と見られる。
五　異国に対し「御仁慈の御処置」を示したほうが、国力の強い事を示す事が出来る。
六　それ故に、今回は浦賀で漂流人を受け取るほうが良い。
と上申している。

浦賀奉行土岐頼旨は、長期間の航海を続け、さらに北太平洋の漁場に、急ぎ向っている最中に、捕鯨操業をも中断して、一ヶ月以上も空費し、その進路を変更してまでも、日本人漂流民を送り届けてくれたクーパー船長の行動に感動し、感謝したのであった。

阿部正弘も、将軍徳川家慶も、土岐頼旨の上申書にある「自国民を捨てる仁徳のない国」になるには、耐えることが出来なかったのである。

四人を上陸させたマンハッタン号は、その姿を現わした三日後に、風雨が強くなったため、沿岸を離れ、水戸の沖合いから八丈島近辺まで南下し、途中、潮流の速い「黒瀬川」といわれる黒潮に悩まされたが、現在の館山市である安房国洲之崎に、再びその姿を現わしたのは、二二日後の四月一六日であった。

この間、幕府は余裕を持ってその対策の協議を進める事が出来た。

この上申書が幕府に提出された三日後の二月二二日に、阿部正弘は二七歳で、将軍徳川家慶より老中首座を命じられるのであった。阿部正弘は、上申書を幕府評定所に諮問し、さらに勝手掛勘定奉行及び吟味役、大目付、目付にまで諮問した。

彼らは定法通り、長崎に向わせ、オランダ人に引き渡すようにとの意見を答申した。但し、薪水、食料は浦賀で与える事に同意している。

このような答申を受けた老中首座阿部正弘は、就任早々であったが、マンハッタン号は日本人漂流民を救助し、その送還の目的で来航したのであり、何んら政治的な意図が無い事を理由とし、特例である「権道」として、浦賀奉行土岐頼旨の上申を採用し、浦賀で二二人の漂流民を受け取る事を決定した。

日本に接近する外国からの圧力が、増加してきている状況の中で、阿部正弘は弱冠二七歳の老中首座として、若々しい柔軟性を持って、幕府の祖法である鎖国政策を維持していくために、特例として対処する事を選択したのである。

八年前のマモリソン号事件では「無二念打払令」が発令されていたため、無二念で打ち払ったが、マンハッタン号来航時は天保一三年（一八四二年）に天保の緩和令が発令され、文化三年令である薪水給与令が復活していた。

しかし、外交交渉は引き続き長崎で行われていたのである。

二二人の漂流民が下船し、四月二一日にマンハッタン号は浦賀を出港した。

幕府は、マンハッタン号に十分な薪水と食料を補給し、感謝の印として、染付皿や漆器の椀、錦糸の陣羽織等、日本特産の数々の品を送ったが、帆柱用の立派な杉の丸太四本が船内に持ち込まれた時には、乗組員から歓声が起ったと言われている。

出港の際、風向きが悪かったので、村々から動員された漁船により、マンハッタン号は江戸湾の出入口である洲之崎まで曳航され、北太平洋を目指し、帆を揚げたのである。

このマンハッタン号の出来事は、翌年、「ホノルル・フレンド」紙の記事となり、さらに広東のキリスト教関係の月刊誌「チャイニーズ・レポジトリー」に転載され、アメリカ本土にもその記事は伝わった。これにより浦賀はアメリカにも広く知られるようになった。

やがて、この出来事は八年後のペリー来航に繋がっていくのである。

アメリカ人として最初に中国に入ったのは、一七八四年にエンプレス・オブ・チャイナ号で広東に入港した、ボストンの商人S・ショーであるといわれている。その後、一八四四年にイギリスと清国が締結した南京条約に基づき、アメリカと清国は望厦条約を締結した。その条約批准に第一〇代タイラー大統領は、東インド艦隊司令長官にジェームス・ビットル提督を任命し、広東へ向わせた。

この時、ヴィットルには、日本に立ち寄り、日本が開国し通商しているかを確かめ、もし日本との条約締結の可能性があれば、その交渉をする権限を与えられていた。

ビットルは広東での望厦条約批准の手続を終えると、弘化三年（一八四六年）アメリカ東インド艦隊のコロンバス号とビンセンス号の二隻の軍艦を率いて、アメリカ合衆国からの、最初の公式使節として浦賀に来航した。

野比村沖に碇泊したコロンバス号に浦賀奉行大久保忠豊が差し向けた一六歳の与力佐々倉桐太郎が、同心と通詞堀達之助を伴い一番乗りをし、尋問すると、アメリカ合衆国の使節で、もし日本が貿易をしているのなら条約を結びたいと願っており、乗組員は二隻におよそ八〇〇人ほどが居り、大砲や武器類を大量に備えているが、敵意はない事が判明した。

アメリカは日本との通商を求めて来たのであるが、既に、幕府は天保の緩和令が施行されていたため、浦賀奉行に対し発砲せず、薪水と食糧を提供し、基本方針通り通商拒否を文書で通告するよう指示した。

浦賀奉行与力中島清司は、コロンバス艦上で、我国は新たに外国の通信、通商を許す事は国禁としているので、早く帰帆するようにとした幕府の回答を、文書によりビットル提督に通告した。

この通告を受けたビットル提督は、日本政府の意向を確かめられたとして、この回答を了解し急遽浦賀を出港した。

ビットル提督はアメリカ合衆国がメキシコとの戦争を開始する情報を得ており、急ぎ帰国する必要があったためである。

これにより、アメリカ合衆国として、最初の正式な通商交渉は失敗に終わった。

ペリー来航の七年前の事である。

コロンバス号は排水量二四四〇トン、全長五八・五メートルで、大砲九二門を有する巨艦であり、ペリー提督の旗艦サスケハナ号とほぼ同じ排水量である。ヴィンセンス号はそれより小型で、全長三八・六メートル、大砲一八門を設えていた。

この二艦の警備のため、江戸湾警備担当の川越藩と忍藩はもとより、近隣の大名が動員された。

海上に於いては、浦賀に入港していた千石船以上の一七隻を御用船として徴発し、各船に大筒二門を設置し、二隻の巨艦を、六〇〇隻余りの小船と共に、取り囲んだ。

この当時、沿岸の台場に設置されていた大砲は、一貫目玉以上が四〇門、三〇〇から八〇〇文目玉二八門、その他五門であり、江戸湾全体は七三門であった。一貫目玉とは、一貫目の重さの弾丸を発射できる大砲であり、その口径は九^{チセン}である。

このように江戸湾の防備はコロンバス号一隻の火力に、遠く及ばない状態であった。コロンバス号を見分した幕府役人は、巨大で水上より見上げれば絶壁のようであり、幕府の小船小筒では、九中の一毛、百戦百破、とても勝目が無く、只々死を潔く奉公するのみと書き残している。

江戸湾口の防備は、三浦半島の観音崎と房総半島の富津を結ぶ線に設定され、これを許可無く越えると打ち払うと定められていた。このため観音崎側には鶴崎と平根に、また富津側には竹岡に台場が築かれていた。しかし、浦賀奉行所は、江戸湾口を通過する異国船に、大砲を命中させる事は至難の技であり、撃っても、堅固な船には何んの効果も無い事を、九年前のモリソン号で経験済みであった。しかも、モリソン号は武装解除していたため戦闘にならず、事無きを得たのである。

与力中島清司は、モリソン号の時のように、「異国船無二念打払令」で砲撃すれば二隻の軍艦の強力な大砲で反撃され、台場は瞬時に潰滅されるとし、勝ち目のない「無名の軍」はすべきでないと上申し、さらに、異国船を防ぐには堅固な軍船数隻を用意し、一〇町ほどの距離に近づき、打ち払うしかないと提言している。

この与力中島清司の息子中島三郎助は、アメリカからの公式使節ビットル来航の七年後、ペリー艦隊の旗艦サスケハナ号に、通訳の堀達之助とともに一番乗りし、ペリーと渡り合うのである。

嘉永二年（一八四九年）の四月に入ると、城ヶ島沖を異国船が通過したため、浦賀奉行所は見届船を派遣し、江戸湾警備態勢に入った。この異国船はイギリス軍艦マリナー号で清国、琉球そして日本の視察のため来航した事が、見届船により判明した。

このマリナー号にはリン・アトウという通訳が乗船していた。

非常に流暢な日本語を話すリン・アトウに対し、浦賀奉行の与力田中信吾が、マリナー号を長崎へ向うよう命じると、リン・アトウは、牛や鶏などの食料補給を要求した。その際、彼は一二年前に浦賀に来航した船はどこに碇泊したのか、そして何故に、打払われたのかと質問した。

与力田中信吾は、天保八年に来航したモリソン号の事と判断し、当時異国船は必ず打ち払う制度があったためだと説明した。すると、リン・アトウは、必死の形相で上陸を求めたが、許可されない事が分ると、マリナー号の周囲で小船を乗り回す事を希望し、許された。

このリン・アトウは、モリソン号で帰還を果たせなかった、宝順丸の音吉であった。モリソン号で帰還出来なかった音吉は、一歩でもいいから、故国の土を踏みしめたかったのであろう。しかし、音吉は幕府による一連の鎖国令により、異国の地で生活した者は、処罰され、日本に入国出来ない事を承知していた。それを恐れた音吉は日本人である事を、申し出る事は出来なかったのである。

その後、音吉は安政元年（一八五四年）にイギリス艦隊司令長官スターリングの通訳官ジョン・マシュー・オトソンと名乗って来日し、日英和親条約締結に活躍した。文久二年（一八六二年）にはシンガポールに移住し、幕府の遣欧使節にも面会しているが、慶応三年（一八六七年）に死去したといわれている。

音吉とともにモリソン号で帰国出来なかった肥後川尻の漂流民庄蔵と寿三郎が親族に書いた手紙が、天保一三年（一八四二年）七月にオランダ船より長崎奉行に届けられ、江戸に送られている。

二人はモリソン号で打ち払われた事に対し、自分自身の罪であるとして、悲しいけれど日本に帰る事を諦め、中国沿岸で日本人漂流民の世話をする事にしたとの決意を書き記している。

退去を通告されたマリナー号は、浦賀近くの千代崎沖を出帆し、伊豆国下田に現われ、許可の無いまま小船で湾内を測量し、柿崎に上陸する有様であった。

急報を受けた浦賀奉行は、小田原藩と沼津藩に出陣を要請した。下田は幕府の直轄地で、伊豆韮山代官江川英龍の支配地だったが、海防の備えはなかった。掛川藩、沼津藩、小田原藩の軍勢が揃うと、浦賀奉行与力香山又蔵と代官江川英龍が退去を求め、四月一七日になり、ようやくマリナー号は出帆した。

マリナー号事件である。

マリナー号事件を教訓として、嘉永二年から幕府は海防策の協議を開始した。

この近年、異国船の来航が増え、その警備のため、諸藩は財政的にも負担が多くなり、領民も難渋している。下田では、マリナー号が許可無く測量し、しかも上陸した。このような行動を勝手にされては、国威にも係わる事である。それには、文政の打ち払い令を復活すべきであるが、沿岸の守備態勢も備わっていないので、防御も攻撃も出来ない。

老中首座阿部正弘はこの状況を打開するため、嘉永二年、海防策について、儒学者や各奉行だけでなく、各方面へ諮問し、どうしたら末永く安心出来るか、その方策を考え、忌憚の無い提言をして欲しいと要請した。

このため、儒学者や幕臣だけでなく、諸大名や町方の学者に至るまで、多くの意見が提出された。

この中で、異国船が来航するたびに、防備の出陣をする事は、担当の諸藩の負担が大きく、疲弊するので、諸藩の武士を浦賀、下田、房総に土着させる事を奥右筆組頭竹村長十郎と目付井戸鉄太郎が提言している。

儒学者の佐藤一斎、御用掛高井政憲や、実際にマリナー号事件に対応した伊豆韮山代官江川英龍は、異国船来航にすばやく対応できるよう、優秀な農民を組織し、砲術や武術を訓練し、農兵として採用するよう提言している。

老中首座阿部正弘は、これらの提言を受け、海防強化策として該当各藩による台場の整備を促し、農兵の採用を伝達した。

しかし、台場の整備は多少なされたものの、農兵を採用した藩は無かった。

この頃、幕藩体制下において、幕府には、全国の藩を強力に支配する事が出来なくなりつつあったのである。

このような状況において、幕府はペリー来航に直面するのである。

六　アメリカの拡張主義——MANIFEST DESTINY

(一) バージニア州ジェームズタウン——東部一三州の独立

西部のフロンティアを征服したアメリカ合衆国は、太平洋を越えてアジアに向かおうとしていた。

アメリカ合衆国のアジアでの市場の中心は中国であり、それは茶貿易からの継続であった。

アメリカは、一七七六年の独立から間もない一七八四年頃から、広東を拠点として茶の輸入と綿織物の輸出を中心とした貿易が年々盛んになっていた。

こうした中、アヘン戦争後の一八四四年、望厦条約といわれる米清修好通商条約が締結されると、アメリカはアジアにおける貿易拡大に着目し、一八四五年に下院特別統計委員長プラットは、日本と朝鮮との国交樹立を目的とした使節の派遣を提案している。

特に、日本は人口が多く発展しているとして、その市場性を評価していた。

嘉永二年（一八四九年）四月に、アメリカ東インド艦隊のプレブル号が長崎に来航した。ニューベットフォードの捕鯨船ラゴタ号の船内で叛乱を起こし、函館近くに上陸し、捕縛され長崎に護送された一四人のアメリカ人船員の引取りであった。

この頃、太平洋やオホーツク海におけるアメリカの捕鯨は、母船方式の捕鯨船団を組み、その最盛期を迎えていた。

しかし、捕鯨船の乗組員は一航海で三年間から四年間を、洋上での苛酷な労働に耐えなければならず、その待遇も厳しい状態であった。このため、約半数の乗組員が航海の途中で逃げ出したといわれている。

嘉永元年六月七日に北海道南西部、現在の松前町と江差町の間にある上ノ国町小砂子の浜に三隻の小船で一五人の異国人が上陸した。乱暴で下賤な彼らは、収監されたが何回も脱走をし、役人を手こずらせ、仲間同士の争いで一人が殺され、一人が病死した。

さらに、その一ヶ月後の七月二日に、利尻島野塚に一人の異国人が上陸した。礼儀正しく、教養のある青年であると報告されている。

老中阿部正弘は松前藩の報告を受け、彼らを定法通り、長崎へ移送し取り調べるよう指示した。

九月六日、移送された長崎奉行所での取調で、六月に上陸した一五人は、ニューベットフォードを出港した捕鯨船ラゴタ号のアメリカ人乗組員で、職場放棄をし脱走した事が判明した。

七月に上陸した一人はラナルド・マクドナルドといい、一八二四年にアメリカ人の父とインディアンの母から生まれ、高等教育を受け銀行員になった。母親はマクドナルドを産んですぐ死亡したが、アメリカインディアン・シヌーク族酋長の娘であったため、東洋人の血が流れていると信じたマクドナルドは、日本に行き英語の通訳になりたいと考えた。このためマクドナルドはサグハーバーの捕鯨船プリモス号の乗組員として出港し、北海道羽幌沖の天売島付近でボートに乗り移り、利尻島に上陸したのである。

アメリカ捕鯨船員収容の情報は、北海道から長崎へ送られてきた一五人の乗組員の取調べに立ち会った、長崎出島のオランダ商館レフィソーンから、オランダ領インドネシア総督に伝えられ、さらに広東駐在のオランダ領事ブラウンより、アメリカ弁務官デービスに伝えられた。

デービスよりこの情報を受けたアメリカ東インド艦隊司令長官ゲイシンガーは、即座にグリン艦長のプレブル号を、日本に派遣したのである。

オランダ商館長レフィソーンの情報発信から、プレブル号の来航まで、約八ヶ月を要しているが、当時として大変な速さであった。

アメリカ政府は、在外アメリカ人の外交的保護に関して軍艦を派遣するが、緊急と判断される事案に関しては、現地の海軍司令官に出動権限を与えていた。

ラナルド・マクドナルドは、長崎で抑留中に、日本人役人に英語を教え、ついには日本に亡命を希望したといわれている。

ペリー来航で、通訳として活躍したオランダ語通詞森山栄之助は、マクドナルドから約半年に渡り英会話を習ったが、ペリーとの交渉では、幕府の方針で英語を使用せずオランダ語と中国語を使用している。

プレブル号は役人の制止を無視し、武力行使も辞さない態勢で、強引に長崎港の奥深く侵入した。

彼らの引渡しに関して長崎奉行とグリン艦長は、激しい交渉をしたが、わずか九日間で交渉が合意し、プレブル号は一四人を収容し、長崎を出港した。

この年に発刊されたマカオの英字月刊誌「チャイニーズ・レポジトリー」は、グリン艦長の断固たる交渉でラゴタ号漂流民一三人とラナルド・マクドナルドが救出されたが、彼らは日本人の役人に一二ヶ月にわたり、乱暴で野蛮な扱いを受けたとの記事を報道した。

このため、アメリカ人が虐待され、屈辱を与えられているのに、合衆国政府は何の対処もしないのかという非難の声が上がり、自国民の生命財産を守るため、合衆国東インド艦隊を日本に派遣し、断固とした対応を取れたとの世論が盛り上がり、議員へのロビー活動が活発化していった。

この二年後にカリフォルニアに戻ったグリン艦長は、一八五一年（嘉永四年）六月、フィルモア大統領に報告書を提出した。

この報告書でグリンは、茶貿易のためのアメリカから清国への蒸気船の航路は、広東より上海のほうが有利であるとし、それに必要な石炭は日本や台湾に豊富にあるので、蒸気船による貿易航路の開設をすべきであると主張している。

さらに、脱走捕鯨船員が不法に虐待されたという誤報により、アメリカにおいて日本批判が強まる中で、グリンは、日本は石炭入手と貯炭所として、有利な位置にあるが、鎖国をしているので、開国に合意させる事が望ましいと提言している。

グリンの報告書を添付した大統領文書は、一八五二年四月一日付でフィルモア大統領により上院に提出された。

ここにおいて、アメリカ合衆国は、日本開国への政策に着手するのである。

五月に入ると、国務長官ダニエル・ウェブスターは、アメリカ東インド艦隊司令長官に内定していたジョン・オーリックより、サンフランシスコに保護されている日本人漂流民を返還する事により、日本との開国交渉をしたいという提案を受けた。

一八五〇年に第一二代テイラー大統領の死去により、第一三代大統領になったフィルモアは、議会で少数派ホイッグ党に所属していたため、慎重な議会対策によりオーリック司令長官によるアメリカ東インド艦隊の日本派遣を決定した。

アメリカ大陸は、一四九二年一〇月一二日にクリストファー・コロンブスがヨーロッパ人として初めて到達したが、それはカリブ海のバハマ諸島の一つの島であった。

その後、一五三二年にはスペイン人の征服者エルナン・コルテスとフランシスコ・ピサロが、メキシコのアステカ文明と南アメリカのインカ文明を壊滅させた。

イギリス人が北アメリカに入植したのは一六〇七年で、バージニアとマサチューセッツが最初であった。

イギリス人入植者は、バージニアにジェームズタウンを建設した。

その地域は、アメリカ原住民であるインディアン部族、ポーハタン族の領域であった。

ポーハタン族は、自分達の土地に入植するイギリス人を攻撃せず、一六〇九年から二年間続いた「飢餓期」と呼ばれる深刻な食糧不足に見舞われた時には、イギリス人入植者に食料を分け与えたり、彼らを部落に受け入れたが、入植者五〇〇人の内、生き残ったのは六〇人だけであった。

このようなインディアンの好意にも係わらず、ジェームズダウンのイギリス人入植者達はインディアン居住地の一つの部落に危害を加え、その部族の女を奪い、子供達を殺した。

一六二二年になると、増加し続けるイギリス人入植者を排除しようと、インディアンは三四七人のイギリス人を虐殺した。

インディアンとイギリス人の全面戦争が開始されたのだ。

この時、イギリス人は、インディアンを皆殺しにし、絶滅させる事を決心したといわれている。

一六二〇年、イギリスの清教徒達がメイフラワー号で移住し、ニューイングランドに入植した。

コネチカット南部とロードアイランドはピワォート族の居住地域であり、一六三七年には激しい戦いが始まり、多くのインディアンが殺された。

インディアンは戦いで殺されただけでなく、イギリス人が持ち込んだ疫病に侵され、きわめて多くのインディアンが死亡している。

バージニアを植民地としたイギリス人は、飢餓期をインディアンの助力を得て生き抜くと、入植者が増加し、トウモロコシを中心とした食料生産の労働者が不足して来た。

さらに、インディアンからタバコの栽培を教えられ、一六一七年には、イギリスへ輸出するまでになり、さらなる労働者を必要とするようになった。

生活力のある強靭なインディアンを使役できずにいたバージニアのイギリス人は、その対策に黒人を奴隷労働力として連れて来る事にしたのである。

既に、スペインやポルトガルが植民地化した南アメリカやカリブ海諸島には、多くの黒人が奴隷としてアフリカから運ばれて来ていた。

一六一九年に、ジェームズタウンで二〇人の黒人奴隷が始めてイギリス人入植者へ売り渡され、北アメリカでの奴隷売買が開始された。

奴隷商人はオランダ人が中心であったが、やがてイギリス人もそれに加わった。

一八〇〇年までに、一万五〇〇〇人もの黒人が南北アメリカ大陸に運ばれ、西洋近代文明が進展していく中で、アフリカ大陸からは総計で五〇〇〇万人のアフリカ黒人が、連れ去られたといわれている。

一八世紀に入り、急速に発展していく植民地アメリカは、農業、造船、貿易が盛んになり、ボストン、ニューヨーク、フィラデルフィア、チャールストン等の都市が出現し、一七〇〇年の二五万人から一七六〇年には一五〇万人を越えていた。しかし、この頃になると、極少数の富裕層が富と権力を握り、不満と矛盾と不平等により、多くの対立と衝突が起きていた。

一六七六年には、植民地バージニアの首都ジェームズタウンで「ベーコンの叛乱」が発生した。

この叛乱は、辺境に追いやられ、インディアンと戦っている、社会的地位の低い貧しい入植者が、植民地政府のインディアン対策の怠慢に失望しての叛乱であった。

この叛乱のリーダーとなったナサニエル・ベーコンは「人民の宣言」の中で、この戦はインディアンに対する辺境民の憎しみと、ごく一部の富裕層に対する、一般市民の怒りを結集し、不公平な課税、辺境民をインディアンから守らなかった植民地政府への叛乱であると声明している。しかし、バージニアはイギリスの植民地であり、富める者も貧しい者もイギリス政府から搾取され、最大の利益を得ていたのはイギリス国王であったのだ。

オーストリアの王位継承問題に端を発した七年戦争が一七六三年に終結し、イギリスがフランスに勝利すると、それまでの北アメリカにおけるフランス勢力は排除され、イギリス政府は北アメリカの植民地政策を強化していった。

一七六五年、イギリス政府は七年戦争で支出した戦費を補填するため、北アメリカ植民地で発行する公文書、証書、新聞等に収入印紙を貼り付ける事を義務付けた印紙税法を成立させた。

これに激怒した市民は、イギリス代表として植民地を統治していた大商人トマス・ハッチンソンの邸宅を襲撃した。

このように反イギリス感情が高まると、一七六八年、イギリス政府はボストンに二〇〇〇名のイギリス兵を駐屯させたが、一七七〇年三月五日に、この駐屯兵士と市民が衝突し、ボストン虐殺事件といわれる騒乱となった。このため、ボストン市民の怒りを鎮めるため、イギリスはボストンから駐屯兵を引き揚げた。

それでも、ボストン市民の怒りは治まらず、反イギリス運動のための、連絡委員会が組織されていった。

こうした中で、一七七三年に、イギリス東インド会社に、植民地アメリカへの茶貿易独占の権利を与える、茶税法に反対するボストン市民が、イギリス船から茶箱をボストン港に投げ捨てる事件が発生した。

ボストン茶会事件である。

これに対しイギリス政府は、再び軍隊を派遣し、ボストン港を封鎖し、植民地政府の権限を取り上げ、厳しく対処した。

ボストン市民の抵抗は拡大し、激しくなっていった。

こうした騒然とした中で、一七七四年に植民地の市民達は「大陸会議」を組織し、後の独立政府へと発展させていくのである。

一七七五年（安永四年）四月、コンコードとレキシントンで、イギリス軍と植民地の軍隊が衝突し、アメリカ独立戦争が開始された。

「大陸会議」東部一三州はイギリス帝国からの分離独立を決定し、一七七六年七月二日、トマス・ジェファーソンの起草した「独立宣言」を採択し、七月四日に公布した。

独立軍は初期の戦闘で苦戦をしていたが、一七七七年一〇月、ニューヨークのハドソン河畔のサラトガ村での戦闘で、イギリス軍のバーゴイン将軍は、アメリカ軍のゲイツ将軍に降伏した。

このサラトガの戦いに続き、一七八一年のバージニアのヨークタウンでの戦闘では、駐仏大使ベンジャミン・フランクリンがフランス軍の支援を取り付けたため、イギリス軍のコーンウォリス卿はヨークタウンでジョージ・ワシントン将軍に降伏し、独立戦争は終結した。

(二) 西部フロンティア——メキシコ侵略

一七八三年九月にパリ講和条約が締結され、イギリスと戦った太平洋岸の一三州から成るアメリカ合衆国の独立が承認された。

この頃の日本では田沼意次が老中となり、天明の大飢饉が発生し、ロシア船が蝦夷地にしばしば接近していた。

一七八八年七月に一三州による初の連邦会議が召集され、合衆国憲法が宣言された。

翌一七八九年四月に初代大統領にジョージ・ワシントンが選出され、アメリカ合衆国は、本格的に機能し始めるのである。

一八〇一年二月にトマス・ジェファーソンが第三代大統領に当選すると、一八〇三年四月にフランスからルイジアナを買収した。アメリカ大陸の中心部にある広大なルイジアナは、一七六二年にフランスからスペインの植民地となっていた。しかし、ナポレオンがスペインを完全に支配すると、ルイジアナはフランスに返還された。北アメリカの中心部を成すルイジアナの帰属は、アメリカ合衆国にとって最重要問題となった。ルイジアナは一七世紀後半に、この地を探索したフランス人が、当時のフランス国王ルイ一四世の名を戴き「ルイジアナ」と命名し、フランスの領土としたのである。

このルイジアナは現在のルイジアナ州だけでなく、東は東海岸一三州の内陸側一体から西はミシシッピ河流域、北は五大湖に至る北アメリカ大陸の中央部に位置する広大な領域である。

優れた外交官でもあるジェファーソンは、アミアンの和約が破られ、イギリスとフランスが戦争を再開したため、ナポレオンがその戦争資金を必要としていることを察知し、一八〇三年にルイジアナの買収に成功するのである。

当時、この売買は「世界最大の不動産取引」と言われたが、その売買金額は一五〇〇万ドルであった。

これによりアメリカ合衆国は、その領土を二倍に拡張したが、さらに北はカナダ、西側の国境はロッキー山脈で、南西部には一八二一年にスペインから独立したメキシコのテキサス、ニューメキシコ、ユタ、アリゾナ、カルフォルニア、コロラド、ワイオミングを含む広大な地域が横たわっていた。

メキシコのテキサスは綿花の栽培に適していたため、南部のアメリカ人は、一八二〇年代からテキサスに入植を始め、綿花栽培が活発化して行き、それに伴いアメリカ人入植者が増大した。当初、メキシコ政府は移民奨励政策を施行し、入植者を歓迎し、一八五三年頃になるとその数は二万五〇〇〇人に増加し、五〇〇〇人の奴隷を使役していた。

メキシコ大統領サンタ・アナ将軍は、増加した入植者の統制を強化していったが、メキシコ政府の支配を嫌った入植者達は、一八三六年（天保七年）二月二三日から七月六日にわたる武装蜂起をした。

アラモの戦いである。

サンタ・アナ将軍はアラモを鎮圧し、さらに全テキサスの制圧に乗り出したが、アメリカ合衆国の軍人サミュエル ヒューストンの奇襲攻撃により捕縛された。

従来、アメリカ合衆国とメキシコはリオグランデ川の北方にあるヌエセス川を国境としていたが、アメリカ合衆国は捕縛したサンタ・アナ将軍にリオグランデ川を両国の国境とするよう強要し、さらにテキサスの独立を認める条約に署名させ、一八三六年四月にテキサスは共和国として独立した。

テキサス共和国は、条約にも係わらず、その独立を認めないメキシコからの攻撃を恐れ、アメリカ合衆国に加わることを望んだ。しかし奴隷制度を実施している事を理由に、北部の州により反対されたが、一八四五年三月のアメリカ合衆国上下両院合同決議により、やっと合衆国に併合された。

このように一八四〇年代後半になると、アメリカにおける拡張主義が熱気を帯び、第一一代大統領ポークは「明白なる使命」（MANIFEST DESTINY）をスローガンにして、アメリカ合衆国の領土拡張を正統化していった。

アメリカ合衆国の領土拡張は、自由と平等の精神を基に、神によって与えられた「明白なる使命」であり、アメリカ人には北アメリカ全域を独立させる自由があると叫びながら、北アメリカ大陸西部のフロンティアへ突進し、領土拡大に邁進するのである。

第一一代大統領ジェームズ・ポークは、大統領として最大の目標はカルフォルニアを合衆国に加える事であると宣言した。その宣言を実現するため、アメリカ軍は一八四六年春までに戦争準備を整えた。あとは、メキシコに対する宣戦布告の口実を作り出すだけであった。

テキサスの独立も、アメリカ合衆国への併合をも認めないメキシコはテキサスとメキシコとの境界をスエセス川とし、アメリカ合衆国から強要されたリオグランデ川境界を無視していた。両川の間の地域は、双方の主張が重複する係争地となっていた。

このような状況下で、リオグランデ川へ偵察に向ったアメリカ陸軍の指揮官ザカリー・テイラー将軍麾下の将校が消息不明となり、パトロール隊が出動したが、メキシコ軍に攻撃され一六人の兵士が殺害された。テイラー将軍は、ポーク大統領にメキシコ軍の攻撃により交戦状態に入ったと急報した。テイラー将軍はポーク大統領の指令により偵察中の将校を、メキシコ軍に襲わせるように仕向けたのであるといわれている。トーントン事件である。

テイラー将軍の報告により、一八四六年五月、連邦議会の承認を得て、ポーク大統領はメキシコに対し宣戦布告を発動した。

メキシコの軍隊はアメリカ軍に対抗できず、モンテレーを侵略したアメリカ軍はメキシコシティーを陥落させ、メキシコ軍を打ち破った。

この年に、かねてよりアメリカ合衆国はイギリスとオレゴンの帰属をめぐる厳しい交渉をしていたが、メキシコの宣戦布告の一ヶ月後の六月にワシントンでオレゴン協定を締結した。

これにより、北アメリカ大陸におけるイギリスとの国境線が画定し、アメリカ合衆国の北アメリカ大陸における領土拡張は、メキシコとの戦いに集中されていったのである。

しかし、このメキシコとの戦争は、メキシコが戦闘を仕掛けるように仕組んだ「アメリカ史上最も不正な戦争」としてアメリカ国内から非難されるほど、不当な口実による宣戦布告であった。

メキシコがアメリカに降伏した時、アメリカはメキシコ全土を併合すべきであるとの意見があったが、一八四八年二月に両国で、グアダルーペ・イダルゴ条約が締結され、両国の国境線をリオグランデ川とし、メキシコはアメリカ南西部のアリゾナ、ノニューメキシコやカルフォルニアを含む広大な領土の売却を強制された。アメリカはメキシコに購入代金として一五〇〇万ドルを支払い、さらにテキサス州民がメキシコ政府に要求していた三〇〇万ドルの補償金を肩代わりして、合計一八〇〇万ドルを支払う事で合意した。

この代金支払により、アメリカはメキシコから軍事力で領土を奪い取ったのではなく、購入したのであると主張する事が可能となったのである。

これによりメキシコは国土の半分を失った。

(三) ジョン万次郎——49ers

このグラダルーペ・イダルゴ条約は一八四八年二月二日に調印されたが、この一〇日ほど前にカルフォルニアで砂金が発見されていた。

しかし、この条約が調印されたメキシコシティーには砂金の発見のニュースは届かなかったのである。

サクラメントから東に八〇キロのアメリカ川上流に、スイス出身のジョン・オーガスタ・サッターが製材所の建設を開始したのは一八四八年一月であった。

当時サンフランシスコでの建築用木材の需要が増大し、人力での製材では間に合わず、川の水力を利用する水力製材工場の工事を大工のジェームス・マーシャルが担当していた。そのマーシャルが一八四八年一月二八日の朝、水流を強めるため掘り下げた川底から夥しい砂金を発見したのである。

一八四八年一二月五日、ポーク大統領は議会にカルフォルニアでの金発見を正式に報告した。これにより金発見のニュースは世界中に広がり、翌年の一八四九年にはアメリカのみならず、ヨーロッパからも金採掘による一攫千金をめざして大量の人々が殺到し、ゴールドラッシュとなるのである。

このゴールドラッシュによりサンフランシスコには二年間で一〇万人の移住者が集中したといわれ、その後の三年間で二五万人以上に増加し、人口稀薄のカルフォルニアの開発は、一挙に進むのである。

このため東部の捕鯨基地フェアヘブンでは、捕鯨船の乗組員が集まらず、捕鯨衰退の発端となったといわれている。

このゴールドラッシュに一攫千金を夢見て集まって来た人々を「フォーティナイナーズ（49ers）」（四九年の人々）というが、その中に一人の日本人がいた。

ジョン万次郎である。

万次郎は文政一〇年（一八二七年）に、現在の高知県土佐清水市中浜の漁師・悦助の次男として生まれた。

天保一二年（一八四一年）正月の初漁に、一五歳になった万次郎は、「かしき」という漁師見習いとして、四人の漁師と一緒に二丁櫓の船で、宇佐浦から出漁した。昼過ぎになり、四国山脈から吹き降ろしてくる「あなぜ」と呼ばれる突風に襲われた。強風と大波により沖へ流された万次郎達の船は、速い潮流で恐れられている黒瀬川に乗り、さらに南東の大海原へ流されて行った。

漂流七日目に、鳥島に漂着した万次郎達は、辛うじて生き延びていた。

ある日、三本マストの大型帆船が、島に近づいて来るのを発見した万次郎達は、ボロ布を力の限り振り回し、助けを求めると、彼らに気が付いた船長により、万次郎達は船に収容された。

漂流から一五〇日目の天保一二年（一八四一年）六月二七日のことであった。

この船は、三七歳の若き船長ウィリアム・H・ホイットフィールドが指揮するアメリカ合衆国の捕鯨船「ジョン・ハラウンド号」で、新鮮な食料が不足したため、海亀を捕まえようと、島に近寄ったのであった。

このジョン・ハラウンド号は、アメリカ東海岸のマサチューセッツ州ニューベットフォード港を基地とする三本マストの全長三四メートル、三七七トンの捕鯨船で、乗組員は三四名であった。

ホイットフィールド船長は、日本が鎖国をしており、近づくと打ち払われることを知っていた。そのため、捕鯨を続けながら、次に立ち寄る港で彼らを下船させる事にした。その間、若く人懐こい万次郎は救助された感謝の念をもって食器洗い、洗濯、甲板掃除を手伝い、さらにはメインマストの鯨の見張り台に登り、鯨の群れを誰よりも早く見つけるようになり、いつしか、船名のジョンを付け、ジョン・マンと呼ばれるようになり、ジョン・ハラウンド号のマスコットボーイとなっていた。

そうした中、ジョン・ハラウンド号は、現在のハワイ諸島であるサンドウィッチ諸島のオアフ島にあるホノルル港に入港した。

ホイットフィールド船長は、オアフ島の役人に五人の保護を依頼し、さらに中国に向かう船に載せて、日本に送り届けて欲しいと付け加えた。

船の修理と補給を終え、出港する際、万次郎の資質を見抜いていたホイットフィールドは万次郎をアメリカで教育を受けさせるため、一緒に連れて行く事にした。

こうして四人と別れた万次郎は、捕鯨漁をしながらグァム、台湾、タヒチ、南米最南端のケープホーンを経由して、ホノルルを出発してから一年半後にニューベットフォードに上陸した。

万次郎はホイットフィールド船長の自宅に住み込み、地元の私塾であるオックスフォードスクールに通い、アメリカ生活を開始した。数学が得意で、天体への関心が強い万次郎は、高等航海士養成の名門校バートレット・アカデミーに進学し、高等数学、測量技術、航海術、そして世界史を学び、トップクラスの成績で卒業した。

卒業後、間もなく、三本マストの捕鯨船フランクリン号船長ライアン・デービスに誘われた万次郎は、一八四六年五月一六日に、二四人の乗組員とニューベットフォードを出帆した。

この頃、アメリカ合衆国は、アメリカ南西部を巡りメキシコに戦争を仕掛け、激しい戦闘が展開されていた。

一〇ヶ月後にスペイン領のグァム島に入港したフランクリン号は、一〇日間の休養を兼ね、船の修理と薪水、食料の補給をした。その間、デービス船長は万次郎を伴い、停泊中の捕鯨船を表敬訪問し、捕鯨漁の情報交換をしたが、各船長達から鎖国政策をしている日本に対し、時代遅れの国、野蛮な国として、強い非難の意見を聞かされた。

当時、日本近海では、常時一〇〇隻以上のアメリカ捕鯨船が操業していたが、彼らが必要とする薪水や食料の補給、そして、避難や病人と遭難者の保護が日本では鎖国政策により拒否されていたからである。

こうした中で、発生したモリソン号事件は、野蛮な行為として世界の海洋国に知れ渡っていたのである。

この時、アヘン戦争を学校で教えられ、さらにイギリス、ロシア、フランスが日本を狙っている情報を得ている万次郎は、鎖国政策を続けている日本の危険性を、強く感じ取ったのである。既に、産業革命により近代化が進んでいるイギリスを中心としたヨーロッパ列強は、植民地獲得競争を活発に展開してきたが、万次郎はそのような世界情勢にも精通していたのである。

さらにラゴタ号から脱走した捕鯨船員が、アメリカ東インド艦隊により帰還すると、抑留中における日本側の待遇を厳しく非難した。

彼らのインタビュー記事は新聞、雑誌で大きく取り上げられ、アメリカでの反日感情は拡大していった。ついには、東インド艦隊を日本に派遣し、断固とした対応をせよとロビー活動が活発に行われるようになった。

このようなアメリカの対日世論に、鎖国している日本の将来に危機感を抱き、日本への帰国を決意した万次郎は、その資金を得るために、カルフォルニアでのゴールドラッシュに向うフォーティナイナーズの一人として、サクラメント川を遡ったのである。

劣悪な環境の中で、休みなく働き、七〇日間で六〇〇ドルを稼いだ万次郎がサンフランシスコに戻ると、新聞や雑誌ではアメリカ合衆国東インド艦隊の日本派遣に関するニュースが大きく報じられていた。

一八五〇年（嘉永三年）一〇月一〇日にホノルルに着くと、遭難仲間の伝蔵、五右衛門と寅右衛門に三年ぶりの再会を果たし、日本への帰国を相談した。その結果、ハワイで結婚し、大工仕事で生活基盤を築いた寅右衛門を除く三人で、帰国することになった。

三人はホノルルで、上海に向うサラボイド号に乗船し、琉球沖で下船し、ボートで琉球に上陸する計画を立てた。

一八五一年一月八日、上陸用のボートアドベンチャー号を積み込んだ万次郎達はホノルルを出港し、約一ヶ月半で琉球沖に到着した。

万次郎達がアドヘンチャー号で上陸したのは、現在の沖縄県糸満市大度である大度浜であった。

一五歳で土佐宇佐浦を出た万次郎は二四歳になっていた。

三人は島民の通報により、那覇へ送られ、さらに鹿児島へ護送された。

鹿児島では薩摩藩から丁重な対応で迎えられ、取り調べが続く中、藩主島津斉彬直々の取り調べを受け、アメリカをはじめとしたアヘン戦争後の世界の情勢に基づき、幕府の鎖国政策の危険性を詳しく説明した。

さらに万次郎は島津斉彬の要請を受けて、藩士や船大工に航海術と造船術を教えている。

一ヶ月後、長崎に送られた三人は牢屋に入れられ、九ヶ月にわたり白洲での取調べが続いたが、最後に「踏絵」を踏み、嘉永五年（一八五二年）六月二四日、三人は無罪放免となった。

ペリー来航の一年前の事であった。

一〇月五日、一二年ぶりに土佐に帰った万次郎は、名字帯刀を許されて上士身分の「定小者」に取り立てられ、土佐藩校である「教授館」で若い藩士の教育をする事になった。この時の受講生には後藤象二郎、岩崎弥太郎、板垣退助、それに吉田茂の実父である竹内綱がいた。

やがて、万次郎が心配していたペリー提督率いるアメリカ合衆国東インド艦隊が来航する事になった。

アメリカ情報を必要とした老中首座阿部正弘により、万次郎は直参に取り立てられた。幕府直参となり、二〇俵二人扶持を与えられた万次郎は江川英龍に預けられ、生まれ故郷の土佐中ノ濱から姓をとり、中濱万次郎と名乗った。

ペリー再来航に備えていた幕府は、江川英龍にその交渉役を命じた。しかし、水戸藩主徳川斉昭がアメリカ合衆国に恩のある万次郎を通訳に起用する事を懸念したため、江川英龍は林大学頭復斎にその役目を譲った。

安政五年（一八五八年）に、日米修交通商条約が締結され、その批准書交換のためワシントンに使節が派遣されることになった。

正使新見富前守はアメリカ軍艦ポーハタン号に乗船し、日本の蒸気軍艦咸臨丸には軍艦奉行の木村摂津守、艦長に勝海舟が乗船し、中濱万次郎は通弁方主務として、福沢諭吉は木村摂津守の従者として随行した。咸臨丸の日本人乗組員は九六名、それにアメリカ海軍の一一人が加わり、総員一〇七名であった。

帰国後、万次郎は薩摩藩の要請により、開成所で航海、造船、測量、そして英語を教授し、薩摩藩海軍の近代化に協力した。

日露戦争でバルチック艦隊を撃破した連合艦隊司令長官東郷平八郎はその生徒の一人である。

明治維新を迎え、万次郎は明治政府より現在の東京大学の前身である開成学校の英語教授に任命され、土佐藩主山内容堂より授与された現在の東京都江東区北砂小学校となっている七〇〇〇坪の旧土佐藩下屋敷に住み、その後、その屋敷で中濱塾を開いた。

個人教授を受けた生徒の中には、大山巌、榎本武揚、大島圭介、西周等がおり、明治新政府の重要人材が輩出されている。

生涯に三回結婚した万次郎は五男二女を得て、明治三一年（一八九八年）一一月一二日、脳溢血により、七一歳のまさに波乱万丈の生涯を閉じるのであった。

ポーク大統領により提唱された「明白なる使命」により、その領土の拡大を正当化したアメリカ合衆国はテキサス、ルイジアナ、ニューメキシコ、カリフォルニアを併合し、一八四六年にはイギリスとオレゴン協定を結び、北緯四九度線を境界として、その南側をアメリカ領と決定し、アメリカ合衆国はその領土を確定した。このようにして、東海岸の一三州で発足したアメリカ合衆国は、大西洋の東海岸から太平洋の西海岸までの広大な地域を領有し、北アメリカ大陸における「明白なる使命」を完成したのである。

その後、南北戦争が終結すると、アメリカ合衆国はロシア皇帝アレクサンドル二世よりアラスカ売却の意向を伝達された。

一八五三年から始まった露土戦争に、その翌年、イギリスとフランスがロシアに宣戦を布告し参戦したことにより、クリミア戦争が勃発した。ロシアは三年にわたるクリミア戦争により、大きく疲弊していたのである。

交渉の結果、アメリカ合衆国の第一七代大統領アンドリュー・ジョンソンは、ロシアから七二〇万ドルでアラスカを購入する事を決定し、一八六七年にその購入のための条約が調印された。これにより、北アメリカ大陸におけるアメリカ合衆国の領土はさらに拡大した。

交渉を担当した国務長官ウィリアム・シュワードは、巨大な冷蔵庫を購入したと非難されたが、一八九六年にカリフォルニアと同様に金鉱が発見され、アラスカの評価は高まった。

アメリカがアラスカを買収した同じ一八六七年に、カール・マルクスによる『資本論』が発表され、ロシア革命を通じその後の世界に大きな影響を与えている。

日本ではこの年に、明治天皇が践祚され、大政奉還を勅許し、王政復古の大号令が発せられ、明治維新へと向かうのであった。

この「明白なる使命」の熱気により急速に拡張主義の時代に突入し、西部フロンティアを征服したアメリカ合衆国は、いよいよ太平洋を越えてアジアへ進出して行くのである。

第三章　戦争が出来なかった日本——それは交渉で始まった

一　腹を決めた阿部正弘——ペリー艦隊来航情報

幕末の日本に、一番の脅威を与えていたのはイギリスであったが、これに続いてロシア、フランス、アメリカが同様の意図により、アジアへの帝国主義的侵略を企てていた。

イギリス艦隊の来航を警戒していた幕府に、イギリスではなくアメリカのペリー艦隊来航情報がもたらされたのは、嘉永五年（一八五二年）六月提出の『阿蘭陀別段風説書』であった。

アメリカ合衆国政府は、一八五二年五月にオランダ駐箚代理公使を通じて、オランダ政府に対し、日本への使節団派遣計画を伝達し、長崎のオランダ商館長が適切な援助を与えるよう訓令してほしいと要請した。

この要請に応じたオランダ政府は、バタビア東インド総督へこの旨を伝達した。

東インド総督は、この重要性を認識し、東インド最高軍法会議裁判官で法律家のヤン・ヘンドリック・ドンケル・クルチウスを新たに長崎オランダ商館長に任命し、日本に派遣した。

一八五二年六月五日に、長崎に到着した新商館長ドンケル・クルチウスは、長崎奉行に『別段風説書』を提出した。この『別段風説書』の中には、オランダ、インドネシア、中国、第二共和制のフランス、イタリア、ドイツ、ロシアの情勢や、ロンドン万国博覧会やスエズ運河開削計画等の報告があり、さらにアメリカ合衆国のキューバ占領計画、それにアメリカ合衆国遣日使節と、東シナ海に存在するアメリカ海軍兵力に関する情報が記載されていた。

キューバは一五一一年にスペインにより征服され、一八九八年までスペインの植民地であった。一八五一年頃より、スペインの圧政による社会不安を背景とした、キューバ人による一連の反乱活動が発生したが、この機に乗じてアメリカ合衆国は、スペインからキューバを独立させるという口実をもって、「掠奪の免許」を与えた二隻の軍艦を派遣し、キューバを襲った。

しかし、その実際の目的は、領土拡張のためのキューバ占領計画であった。

同『風説書』によるとスペインのキューバ統治は正当であり、キューバ人も独立を望んでいない事が判明したため、キューバへの軍艦派遣は、キューバで利益を得ようとした一部のアメリカ人の策略であるとして、アメリカ合衆国はこのキューバ占領計画を「公に其の企を斥けた」ためにスペインとは戦争にならなかったと記述されていた。

新商館長ドンケル・クルチウスにより、長崎奉行所に提出された『別段風説書』には、オランダ国王ウィレム二世が指示したバタヴィア総督公文書が添付されていた。それはウィレム二世からの開国勧告親書であった。

しかし、幕府は、こうした『風説書』以外の文書を受領出来ない事になっている事情を伝えると、クルチウスは、日本にとってきわめて大事な事柄であるので、オランダ国王の命により長崎奉行に届ける文書であるので、どうしても受領して欲しいと強く要請した。このため長崎奉行は江戸の幕閣に伺いを立てた。

老中首座阿部正弘は、海防掛の意見を聴取し、その受領を許可し、大通詞・西吉兵衛、小通詞・森山栄之助に命じ、極秘に翻訳し江戸に送達するよう指示した。

この公文書には、アメリカ合衆国が日本との通商を開くため、日本の港の開港と清国との貿易航路上の適当な港での貯炭所設置の要請のため、使節を派遣する事が記述されており、さらに、使節として、ペリー提督指揮の蒸気仕掛軍船サスケハナほか、陸戦隊や各種武器を用意した数隻の蒸気船と、通常の帆船を江戸へ向わせると通知されていた。

そして、ペリー提督の態度が強硬か柔硬かは不明であるが、上陸戦闘の用意もあるので、防御は難しい事になるかも知れないとし、オランダ人以外であっても、食料、薪水や船舶の修理用の品々を与え、病人の養成や手当てをおこなうべきであると提言して、アメリカの要求を少しでも受け入れるよう勧告している。

さらに、オランダは長期にわたり日本と交誼をしている関係をもって、日本に役立つ「方便」を考えているので検討して欲しいと、日蘭通商条約草案を提出した。

この草案は、日本から追放されたシーボルトが起草したものであり、オランダは日本がこの条約を早急に締結し、この条約に則ってペリーに対応すれば安全であると提案した。

これは、オランダがアメリカより先に日本と通商条約を締結し、オランダの権益を堅持しようとするものであった。

阿部正弘は海防掛と長崎奉行にバタヴィア総督公文書と、条約草案を検討させたが、日本がアメリカに対し通商を許可するはずが無いと見たオランダが、日蘭通商条約を締結し、日本との貿易を維持するための申し出であると判断し、特に考慮する必要なしとの答申を受けた。

これにより、新商館長ドンケル・クルチウスが提案したペリー来航に関するバタヴィア総督公文書、日蘭通商条約草案、そして『阿蘭陀別段風説書』は、幕府の管理下で黙殺され、この重大な情報を生かして事前の準備をする事をせず、ペリー来航に対する有効な政策を立案する気運さえもなかった。

八年前の一八四四年（天保一五年）に届けられたオランダ国王ウィレム二世の国書による日本開国勧告に対して、何んの対応もしないで遣り過ごしても、些かの支障も無かった事から、オランダ人の言う事は大げさで当てにならないので、取り上げる必要は無いとしていたため、今回のオランダによる一連の情報も単なる風聞による虚喝であると判断したのである。

これらの情報を取り上げ騒ぎ立て、何事も起らなかった場合、幕府の失態となり、信頼を損ねるとして、これらの情報を秘匿し、放置するよう上申したのである。

阿部正弘の諮問に対し、長崎奉行や海防掛を含めた幕閣は、これらの重大情報を分析し、対応策の提言を成し得るだけの海外事情に対する知識も、見識も持ち合わせていなかったのである。

二　幕府の準備——欧米科学技術の進展

そのような中でも、老中首座阿部正弘は、『阿蘭陀別段風説書』に記載されていた、アメリカ合衆国のキューバ占領計画に最も注目し、アメリカに対する警戒感を抱きながら、来春といわれているペリー来航にも係わらず、一向に進展しない幕府の対策を打開するため、幕府に秘匿されているペリー来航に関する『阿蘭陀別段風説書』の情報を、薩摩の島津斉彬、長崎警備役の黒田長溥や鍋島直正に漏らしていくのである。

嘉永五年一〇月二二日に、この情報を阿部正弘より口頭で伝えられた島津斉彬は、既に自藩の長崎情報としてペリー来航の報告を得ていたが、これにより長崎情報を裏付ける事が出来た。

島津斉彬は、まず自藩の避難場所としての、新しい藩邸の確保を指示している。

薩摩藩江戸屋敷は、現在の山の手線田町駅附近一体にあったが、当時は江戸湾岸沿いであり、アメリカ艦隊が品川沖まで侵入した場合には、危険であるとして、一一月二日に山の手に避難用の屋敷を入手するよう、江戸家老に命じたのである。命を受けた薩摩藩江戸家老島津九宝は、当時、中渋谷といわれた現在の常陸宮邸のある渋谷東一帯の一万三九二三坪の敷地を下屋敷用地として確保し、ペリー来航直前の嘉永六年五月に下屋敷の建築を完成した。

一三代将軍徳川家定の正室となった篤姫は江戸に入ると、三田の薩摩藩上屋敷でご婚儀を待っていたが、ペリー来航やプチャーチン来航の対応で三年間も待たされていた。

ようやく安政二年一二月に婚儀の日程が決定したが、下田でディアナ号が被害を受けた嘉永七年一一月四日の「安政東海地震」に続き、安政二年一〇月二日に発生した「安政の大地震」により三田の上屋敷は甚大な被害が発生したため、篤姫は中渋谷の下屋敷に移り、この下屋敷から輿入れしている。

阿部正弘と情報を漏らされた島津斉彬、黒田長溥、鍋島直正の四者は、ペリー来航の秘密情報を共有し、ようやくその対応策の検討に入った。この事は、従来の幕政の枠を超えた、阿部正弘の大決断であったが、外様大名や、身分の低い幕臣等の幕政への参加に道を開いたため、中央政府としての幕府の威信を、相対的に低下させ、やがて幕府崩壊へと進む、重大な政策である事には、誰も気付いていなかった。

この情報による意見諮問に対し、黒田長溥は建白書を提出した。

黒田長溥はその建白書の中で、

アメリカ艦隊が来航しても、鎖国政策により、アメリカの開国及び通商の要求を拒絶する事になる。そのため、アメリカ艦隊と交戦となれば、日本の脆弱な防備では対応出来ず、江戸湾口は封鎖され、江戸の経済は麻痺状態となる。

中濱万次郎に海軍創設の任に当たらせ、御三家並びに有力大名に阿蘭陀風説書を開示し、幕政に参与させる。

と提言している。

しかし、日本が鎖国による「太平のねむり」を続けている間に、欧米の科学技術は、相次ぐ戦乱に基づく実需により、その技術革新は目覚ましい進歩を遂げていたのである。

当時の最強の武器である火薬の爆発力を利用した大砲は、寛元五年（一二四七年）セビルの戦いで、敵中に石を投げ込む石弾砲として、初めて戦場で使用されたといわれている。

日本では、鎌倉幕府の時代で、承久三年（一二二一年）に始まったの承久の乱が落ち着いた頃の事である。

一七世紀に入ると錬鉄、鋳鉄、青銅を使用した大砲が製造されるようになり、その使用目的により、野山砲、攻守城砲、海岸砲、海軍砲が出現していた。

さらに一八〇三年になると、それまでの中実の鋳鉄球弾から、中空の弾丸に炸薬を充填し、着弾の際爆発する榴弾が、フランスのペキザン大佐により開発され、この榴弾を使用した大砲はペキザン砲と呼ばれている。

この頃の大砲はペキザン砲のように水平に発射するカノン砲、発射角度を四五度程度まで上げ、弾道が放物線を描くホウィッスル砲、発射角度が四五度から六〇度で、主に攻城戦に使用され、砲身が短く臼砲と呼ばれるモルチール砲の三種類に分類される。

嘉永六年（一八五三年）ペリー艦隊が浦賀に来航した年に、フランス皇帝ナポレオン三世は榴弾カノン砲を採用し、クリミア戦争でその威力を実証した。砲弾も、従来の球形の中実弾から椎実形の中空で炸裂する榴弾に進化していった。この頃になると、飛距離と命中率を高める施条砲が開発され、その素材も鋳鉄から鋼鉄へと進化し、砲身の強度は増大した。

さらに、前装砲から後装砲の製作技術が確立され、一八五八年にイギリス陸軍省は、鋼鉄製の後装施条カノン砲であるアームストロング砲を制式砲として採用している。

通信手段は戦争等において重要な役割を果たしていたが、ローマ時代から人や馬、狼火、鳩等による伝達からほとんど進歩していなかった。しかし、一九世紀に入ると軍事だけでなく、経済や報道にも迅速かつ正確な情報伝達が重視されるようになると、電気による通信が開発されていった。

一八三七年には、イギリスの鉄道線路を利用した電信が開始されたが、同じ年にサミュエル・モールスは「モールス信号」の特許を取得し、一八四四年にボルティモアとワシントンの間に公共電信線を開設した。これにより電信網はイギリス、フランス、ドイツ、アメリカ合衆国の東部、さらにイタリア、オーストリアに拡大してゆき、一八五〇年には、イギリスのドーヴァーから対岸にあるフランスのカレーの間に海底電信ケーブルが敷設され、一八五三年には大西洋を横断し、イギリスとアメリカ合衆国を繋ぐ海底ケーブルが完成した。

一方、オスマン帝国は、一八六〇年までにコンスタンティノープルからペルシャ湾のファーウまでの陸上電信線を完成すると、イギリスはその電信線と連結する協定を締結し、ついに同年にはインドと通信が出来るようになっていた。

一八六五年、ヨーロッパ諸国の政府はパリで万国電信連合を設立した。

日本における通信事業は、明治四年（一八七一年）から推進された全国電信網敷設事業により着手され、翌明治五年九月に東京と長崎間の電信網が完成している。

ペリーが横浜村で日本人に初めて電信を実演して見せた嘉永七年（一八五四年）から一八年後であった。

蒸気機関は蒸気圧力をエネルギーとして動力を得る原動機であるが、一六九五年にフランス人の物理学者ドニ・パパンが蒸気エンジンの製作を試みたが、一六九八年にイギリスの陸軍大尉で発明家のトーマス・セイヴァリは「鉱夫の友」といわれた鉱山の湧水を排水する「セイヴァリ機関」を開発した。

一七一二年にイギリスの発明家トーマス・ニューコメンは、炭坑排水にピストンを使用した蒸気機関を開発したが、石炭を使用したその燃料効率は悪かった。

一七六九年、イギリスの数学者で技術者であるジェームス・ワットはニューコメンの効率の悪い蒸気機関を改良し、ピストンによる往復運動にクランクを付加する事により、回転運動に変換する技術を開発した。このワットの蒸気機関は産業革命の原動力となり、さらにはレシプロ蒸気機関から蒸気タービンへと進化するのである。

こうした技術革新により、炭坑の揚水用の動力や工場の生産機械の動力としての蒸気機関は、交通手段用として陸上では蒸気機関車に、海上では蒸気船へと発展していくのである。

陸上交通の蒸気機関は、一八〇四年イギリスのリャード・トレビシックが鉄製の軌道上を走る蒸気機関車「ペナダレン号」の製造に成功した事に始まった。その後、イギリスにおいて、多くの技術者により蒸気機関車が考案され、製造されたが、どれも実用的ではなかった。

一八一四年七月二五日、イギリスのジョージ・スティーブンソンは石炭輸送用の蒸気機関車「ブリュヘル号」の開発に成功し、一六台が製造され、キングワース炭鉱やヘットン炭鉱の石炭輸送に使用された。

この成功によりスティーブンソンは、一八二一年ストックトン・アンド・ダーリントン鉄道の技師に任命され、一八二五年（文政八年）に世界初となる総延長四〇キロに及ぶ旅客輸送の営業運転を開始した。

一八三〇年には、リバプール・アンド・マンチェスター鉄道により、時刻表に従った運行管理が実用化されている。

また、フランスでは、一八三二年にパリとルーアン間の鉄道が開通した。

一方、アメリカにおいては、ニュージャージー州出身の弁護士で発明家のジョン・スティーブンスは、一八二五年に、自力で開発した蒸気機関車で、アメリカにおける最初の走行に成功した。

この年、日本では文政八年令といわれる「異国船無二念打払令」が公布されていた。

蒸気機関車の実用性が認識されると、一八三二年のペンシルバニア州やバージニア州を皮切りに、各州で蒸気鉄道が建設され、一八四〇年にはその総延長が四五〇〇キロに及び、ヨーロッパ諸国の合計距離の二倍に達していた。ペリー来航の一三年前である。

さらに、一八四九年に始まったカリフォルニアのゴールドラッシュにより、アメリカの鉄道建設は一段と促進された。

蒸気鉄道はその機能が認められると、当然、軍事目的にも利用されるようになった。

鉄道の軍事利用は、一八四六年に、ボヘミアのフラディシュから一万四五〇〇人のプロイセン兵と軍馬が、ポーランドのクラクフまでの三二〇キロを二昼夜かけて輸送されたのが最初であるといわれている。

ヨーロッパ諸国は、この鉄道網を利用した移動に、兵站上の軍事的潜在能力を見い出した。

日米和親条約が締結された一八五四年に勃発したクリミア戦争では、ナイチンゲールの活躍があったが、負傷兵の戦場からの運び出しに鉄道が初めて利用された。

一八六一年に始まったアメリカの南北戦争は、最初の鉄道戦争であったといわれ、特に北軍は、連絡や武器、食糧、兵員の輸送に鉄道を機動的に利用し、新しい戦争技術を開発していった。

この南北戦争での鉄道を利用した兵站は、これまでにない大量の兵員と糧秣の移動を実証したのである。

一八六九年にアメリカ東海岸と西海岸を結ぶ大陸横断鉄道が完成すると、激しい戦争を担った鉄道は、一転して国家を結束する鉄の道となって行くのである。

この間、イギリス資本により、一八五三年にインドにおいてアジア最初の鉄道がボンベイとターネーとの間に開設され、一八五八年にはオスマン帝国にも鉄道が敷設されている。

日本では、ペリー提督の贈答品で初めて蒸気機関車に接した一八年後の明治五年（一八七二年）九月一二日に、イギリスの指導により新橋と横浜間に鉄道が開通し、その一七年後の明治二二年（一八八九年）には、新橋と神戸を結ぶ東海道線が全通した。

海上交通の蒸気船は蒸気機関により外輪やスクリューを回転させる事により推進力を得るが、世界最初の蒸気船は一七八三年にフランス人のクロード・フランソワ・ドロテ・ジュフロワ・ダバンによって建造された。

その後、一八〇七年アメリカのロバート・フルトンにより、外輪式蒸気船「クラーモント号」がハドソン川のニューヨークとオールバニー間で定期船として登場し、蒸気船の商業的利用の端緒となった。

当初、外輪蒸気船は商船として使用されたが、船の中央部分の多くが蒸気機関に占められ、船倉は帆船に比べ狭くなってしまうため、その効率は悪かった。そのため主に、港内の狭い水路での輸送や、人力に代わる曳き船として導入されていった。

大型の軍艦は、外輪への攻撃や大砲の設置場所が蒸気機関と外輪にしめられてしまうため、その採用はあまり進展しなかった。

一八三六年、イギリスのフランシス・ペティ・スミスが六トンの小型船に外輪ではなく、スクリューを装着し、その実験を開始した。翌年、スウェーデンのジョン・エリクソンはロンドンのテムズ川で全長一四メートルの小型スクリュー船を使用して五ノットの速度で一〇〇トンの石炭はしけ四隻を曳いてその能力を披露した。

一八四五年、イギリス海軍は外輪船とスクリュー船の性能比較実験を行った。

スクリューを装着した八六七トンのラトラー号と八〇〇トンの外輪蒸気軍艦アレクト号を競争させ、最後に両艦による綱引きが行われたが、いずれもラトラー号が勝ち、スクリューの有効性が実証された。

これにより、イギリス海軍はスクリュー装着の大型軍艦を採用して行くのである。

帆船から蒸気船への移行により、船体の材料や造船技術にも変化がもたらされた。

製鉄技術の進歩により、鉄材の供給が増大すると、それまでの木材に加えて、鋳鉄が使用されるようになり、フランス海軍は、一八五九年に木製船体に鉄板を張った装鉄艦を建造している。

しかし、製鉄技術の進歩により、鋳鉄は間もなく鋼鉄に替っていった。

日本において蒸気船の情報は『阿蘭陀風説書』やオランダ語の輸入書籍により伝えられていたが、実物の蒸気船を目のあたりにしたのは、嘉永六年（一八五三年）に来航したペリー艦隊のサスケハナ号とミシシッピ号が最初であった。

久里浜でアメリカ合衆国大統領の国書を手渡したペリー艦隊が、六月一二日に浦賀を出航すると、一〇月一七日に大船建造禁止を解除する老中の通達が発せられた。

この通達により、西洋式船舶の建造が開始されたが、高度の技術を要する蒸気船は外国製の導入から始まった。

幕府が最初に入手した蒸気船は、安政二年（一八五五年）オランダ国王が将軍に寄贈した外輪式コルベット艦「スンピン号」で「観光丸」と命名された。

オランダから購入し、安政四年に就役した咸臨丸は、日本初のスクリュー式蒸気帆船である。

幕末までに蒸気船を取得したのは幕府海軍のほか、薩摩、佐賀、長州をはじめとする一九藩で、合計八〇隻以上が保有されていた。その多くは中古商船であったが大砲等を装備し、軍艦兼用として使用された。

日本で建造された最初の蒸気船は、安政二年の薩摩藩による外輪式の「雲行丸」であった。薩摩藩は嘉永四年（一八五一年）からオランダの書籍を参考にして蒸気機関を製造し、試運転に成功すると「雲行丸」にその蒸気機関を搭載したのである。しかし、その性能はかなり低かったといわれている。

宇和島藩は実験的な蒸気船を安政四年（一八五七年）に完成したが、佐賀藩は外輪式の「凌風丸」を慶応元年（一八六五年）に建造し、国産実用蒸気船第一号となった。

慶応二年には幕府によりスクリュー式蒸気軍艦「千代田形」が建造されている。

オランダで海軍学を学ぶため留学していた榎本武揚は、慶応三年に幕府がオランダに発注した軍艦「開陽丸」が完成すると、同艦の日本回航を最後の授業としてオランダ留学を終了した。その後、榎本武揚は勝海舟とともに幕府海軍を主導して行くのである。

ヘレン・ミアーズはその著『アメリカの鏡・日本』の中で、

「一五世紀に根を発する羅針盤と鉄砲の発明で始まった力の時代は、蒸気と電気の出現で太い幹となった。幹から伸びた枝には自然と人間を征服し、便利さと快適さと破壊をもたらす何千もの器械装置が花開いた。」

と記述し、さらに

「そして、ついに闇の中で結ばれた果実が広島と長崎の上空に恐怖を爆発させた。」

と、科学技術の軍事利用への凄まじいエネルギーが、力の時代の緊張をさらに高めていると主張している。

ペリー来航の七年後の万延元年（一八六〇年）に、スコットランドのブレストウィック・ゴルフコースで、第一回の全英オープンゴルフ（THE OPEN CHAMPIONSHIP）が開催されている。このような余裕のある国力を有するイギリスを中心としたヨーロッパ諸国やアメリカにおいて、大砲、銃器、弾丸、蒸気機関車、蒸気船、通信技術に著しい技術進化が推進されている中、日本ではオランダを通じてもたらされる情報や書籍を通じて、それらの技術を知識としては把握していたが、幕府においては、旧式な大砲を備えた砲台と、鎧兜で身を包み旧式の鉄砲と槍を持った各藩の武士が、軍艦を持っていないため、陸上で敵軍艦を迎え撃つしかなかったのである。

このように、戦争が出来ない状況の中、老中首座阿部正弘と水戸の徳川斉昭を中心とした幕府は、欧米の最先端科学技術による新しい兵器で武装したペリー艦隊に立ち向かうのである。

幕府は危機認識はあったものの、一一ヶ月後にやっとペリー艦隊対策を決定した。しかしその対策は、ペリー艦隊との交戦はあくまでも避け、鎖国の祖法を墨守し、従来通り長崎に廻航させ、長崎にて交渉する事としたに過ぎなかった。

しかし、老中首座阿部正弘は、ペリー艦隊に対し軍事的に備えるにしても、その期間は一年しかなく、時間的にも資金的にも間に合わないと判断し、人事面において、川路左衛門尉聖謨を勘定奉行に、岩瀬肥後守忠震を海防掛に、また砲術家下曽根金三郎を登用する等、能力の高い人材を主要役職に配置し、ペリー来航に対応する体制を準備していった。

さらに情報管理も改革し、幕閣だけの機密事項を、海防に当る大名や、御三家にも開示するようにした。

こうした中、攘夷派の水戸藩徳川斉昭は阿部正弘に意見を求められると、日本が外国に毅然と対処するには軍備が遅れすぎていると認識し、

「今となっては、打ち払いを良しとばかり申し兼候」

と回答し、開国を容認する意向を示したが、交易は禁じると断言している。

阿部正弘はペリーの目前で、意見の不一致により国内が分裂する事を最も恐れた。そのため、情報の開示により、情報を共有し、柔軟性と団結を強固にしておけば、相手の出方を見て、粘り強く対応し、話し合いにより妥協点を探す事が可能であると考えた。軍艦を保有せず、海防の備えが決定的に脆弱である以上、戦争を避けなければならない。しかし、それでも日本の主張を通さなければ、国内が保たない。戦争が出来ない幕府は軍事力を度外視して、交渉により臨機応変に合意点を探るしかない。

老中首座阿部正弘三五歳はこのように腹を決めて、ペリー艦隊の来航を待つのであった。

三　ペリーの準備――日本開国への情報収集

一八五一年の一月三一日付「ニューヨーク・ヘラルド」紙はニューベッドフォードの捕鯨船ラコダ号から脱走した乗組員が、アメリカ東インド艦隊の軍艦プレブル号のグリン艦長により長崎で救出され、ニューヨークに寄港したニュースを掲載した。その中で、彼らの虚言による日本の野蛮な対応を非難する記事が大々的に報道され、日本開国の是非が議論されていった。

ペリーは、グリン艦長の帰国に関する一連の報道を目の当たりにし、日本の開国に強い関心を抱き、日本遠征計画を着々と準備していくのであった。

グリン艦長帰国の三週間後の一八五一年一月七日、ペリーはグルアム海軍長官に日本遠征の提案をした。ペリーが提案した日本遠征の目的は、多くの捕鯨船が操業する海域の調査をし、捕鯨船の保護や避難、物資供給のための新しい港を確保する事を中心に置き、郵船長官として、蒸気郵船の太平洋航路開設のための石炭貯蔵所の確保を、その主眼に位置付けていた。

当時、イギリスはアフリカ諸国やアジアの東インド、シンガポール、中国における重要な諸地点を領有し、海上からの莫大な貿易を支配をしており、アメリカはイギリス領有のそれらの諸地点の港湾施設を通商路と利用せざるを得ない状況にあった。

そうした中で、アメリカ合衆国の西海岸であるカリフォルニアの開拓が進み、ペリーが主導していた蒸気船の発達により、カリフォルニアから太平洋を横断して、イギリスの領有地を使用せず、中国へ向かう通商航路の開設が可能となった。この太平洋横断航路が確立されれば、アメリカ合衆国は短期間の、しかも費用が安価となる通商路を確保する事が可能となり、それまでの大西洋横断航路によるイギリスの圧倒的な中国貿易に対抗できるのである。

しかし、当時の蒸気船の燃料効率は悪く、太平洋横断にはどうしても石炭の補給基地と捕鯨船を含めた避難港が必要であった。

蒸気船に精通しているペリーは、アメリカ合衆国に係わるこれらの状況を把握し、寄港地となる日本の開国がどうしても必要である事を的確に理解していたのである。

アメリカの捕鯨船は、アメリカ東海岸のマサチューセッツ州ニューベッドフォードを中心基地としていたが、その最大の船主はジョン万次郎を親しく迎えてくれたデラノ家であった。

デラノ家の当主であるジョセフ・C・デラノに一通の手紙が届けられたのは、日本非難の報道がされてから間もない頃であった。差出人はアメリカ海軍提督マシュウ・ガルブレイス・ペリーであった。

アメリカ合衆国海軍の軍人であるペリーは、一七九四年（寛政六年）、ロードアイランド州ニューポートで海軍大佐の三男として生まれた。一四歳で海軍士官候補生となり、やがて海軍最初の蒸気軍艦フルトン号の艦長となって「蒸気軍艦の父」と呼ばれていた。

一八二四年から三年間にわたり、地中海艦隊で勤務し、アフリカ艦隊司令官を経て、一八四六年からのメキシコ戦争において、艦隊を率いて旗艦ミシシッピ号に座乗し、勝利をもたらした司令長官として、一八四八年六月に凱旋した。これらの経験を通じてペリーは軍事と外交を体得したといわれている。

この年の一一月になると、ペリーは陸上勤務の海軍省郵船長官に就任した。郵船長官とは、一八四五年に成立した郵便事業助成法に基づき、海軍予算の助成金により建造される民間の蒸気郵船の検査と監督をする最高責任者である。既にパナマからオレゴンまでの郵船網は完成しつつあり、これに接続する太平洋を横断しアジアへの蒸気船航路開拓は、イギリスと競合するアメリカ合衆国の重要課題となっていたのである。

イギリスは、既にインド経由でアジアの定期航路を開設しているが、アメリカのアジアへの航路はイギリスの航路と施設を利用しており、補給や修理も全てイギリスの植民地であり、アメリカの捕鯨船や商船の保護をするアメリカ合衆国東インド艦隊のアジアにおける拠点はイギリス領の香港であった。

当時、アメリカからアジアへの航路はアメリカ東海岸のノーフォークを出航し、大西洋を東に渡り、マディラから南下し、セントヘレナ島を経てアフリカ南端の喜望峰を通過し、モーリシャスからシンガポールを経由し、香港へと向っていたが、相当の日数を必要としていた。

ペリー提督が日本遠征のためミシシッピ号でノーフォークを出港し、同じ航路で香港の東インド艦隊基地に到着するまで一三四日を要していた。

しかし、アメリカ合衆国西海岸から太平洋を一気に横断すれば、わずか二〇日間ほどで到着する計算であった。

これによりアメリカ合衆国は東アジアにおいて、イギリス、フランス、オランダ、ロシアの列強国より最短の位置に登場する事が可能となるのである。しかし、この頃の蒸気機関の燃料効率は悪く、イギリスに対抗し、太平洋横断の定期航路を開設するには、蒸気船の燃料である石炭の補給基地としての貯炭所確保が最重要課題であった。

ペリーは日本の開国が叫ばれている中、最重要課題である石炭補給基地確保と同時に、海軍戦略上の必要性、郵船や捕鯨船の寄港、補給の要求に加え、貿易のための通商要求を実現するため、日本開国を決意するのである。

しかし、はたして日本は開国により入国する外国人に、人道的な対応が出来るか否かを判断する必要に迫られたペリーは、ジョセフ・C・デラノにその情報を求めたのであった。

一月一六日付の手紙の中で、ペリーはデラノに対し、捕鯨船の数、一隻当りの乗組員数、太平洋の最良の捕鯨海域、太平洋海域での入港地等の質問をし、長崎以外の日本の港に入港を許された事があるか、日本の港に入港を許されない場合どうするのか、日本の現地民と交流し、交易や食糧の補給をした事があるか等、日本に関する質問を列記し、さらにマンハッタン号のマーケーター・クーパー船長による江戸湾入港について詳細な情報の提供を要請した。しかも、この情報収集は当分の間、極秘にしてほしいと念を押している。

三年間にわたる捕鯨を追え、サウスハンプトンに滞在していたクーパー船長にデラノの手紙が届いた。クーパー船長はデラノの手紙に対し、二月八日付けで、丁寧な返信を書き上げた。

江戸は接近するのに容易で、安全な港である。

マンハッタン号は必要物資の全てを補給でき、しかも代金は不要であった。

江戸付近はサウスハンプトンとよく似ており、松、樫、栗、杉を目撃している。

現地の人々は物静かで、人懐こく、知的である。

政治体制は絶対的なもので、領内に入った外国人に対しては非常に厳格である。

役人はアメリカ合衆国の産業や商業その他を知りたがったので、私は出来る限りの情報を与えたので、かれらはアメリカ合衆国を強力な産業国家であると認識したようである。

> 日本の沿岸には多くの船が航行しているが、海難のばあいでも日本からの援助は受けられないので、日本の港は、わが国の商業船と捕鯨船の便宜のため開港されるべきであると思う。
>
> しかし、日本の港に接近するには、軍事力が必要であると考える。

クーパー船長の日本に関する情報を基に、ペリーはデラノと書簡を往復させ、日本開国に関する情報を得ていたのである。ペリーが日本遠征のアメリカ合衆国東インド艦隊司令長官に任命される一年ほど前の事であった。

しかし、このようにペリーが準備を進めている中で、一八五一年五月にアメリカ合衆国東インド艦隊司令長官に任命されていたジョン・オーリックはフィルモア大統領の国務長官ダニエル・ウエブスターに、日本開国についてサンフランシスコに保護されている栄力丸の日本人漂流民の送還を材料に、日本との開国交渉をしたいと提案した。

プエブル号のグリン艦長の賛同を得て作成されたウエブスター国務長官の報告は、昇任直後のフィルモア大統領に届けられた。フィルモア大統領は外交法権の発動、自国民の生命財産の保護をその根拠として、通商の保護を付け加え、オーリック司令長官に日本との開国交渉の命令を下した。

一八五〇年九月、一七人が乗り込んだ栄力丸は酒や食料品等を積み、播磨の国兵庫を出帆し江戸へ向かった。

一〇月に入り江戸から紅花、麻、浦賀で大豆、小麦、干鰯等を積み、兵庫に向かう途中、紀伊半島大王岬沖で遭難し、南鳥島付近を漂流中、アメリカの商船オークランド号に救助された。

漂流五三日目で救助された一七人はオークランド号でサンフランシスコに上陸した。

サンフランシスコに滞在中の一八五二年三月、日本開国のため派遣されるアメリカ東インド艦隊司令官オーリックの対日交渉に利用するため、日本に向かう事になった一七人は、砲艦セント・メリー号で香港に送られ、オーリック艦隊を待つことになった。

途中、万蔵は病死しハワイに埋葬された。

しかし、後述の通り、オーリック司令官の解任と、後任のペリー司令官の出航準備のため、ペリー艦隊の香港到着は大幅に遅れた。このため、不安を感じた彦蔵、次作、亀蔵の三人はサンフランシスコに戻り、残った一三人はペリー艦隊に合流するためサスケハナ号にのせられ、太平天国の乱で騒然としている上海に移動した。

香港滞在中、モリソン号で帰還を果たせなかった肥後の力松から、無二念打払いによる幕府の対応を知らされた一三人は、ペリー艦隊での日本への帰還を恐れたため、上海に定住している音吉の交渉により、彼らは下船を許可される事になり、その意志の確認が行われた。

一二名の下船の意志は確認されたが、芸州出身の仙太郎は艦隊に残留する事を望んだ。後にペリー艦隊に乗組員として正規採用されたサム・パッチである。

一八五一年六月八日に蒸気戦艦サスケハナ号で帆船のプリマス号とサラトガを従えて広東に向ったオーリック司令長官は、ブラジルに寄港した際、ブラジル外交官に対する対応が不適切であったとの理由や健康上の理由、部下を統率出来ない等の理由で、広東に到着するとその任務を解任された。その解任理由には諸説があり、真の理由は明確ではない。

一八五一年一一月一三日、オーリック司令官の後任にマチュー・ガルブレイス・ペリーが任命された。この時ペリーは五七歳であった。

アメリカ合衆国政府で日本遠征が決定されると、その是非を巡ってマスコミを中心として、賛成派と反対派の議論が活発化していった。

そうした議論が白熱している最中、大西洋の孤島、セントヘレナより、残虐な日本人の行為を伝える記事が配信され、一八五二年六月一五日の「タイムズ」紙に掲載された。

「アメリカ船員に向けられた日本人の残虐行為」と言う見出しの記事は、日本沿岸で遭難したアメリカ捕鯨船ローレンス号の乗組員マーフィー・ウエルズの証言であった。ウエルズは遭難後、日本で保護され、長崎からオランダ船で送還されている。ウエルズは

海岸で土着民に捕まり、所持品は没収され籠に押し込められた。

食料も満足でない状態で一一ヶ月半後に、オランダ人居住地に移された。

そこで二ヶ月間厳しく尋問され、踏絵を強制された。脱走した一人は捕らえられ、その時の傷で死亡した。

と証言し、最後に「合衆国政府は自国民に対する日本の虐待を見過ごしてはならない」と結んだ。

この事件に関する日本側の記録によると、一八四六年（弘化三年）五月に、ローレンス号が台風に遭遇し、船員七名がエトロフ島に漂着した。海岸に漂着したウエルズ等七名に対し、薪水給与令に従って食料を与え立ち去るよう説得したが、彼らはそれを拒否したため、松前藩は老中青山忠良の許可を得て、彼らを規定通り長崎に移送した。

翌一八四七年（弘化四年）一一月一二日にオランダ船に乗船させ、バタヴィアへ送還した。日本では通常の

処置であった。

この事件はアメリカ合衆国政府には以前から報告されており、事件発生より五年ほど経過していた。前年のラゴタ号の脱走乗組員の日本非難記事と相俟って、このプロパガンダ記事により「タイムズ」紙のペリー艦隊日本遠征反対論は停止され、操作されたアメリカの世論は見事に日本遠征賛成へと突き進むのである。

東インド艦隊司令長官に任命されたペリーは、日本の開国と条約締結だけでなく、これまでの鎖国政策により知られていない日本人の生活状況や文化、自然を広く世界に伝えようと考え、出航までの一〇ヶ月間でその準備をしなければならなかった。

日本に関する情報は、ケンペルの『日本史』を始め、トゥンベリー、ティツィング、ドゥーフ、フィッシャー、メイラン、そしてシーボルトの『日本』等、日本に関する資料を大量に収集している。それらの資料のほとんどはオランダが発信源であった。

ペリーはジョセフ・C・デラノを通じ、マンハッタン号のマーケター クーパー船長の江戸入港に関する生の情報を入手したり、『ペリー艦隊日本遠征記』の序論によると、マルコ・ポーロの『東方見聞録』、ケンペルの『日本史』やシーボルトの文献等を通じ、日本に関する地理、自然、日本人の起源、西洋文明との接触、宗教、文学、芸術、そしてポルトガル、オランダ、イギリス、ロシアとの関係を驚くほど詳しく調査している。さらに、アメリカ合衆国との関係では、モリソン号公開記録、ビットル提督による一八四六年のコロンブス号とヴィンセント号の日本派遣記録、プレブル号のグリン艦長の報告書等、多くの資料を検討し、日本の対応を研究し、万全の対策を構築していたのである。また、宗教家、哲学者、航海家、博物学者、文学者、実業家等あらゆる分野の人士が強い関心をもって同行を願い出てきた。

ペリーはこれらの同行希望に対し、日本遠征は学術調査だけではなく、軍事を含んだ外交であるとし、多くの請願者の人格に全く関係なく全てを拒絶した。

しかし、ペリーは、唯一人シーボルトについては人格上の理由で同行を拒絶している。ペリーは海外から得た情報を判断し、シーボルトをロシアのスパイではないかと疑い、さらに、シーボルトが法を犯し日本から追放された事を知り、日本に帯同した場合、日本遠征隊の任務に重大な支障が起きると判断したのである。シーボルトはロシア外務大臣ネッセリローデに招待されロシアを二度訪問し、日本の情勢を紹介しロシアに助言を与えていたため、アメリカやイギリスではシーボルトをロシアの協力者、さらにはスパイであると見なしていた。

こうした中、遠征に必要な軍人以外の人材が厳選されていた。ドイツ人画家のウィリアム・ハイネ、銀板写真技師エリファレット・ブラウン・ジュニア、旅行家で作家のベイヤード・テイラー、電信係のウィリアム・B・ドレイパー、生物学者で医者のジェームス・モロー等、遠征隊の記録作業に必要とされる人材であった。

ところが、この頃までに遠征隊に編成されたペリー司令長官麾下の艦船の準備が全く整っていなかった。

四　夜も眠れなかったのか――四隻の黒船艦隊

出航の遅れを嫌ったペリーは海軍省の許可を受け、艤装中の他の艦船とは速やかに合意流する事にし、フィルモア大統領主催の送別会を終えると、一八五二年一一月二四日にミシシッピ号一隻でノーフォークを出港した。

順調に航海を続けていたミシシッピ号は、一八五三年四月七日に前述の航路で香港に無事入港した。そこには帆走軍艦プリマス号とサラトガ号、輸送船のサプライ号が停泊していたが、サスケハナ号は上海に向けて出港してしまっていた。

五月四日にミシシッピ号は上海に到着し、旗艦となるサスケハナ号と合流し、ペリー提督の乗換や、石炭や食料の積み込みを完了すると一日早く出発したミシシッピ号のあとを追い、翌日の五月一七日にペリー提督座乗の旗艦サスケハナ号は、運送船サプライ号を従えて琉球に向けて出航した。

帆走軍艦プリマス号とサラトガ号の二隻とは琉球で合流することになっていた。

五月二六日に那覇港沖で後続のサラトガ号と合流したサスケハナ号とミシシッピ号は同港に投錨した。その時点でサプライ号の姿はなかった。

ペリーの認識によると琉球が日本の属領であるのか、中国の属領であるのか判断しかねている。

ペリー一行は琉球の島内踏査を行い、琉球王宮を訪問した後の六月九日サスケハナ号がサラトガ号を曳航して、小笠原諸島であるボニン諸島の調査に出発した。

ペリーはケンペルの著書により、この諸島は一六七五年頃に八丈島から強風のため流された長崎の帆掛舟が初めて発見した事を知っており、イギリス人が初めて発見したとして領有権を主張する権利はないと主張している。

ペリーは日本開国に失敗した場合を想定し、カリフォルニアから中国に開設される蒸気船航路の停泊地の候補として、ピール島と呼ばれる父島に注目しており、蒸気船貯炭所を含めた補給基地として必要な土地を確保し、さらに多種類の野菜の種子や耕作器具を現地人に供給している。既に同島には外国船により持ち込まれ野生化した数多くの山羊が目撃されていた。

ボニン諸島で四日間を過ごし、六月一八日にサスケハナ号はサラトガ号に加え、上海に残してきた帆走軍艦プリマス号が合流していた。

一八五三年七月二日早朝、旗艦サスケハナ号とミシシッピ号の二隻の汽走軍艦とサラトガ号とプリマス号の二隻の帆走軍艦は、那覇を出港し浦賀へ向った。帆走輸送船サプライ号は琉球に残った。

ペリーがアメリカ合衆国東インド艦隊司令官の任命を受けるとコンラット国務長官はケネディー海軍長官に宛てた一八五二年一一月五日付書簡で、太平洋を挟む日米両国の環境は急激に変化しつつあり、太平洋を航海するアメリカ国民の保護は緊急課題であるとして、ペリー艦隊派遣の目的をアメリカ人漂流民の救助と生命、財産の保護、そのための避難港の確保、及び石炭貯蔵所の確保並びに通商港の確保としている。

この目的を達成するために、過去の経験から力の誇示を必要とするため、艦船を可能な限り江戸湾の奥深くに進入させ、皇帝にアメリカ合衆国大統領の国書を手渡すよう指示し、これらの目的を恒久的に維持するために条約を締結する意義を納得させ、一連の要求はキリスト教布教とは一切無関係であるとの事を説明するよう指示している。

さらに、この任務において発砲厳禁の命令を発し、指揮下の艦船や乗組員保護のための自衛以外には軍事力を使用してはならないと厳命している。

嘉永六年（一八五三年）六月三日の夕刻、浦賀沖に蒸気船二隻、帆船二隻の黒船艦隊が現れた。

ペリーは当初希望した一二隻による堂々と威圧できる艦隊を編成できなかったが、力の誇示により日本を威圧するには、この四隻で十分であった。

幕府の鎖国政策により、日本では外洋を航行出来るような大型船の建造は禁止されていた。そのため、日本国内の最大級の船は弁財船とも呼ばれる千石船で、その全長は八〇尺で約二四メートル、一〇〇トン級の木造船で、二五反の一枚帆であった。

ペリー提督が座乗した東インド艦隊旗艦サスケハナ号は、ニューヨークの海軍造船所で建造され、二四五〇トン、全長七七メートル、全幅一三メートル、吃水は六メートルで、三本の帆柱を装備した蒸気機関式外輪船である。

メキシコ戦争終了後の一八五〇年四月に進水し、当時、イギリス最大のバルディングス号、一七六三トンを凌ぐ世界最大の汽走軍艦で乗組員三〇〇人、一五〇ポンドパイロット式前装ライフル砲二基、一二ポンド前装ライフル砲一基、九インチダルグレン式前装滑腔砲一二基を装備していた。サスケハナとはアメリカインディアンの言葉で「広く深い川」を意味し、ペンシルベニア州を流れるサスケハナ川に由来している。

ミシシッピ号は一八二四年にフィラデルフィア海軍工廠で進水し、一六九二トン、全長七〇メートル、全幅一二メートル、乗組員二六八人の蒸気機関外輪船で、一〇インチペキザン砲二基、八インチペキザン砲八基を装備していた。

千石船が最大級の船舶であった日本では、全長で三倍を越え、トン数で優に二五倍を超えると思われる艦船は確かに巨大であったが、弘化二年（一八四五年）浦賀に来航したマンハッタン号は全長三六メートル、翌年に同じ浦賀へ来航したビットル提督のコロンバス号は全長五八メートルであり、浦賀での黒船は珍しくはなかったのである。

しかし、浦賀奉行戸田氏栄が書き述しているように、人力や帆を使わず、高速で前後左右に動きまわれる蒸気動力による外輪の黒船を見るのは、日本人にとってこの時が初めてであり、大きな煙突から黒煙を吐く異様で巨大な船体は、見る者を圧倒した。

「黒船」とは、蒸気船の代名詞ではなく、既に秀吉の時代に使用されていた用語で、木造船体の防腐と防水のために塗布するピッチが黒色をしているため船体が黒くなるのである。このため、ピッチを塗装した南蛮船を黒船と呼称し、唐船であるジャンク船を中心とした東アジア系の船舶と区別している。

ペリーの『日本遠征記』によると、伊豆半島の石廊崎沖から、伊豆大島の北側を通り、相模湾を剣崎沖に近づくと、日本側からの攻撃に備えペリー提督から全艦に戦闘準備の信号が発せられた。各艦の甲板は戦闘に備えるため、不用な機材は片付けられ、大砲は所定の位置に据え付けられ、装弾された。各兵員には小銃と弾丸が配布され、それぞれの部署につき、戦闘準備は完了した。

夕刻五時頃に江戸湾口の浦賀沖に投錨すると、富士山がその美しい姿をみせていたと記述されている。

五　「私はオランダ語が話せる」——浦賀沖

一般に軍艦は来艦者を無差別に乗艦を許すのが慣例となっており、コロンバス号は江戸湾に入港した際には、一度に一〇〇人以上も乗艦させ、士官達が歓待したといわれている。

しかし、ペリー提督は旗艦以外の艦船には乗艦を許可しないように命令している。

艦隊が投錨すると、艦隊を包囲するため四方八方から番船が群がってきた。

サラトガ号の舷側では乗船しようと、もやい綱を投げたり、鎖を伝って艦によじ登ろうとしたが、艦上の水兵に短剣やピストルを突きつけられ阻止された。

旗艦サスケハナに乗船していた中国語通訳S・W・ウイリアムの日記によると、投錨したサスケハナの周囲には多くの小船が近づいて来たが、その中でも身なりの正しい人物に向って、皇帝への国書を渡したいので、高位の役人を連れて来るよう求めた。

そのとき「私はオランダ語を話せる」ともう一人の役人が英語で叫んだ。

このため中国語通訳ウィリアムに代わり、オランダ語通訳のポートマンが、提督は高官のみの乗艦を希望していると伝えると、日本人通訳は隣の身なりの正しい人物がその任務にあたる浦賀の「副奉行」であると答えた。

双方での問答により二人の身分が認められると、ペリー提督の指示により旗艦サスケハナのブキャナン艦長は二人を乗艦させ、艦長室でペリー提督の副官コンティ大尉と会見させた。

このようにして、日米双方の最初の接触は交渉をもって始められたのである。

ペリー提督は姿を見せず、自分と同等の身分の者以外は会わない事で威厳を保つ「断固たる態度」を示した。

浦賀奉行所の役人は、これまでの経験により、旗艦の旗印を知っていた。

旗艦であるサスケハナ号に向かい、英語で叫んだ人物は、幕府オランダ通詞堀達之助であり、副奉行と称したのは浦賀奉行所支配組与力中島三郎助であった。

ペリー提督は、既に入手していたマンハッタン号のクーパー船長の江戸湾入港時の情報により、幕府の対応を承知しており、長崎ではなく浦賀で相応の地位の役人を交渉に引き出す事が出来れば、第一関門を突破した事になると考えていた。

ペリー提督は副官を通じ、本官はアメリカ合衆国の友好使節として日本に派遣され、合衆国大統領から日本皇帝たる将軍への国書を持参しており、公式に合衆国大統領国書を手渡す日を定めてほしいと伝えた。

これに対し、副奉行と称している与力中島三郎助は、日本の法律によれば異国との交渉は長崎のみで行なわれるため、貴艦隊は長崎に回航しなければならないと回答したが、本艦隊が浦賀に来たのは江戸に近いからであり、断じて長崎には行かない。提督の意向は友好的であるが、無礼は断じて許さないと強調し、遅滞なく正式に国書を受理するよう要請した。

中島三郎助は、自分には大統領国書取扱いの権限がない。明朝自分より上級の役人が来るであろうと伝えて下船した。

その夜、ペリー提督は全艦船に対し、完全な臨戦態勢を命令している。艦の前後と両側の舷門に哨兵を配置し、各大砲には大量の砲弾と四箱の擲弾を配備し、後の甲板にはマスケット銃、カービン銃、ピストル、短剣等の武器を用意していた。

この時期における浦賀奉行は、浦賀と江戸の二員制で、浦賀在勤の戸田伊豆守氏栄と江戸在府の井戸石見守弘道であった。もともと、浦賀奉行所には副奉行という役職はなく、副奉行と詐称して与力の中島三郎助を旗艦サスケハナ号に乗船させたのは、オランダ通詞堀達之助の機転であった。

浦賀奉行戸田伊豆守は、浦賀奉行所に応接掛という役職は設置していなかったが、与力香山栄左衛門を外国人応接掛とし、ペリー提督の対応をしていく事にした。

中島三郎助と香山栄左衛門はともに砲術家下曽根金三郎の弟子で、砲術や造船の知識があったが、特に香山栄左衛門は何よりも風采が良く、相手に好感を与える落ち着いた気品のある風格が備わっていた。

こうして戸田伊豆守は自分の代わりに、香山栄左衛門をペリー艦隊応接掛とし、その権限を集中させた。

翌日の早朝、オランダ通詞堀達之助は浦賀奉行所の最高の役人であるとし、香山栄左衛門をガバナーとして紹介し、サスケハナ号に乗船した。

ペリー提督は、ブキャナン中佐、アダムス参謀長とコンティ大尉に対応させ、自身は日本政府の閣僚としか対応しない方針を貫いていた。

ガバナーとは奉行に相当するが、ガバナーと詐称した与力香山栄左衛門は、前日の中島三郎助の回答と同様に、浦賀では大統領国書を受け取る事が出来ないため、長崎に向うよう何度も通告した。

これに対し、提督は断じて長崎には向わずこの地で国書を手渡したい。もし、それに不同意なら、いかなる結果になろうとも、十分な武力を持って上陸し、自ら国書を将軍に捧呈すると明言した。

この回答を受けた「奉行」香山栄左衛門は、江戸からの訓令を仰ぎたいので、四日間の猶予が欲しいと要請したところ、蒸気船なら一時間で江戸へ行けるが三日間だけ待つので、それまでに確答が得られるものと期待するとの返答であった。

この会見が終了し、応接室から出ると砲術の専門家でもある中島三郎助は甲板に装備してあるペキザン砲を見つけた。ペキザン砲はフランスで開発されて間もない榴弾カノン砲で、その弾丸は球形ではなく、尖頭弾で着弾破裂の際、外殻が鉄片となって飛び散り、周囲を破壊する殺傷力の強い大砲である。

中島がペキザン砲の名を思わず口にすると、まさかこの最新兵器を日本人が知っているとは思わないペリーの将校達は驚いたといわれている。

サスケハナ号の装備は口径二〇センチの八インチ砲三門、一六・五センチの三二ポンド砲六門であったが、その射程と破壊力は強大であった。

サスケハナ号、ミシシッピ号、プリマス号、サラトガ号の四艦の装備は三二ポンド砲四二門、八インチ砲一九門、一〇インチ砲二門の合計六三門であった。

これに対する浦賀での装備は九九門であったが、その大半は大砲といえない口径九センチの一貫目砲が主体であった。

浦賀奉行所で、奉行戸田伊豆守に会見内容を報告した香山栄左衛門は、在府の奉行井戸石見守に報告のため直ちに江戸へ出発するよう命じられた。

香山は早船で同心一名を伴い、夕刻までに神田小川町の井戸邸に到着し、井戸石見守に上申書を提出し、浦賀の状況を報告した。その際、香山は浦賀奉行が黒船来航を知っていたのに、何故知らせてくれなかったのかと泣きながら抗議したといわれている。香山は、旗艦サスケハナ号へ最初に乗り込み、どこの国で何んの用件で来航したのかと問いただしたが、サスケハナ号の将校は既にオランダを通じて告知していると返答があった。香山はそれを噂では知っていたが正式に知らされておらず、その返答に窮したのであった。

こうした中、老中首座阿部正弘は、浦賀に家臣で頼山陽の門人である石川和介を派遣し、また老中牧野忠雅も家臣の川島鋭二郎を派遣している。両者とも自己の信頼する家臣の目と耳を通しての情報を求めていたのである。黒船を目の当たりにした石川和介は、悔しいが幕府には黒船に対抗する力はないと報告している。

彼らの報告は、香山栄左衛門による浦賀部奉行所の報告を裏付けるものであった。

この時点で、老中首座阿部正弘は、アメリカ合衆国大統領の国書を浦賀で受け取る腹を固めたといわれている。

阿部正弘は老中、三奉行、海防掛等を招集し、アメリカ合衆国大統領国書受領について、六月三日の夜から四日、五日と評議を続けていた。

目付の鵜殿長鋭や堀利熙等は無条件受取に反対していたが、五日になり水戸の前中納言徳川斉昭に相談してはどうかとの意見が決まり、急遽その見解を求める事になった。

阿部正弘の書状とともに、六月二三日付の浦賀奉行伊豆守の異国船渡来の報告書が斉昭に届けられた。戸田伊豆守の報告書によると、ペリー艦隊は合衆国政府より国書を江戸で渡すよう命令されており、浦賀で受け取らなければ、勝手に江戸へ行くと言っている。

もし、国書を受け取らなければ戦争となり、浦賀は防備が手薄なので、勝目はなく、湾内の航行にも差しつかえ全国から江戸への物資輸送が滞り、江戸は食料不足になりかねないので、早急に指示して欲しいと、その緊迫した窮状を訴えている。

六　打ち払えば戦いになる――徳川斉昭の助言

徳川斉昭は、寛政一二年（一八〇〇年）に水戸藩第七代藩主徳川治紀の第三子として生まれたが、第八代当主徳川斉脩に子が無かったため、兄の後を継ぎ、第九代藩主となった。

しかし、家臣から幕府に謀反するとの讒訴をされたり、寺院を破却したり、藩校である弘道館の土手を無断で高く築いた事などの七つの罪状が幕府の定に触れたとして、弘化元年（一八四四年）五月六日に隠居謹慎を命じられた。

この時の町奉行は鳥居耀蔵であり、幕政に対し驕慢勝手に振舞う徳川斉昭は、誇大に表現された罪状により陥れられたといわれている。

駒込の屋敷で謹慎していた斉昭は、この頃より阿部正弘と書簡を交わすようになり、自分の無実を訴えている。

七年後の嘉永四年（一八五一年）九月二一日に、老中首座阿部正弘の計らいで、将軍家慶は、斉昭の母である自分の妹を訪ねる名目で、駒込にある斉昭の屋敷に行く事になり、その場で斉昭は家慶との対面を許され、その謹慎を解かれて再び幕政に参画する事となったのである。

斉昭は阿部正弘の緊急な要請に応え、その夜のうちに書状を認め、即刻、阿部正弘にとどけさせた。この頃、将軍徳川家慶は重篤な病床にあり、将軍の判断を仰ぐ事の出来ない阿部正弘は、御三家の水戸藩徳川斉昭にその判断を頼ったのである。

斉昭は、その書状でこれまで自分は海防に関してしばしば意見具申したが、全く考慮しなかったではないかとの不満を言いながらも、打ち払えば戦さになり、たとえ浦賀から追い払っても、伊豆や八丈の島々をとるだろう。かといって、国書を受け取れば通信や交易、さらに借地を要求してくる。浦賀に三～四ヶ月居座られたら、江戸湾への物資輸送に支障を来たし、江戸は大騒ぎになる。今となっては、打ち払いが良いとは言えないが、とにかく、みんなで良く相談して決断するしかないとの意見具申をした。

これまで異国船打ち払いを強く主張して来た斉昭であったが、事ここに至っては、もはや如何ともしがたいとし、暗に国書受け取りを示唆している。

幕閣の意見は、国書を受け取る事に集約されており、斉昭のこの書状によって、老中首座阿部正弘は、病床にある将軍家慶の代りに、水戸前中納言徳川斉昭の賛同を得、それまでの幕府の祖法である鎖国政策を、開国に向けて大転換する決断が出来たのである。

翌日、阿部正弘は国書受取を決定し、在府浦賀奉行井戸石見守弘道は直ちに浦賀に出立し、在地浦賀奉行戸田伊豆守氏栄と、国書受取の準備に着手するのである。

受領場所は浦賀では湾口が狭く、四隻の黒船を港内に入れる事が出来ないため、隣接の久里浜海岸とする事になり、急遽応接所を建てる事となった。

来航五日目の嘉永六年八月七日、幕府の回答期限の日の朝、三隻の船がサスケハナ号に接近し、先頭の船から、主席通訳・堀達之助、次席通訳・立石得十朗を従え香山栄左衛門が乗船すると、ブキャナン中佐とアダムス参謀長が出迎えた。

国書受取の交渉は午前と午後の二回にわたっておこなわれた。

ペリー側は、提督にふさわしい高位の役人以外には、国書を手交しないと何度も念を押した。

副奉行と詐称している香山栄左衛門は、久里浜海岸に新しく建物を建て、将軍から特別に任命された高官が対応すると告げ、さらに国書への回答は江戸ではなく長崎で、オランダ人または中国人を通して届けると伝えた。

これに対して、ペリー側は長崎には行かない。もし、この友好的国書がこの地で受領されず、しかるべき回答が得られなければアメリカ合衆国が侮辱されたものとし、どういう事態になろうとも責任は負わないと強調した。

香山栄左衛門が、本来外国からの書状は長崎で受け取る決まりとなっており、浦賀ではただ書状を受け取るだけで会談は許されないと回答すると、ブキャナン中佐は、会談は必要ないが受領役人に対する将軍署名のある信任状が必要であると要求し、さらに付け加えて、国書に対する回答は、直ぐさま受領する必要はなく、来年の春頃に受領するため再来航すると伝えた。

交渉が終わると、香山栄左衛門とその随員はサスケハナ号の士官によるパーティーに招かれた。『日本遠征記』には、彼らはウイスキーやブランデーを好み、紳士らしい泰然とた物腰と高い教養を物語る洗練された会話と社交性を兼ね備え、身だしなみだけでなく、オランダ語、中国語に堪能で、科学の一般原理や世界地理にも通じている。地球儀を見せると、ワシントンとニューヨークの位置を指差し、イギリス、フランス、デンマークやその他のヨーロッパ諸国の位置を知っていた。

艦内の見学では、色々な装置に驚きもせず、知的興味を抱き、ペキザン砲を識別し、蒸気船の技術や構造にも通じており、文明国の科学の進歩についても、かなりの情報を得ている事は間違いないと記述されている。

翌六月八日の夕方に、江戸から届いたばかりの将軍が与えた浦賀奉行戸田伊豆守氏栄への信任状と、信任状の印章が将軍の印章に間違いないと保証する「奉行」香山栄左衛門の証明書が提出され、明日の儀式に関する詳細な協議がおこなわれた。

日本の役人は全員公式の正装をするが、椅子やテーブルがなく、また、ワインもブランデーもないと告げると、ペリー側は双方の高官が同じ格式で座れば良く、酒の心配は要らないと返答している。

協議終了後、ペリー提督は旗艦サスケハナ号に各艦長を召集し、各艦は明日の早朝に、応接所の正面沖に移動して久里浜を制圧し、不測の事態に備えため、万全の戦闘態勢を取るよう命じ、日本部隊が敵対行為を始めたら、容赦なく大砲を打ち込むよう命令した。また、アメリカ合衆国の国威を誇示するため上陸可能な士官は正装して随行するよう指示した。

翌六月九日の早朝、各艦からくじ引きで選ばれた三〇〇人ほどの武装した士官、水兵、海兵隊員が正装し、ボートで旗艦に集合すると、ブキャナン艦長の先導により一五隻ほどのボートが出発した。その中には軍楽隊も含まれていた。

ボートの隊列が久里浜に近づくと、サスケハナ号の大砲一三発が轟音を発し、ペリー提督が自分の艦載艇で出発した事を告げた。

久里浜には江戸湾警備の川越藩と忍藩、それに急遽派遣された大垣藩と戸田藩の刀、槍、弓そして火縄銃で武装した藩士達およそ五〇〇〇人が応接所の周囲を固めていた。

ペリー提督は香山栄左衛門の先導で接見の部屋に入ると、浦賀奉行の戸田伊豆守と井戸石見守が待ち構えていた。

アメリカ合衆国大統領国書とペリー提督の信任状、及びペリー提督から将軍への三通の親書が無言のうちに手交された。国書の原本は英語であるが、両国の通訳の関係から、漢文訳とオランダ語訳が併せて手渡された。

これに対し、両浦賀奉行の国書受領書が手交された。

沈黙が続く中、ペリー提督は発言し、自分は二、三日中に艦隊を率いて琉球と広東に向うが、来年の四月か五月頃に、国書に対する回答を得に日本へ再来港するつもりであると伝えた。

伝達の儀式が終了すると、一行はボートに乗り込み艦隊に向った。その間、同行して来た軍楽隊が賑やかにアメリカの曲を演奏していた。

来航八日目の六月一〇日、さらに江戸湾奥に侵入した艦隊は、三隻の測量船を出し、海岸近くまで接近し、測量を始めた。岸辺には、外国人の姿を一目見ようと大勢の住民が集まり、中には水や果物を贈る住民もいた。見張りのため随行した船から役人が測量船に乗り移り、一緒に煙草を吸い、拳銃を撃って見せたりして交流を楽しんでいた。

艦隊はさらに奥へ進入し、品川を遙かに望む川崎沖で引き返し浦賀へ向った。

来航九日目の六月一一日は、浦賀の江戸湾内側にある大津浜や猿島一体を測量し、次回の来航に備えていた。

来航一〇日目の六月一二日、サスケハナ号はサラトガ号を、ミシシッピ号はプリマス号を曳航し、いよいよ艦隊は琉球へ向けて出港した。快晴のこの日は、三浦半島と房総半島の両岸には多くの住民が見物に集まり、おびただしい数の小船が艦隊を取り巻いた。

この日、ペリー提督が日本の回答を待たず出港した事には二つの理由があった。

その一つは、食料が乏しくなり、日本に長期の滞留が出来なくなっていたのである。ペリー提督は交渉相手から、食料や薪水の供給を受ける事を潔しとせず、日本の常套手段である引き伸ばしで、満足な回答を得られないまま、食料不足により出港を余儀なくされる事を避けたのである。

さらに、重要な理由は清国において太平天国の乱が継続しており、上海のアメリカ人の生命と財産を保護する必要があった。そのためサラトガ号は艦隊を離れ、急ぎ上海に向った。

「太平天国の乱」は、満州人王朝である清朝に対する漢民族の抵抗運動であり、客家である洪秀全によって主導された。一八一四年に現在の広州市花都区である広東花県で、下層漢民族である客家の家に生まれた洪秀全は私塾の教師をしながら、官吏登用試験である科挙の初級となる童試の受験をしたが、二三歳の時に三度目の失敗をした。

失望した洪秀全は熱病に倒れ、四〇日間にわたり幻夢にうなされた。

一八四三年に四度目の童試受験に失敗した洪秀全は、中国伝道のためプロテスタントのロンドン伝道会のロバート・モリソンが中国語訳した聖書の中国人用解説書である「勧世良言」を読み、三度目の失敗の時にうなされて見た幻夢の意味を理解し強い衝撃を受けた。自分はイエスキリストの弟で、父親である上帝エホバによって特殊な使命を与えられており、中国の征服者である腐敗と悪徳に満ちた満州人の支配から漢民族を救い出し、現世の太平天国を築くのだと確信するに至った。

自ら水をかぶって洗礼した洪秀全は、キリスト教のエホバを上帝として一神教である「拝上帝教」を創造し、共産的な共同社会を実現しようとする太平天国運動を展開するために、客家を中心とした信徒を集め一八五〇年頃までに太平天国軍を組織した。

洪秀全は太平天国軍を率いて華南、華中を制覇し、一八五三年には南京を占領し、天京と改名して新国家を樹立した。

ペリーの東インド艦隊はこうした中国の混乱の中、上海や香港、広州に在留するアメリカ人の生命と財産を守る必要があったのである。

一八六〇年、アヘン戦争に続くアロー号事件で北京条約が締結されると、拡大した権益を確保するため、中立政策を守っていたイギリスは中国人洋式部隊である常勝軍を指揮して太平天国の弾圧を開始し、清朝を支援した。

一八六四年四月洪秀全は戦いの最中、天京城内で病に倒れ、六月一日に死去した。五〇歳であった。

この年の末までに天京は陥落し、太平天国は滅亡した。

ペリー提督の浦賀出港から二日後の六月一四日、勘定奉行の川路聖謨と御留守役筒井政憲が斉昭を訪れ、国書に対する斉昭の意向を聞き出している。

両名は、その後の幕府内の様子を報告し、幕閣の意見をまちまちであるが、諸大名の防備は手薄で二〇〇余年の太平を過ごして来た日本が、最新武装したアメリカに敵対できるはずがなく、戦いに負けて国体を汚すより、オランダと同様に交易を許したらどうかという意見が主流であると告げた。

これに対し斉昭は、アメリカに交易を許せばオランダに不満が残り、アメリカはオランダを排除せよと戦争を仕掛けて来るだろうから、「祖宗の御厳禁ゆえ、交易は宜しからず」と答えた。

斉昭の考えを聞いた川路聖謨と筒井政憲は防備を十分にしておけば心強いが、現状はすこぶる手薄であるため、俗に言う「ぶらかす」で今年から一〇年間、申し出を許すとも断るともしないで、その間に、今度こそ防備を厳重に整備し、その上で、交易の願いを断ればよいのではないかと意見を述べると、斉昭は、異国船が来れば大騒ぎをし、帰れば防備をする事を忘れてしまうが、忘れずに防備をするなら「ぶらかす」も良いだろう。しかし、交易は厳禁であると釘をさしている。

嘉永六年（一八五三年）六月二二日第一二代将軍徳川家慶が薨去した。

老中首座安倍正弘は最大の後盾を失う事となった。

将軍薨去は秘匿されていたが、翌日六月二三日阿部正弘は将軍薨去を察知した越前藩主松平慶永より、斉昭を第一三代将軍となる徳川家定の補佐役にしたらどうかとの密書を受け取った。

阿部正弘は自分も同じ考えであると、松平慶永の提言に感謝の意を表している。

七月三日に斉昭は正式に海防参与を命じられ、七月五日には第一三代将軍徳川家定に拝謁している。

新しく海防参与となった斉昭の後楯を得て、阿部正弘は将軍家慶亡き後の幕政を推進していくのである。

ペリー艦隊が出港すると、老中首座阿部正弘はこの事態を戦争になる危険性を孕んだ「国家之御一大事」と認識し、幕府に伝達されたアメリカ合衆国の国書和解を二冊作成して、六月二六日に評定所一座へ、翌二七日溜間詰大名へ、七月一日には江戸城に参集した「幕府家門及び国持外様譜代詰衆奏者番各席」の諸大名に、幕府はまだ開国、鎖国、通商許可、打ち払いのどれにも決定していないので、同国書を熟覧し、忌憚ない心底を申し聞かせるよう諮問した。

さらに三日には御目見以上の幕吏へ諮問が行われた。

この四回にわたる諮問で国書問題は各方面に伝わり、この諮問に応じた幕府宛の「上書」は八〇〇余通に達したといわれ、中には浪人や町人までもがあり、その関心高さが窺われる。

老中首座阿部正弘は「国家之御一大事」に遭遇し、通商を許容すれば国の祖法が守れず、許容しなければ、戦いに対する防御の手当が不行き届きで、安全を守る事は至難であり、進退ここに窮まったのである。

こうして慣例を破り広く求めた意見には、必戦の覚悟をしてアメリカの要求を拒絶すべきであるとした主戦論や、通商を許可すべきではないが戦争は避けるべきであるとする避戦論、この機会に鎖国の祖法を廃止し、日本も海外に羽ばたくべきであるとする積極的容認論等、議論百出であった。

しかし、戦争になれば、日本にはペリー艦隊を打払う軍事力がない事を主戦論者以外は承知しており、交渉して三年ほどの時間を稼ぎ、その間に全国的に防備を整え、戦艦を建造すれば、アメリカを退散させることが出来るとする相も変わらない「ぶらかし」論も多く提案されていた。

さらに、阿部正弘は事の重要性なるが故をもって、朝廷の幕政関与を否定した幕府創設以来の祖法を破り、朝廷に対しペリー来航に関しての奏聞を行った。

朝廷という伝統的権威をも動員してこの事態を打開しようとしたのである。

しかし、この祖法を破った阿部正弘の幕政運営を切っ掛けに、朝廷は外交問題を始めとして幕政に干渉するようになり、そのため、幕府は朝廷の意向に従わざるを得なくなってしまったのである。

絶対権威であった幕府を平伏させる朝廷の権威を目の当たりにした諸藩は、幕府の弱体化を見抜き、幕府を従える朝廷の存在に気付き、実力ある雄藩が台頭し、朝廷を中心とした複雑な幕末への道程を進み始めるのである。

このような政策作業と同時に、阿部正弘は江戸湾防備に着手し、前老中水野忠邦政権下で高島流砲術を学び海防に尽力した江川英龍を、勘定吟味役格兼鉄砲方に再登用し江戸湾防備のため、品川御台場の築造を命じた。

ペリー艦隊出港六日後の嘉永六年六月一八日に江戸湾見聞を終えた江川英龍は、江戸湾で最も狭い富津と対岸の走水の間に海上台場を建造し、外国船侵入を阻止する提案をした。

しかし、この海域は水深が深く、しかも潮流が強いため、埋め立てにはかなりの時間と費用がかかり、ペリー再来航までに間に合わないとして断念し、第二案として羽田、川崎沖を考えたが、これも工期が間に合わないとして不採用となり、ついには防御線を大幅に後退させ、江戸に近い品川沖に建造する事に決定した。

御台場の設計は江川英龍が軍事技術研究に使用したオランダのエンゲルベルツとフランスのサヴァールの築城書が用いられた。

七月二三日付で阿部正弘からの許可を得て、幕府直轄の品川御台場築造工事は開始された。

嘉永六年（一八五三年）八月二三日、老中首座阿部正弘は勘定奉行兼海防掛の松平近直と川路聖謨、目付堀利忠、勘定吟味役竹内保徳、勘定吟味役格江川英龍を含む五四名を御台場御普請御用掛として正式に任命した。

御台場築造に使用する大量の石材は三浦半島や伊豆半島東岸一帯のおよそ二〇ヶ村の石材が伐り出されている。

これらの石材のほか、地杭や外周に打ち込まれる波除杭用の木材は、近くの大井御林や現在の我孫子市や柏市である下総国根戸村や、現在の八王子である武蔵国鑓水村等から伐り出され、また土塁の流出防止のため、現在の千葉市にあたる下総国登戸村から送り込まれた野芝が植えられた。

土塁用の土砂は、搬出に都合の良い品川泉岳寺外山、八ツ山、御殿山の三ヶ所が主要な土取場とされた。

このような準備がなされ、品川沖から深川沖にかけて一一基の御台場築造は八月初めから開始された。

八月二五日頃には早くも第一、第二、第三台場が起工し、翌嘉永七年七月一九日には竣工した。第五、第六台場は一二月一七日に竣工したが、第四、第七は工事中止となり、追加された一二番となる品川御殿山下の陸上の御台場は一二月一五日に竣工し、一一基を築造する品川御台場計画は、六基が完成した一二月の時点でその築造は打ち切られた。

幕府はこれからの御台場に配備するため、佐賀藩に二〇〇門の鉄製砲を発注した。

佐賀藩は二四ポンドと三六ポンドのカノン砲を二五門づつ納入した。

さらに佐賀藩は口径二七センチの一五〇ポンド鉄製カノン砲を幕府に献納し、第三御台場に装備された。

しかし、嘉永六年六月一一日に久里浜で国書を伝達し、来年の春頃に戻ると予告し、江戸湾を退去したペリー艦隊は、その予告より早い嘉永七年一月一六日、小柴沖にその姿を現した。

品川沖御台場の築造はまだ工事半ばであった。

七　一ヶ月遅れ――プチャーチン艦隊の来航

ペリー艦隊が浦賀を去って、一息つく間もなくロシア皇帝の全権使節プチャーチンの艦隊が長崎に入港した。

ロシアは日本との国交樹立のため、かねてより日本と数回にわたり接触して来たが、前記したように、その試みは全て失敗に終わっている。

一八五二年に入ると、アメリカが日本に艦隊を派遣するという情報が、ロシア東シベリア総督ムラヴィヨフからロシア政府に伝えられた。この情報に基づき、ロシアの極東政策を検討するため特別委員会が設置された。

この特別委員会では、アメリカが武力で日本を威圧し、開国に導くため武装した艦隊を派遣する事に対し、ロシア政府としては武力ではなく、平和的手段でアメリカより先に国交樹立と通商条約締結を目指し、侍従将軍で海軍中将のエフィーミー・ヴァシリエヴィッチ・プチャーチンの派遣を決定した。

この決定により、ロシア海軍参謀総長メンシコフは、日本に派遣する艦隊の旗艦にバルト海艦隊所属のフリゲート艦パルラダ号を指定した。パルラダ号は船齢二〇年の木造帆船で老朽艦であった。この当時、黒海艦隊のディアナ号が建造されていたが、その艤装は間に合わなかったのである。

これまでに、ロシア海軍には汽走軍艦がなかったが、プチャーチンはイギリスで小型汽走スクーナーを一隻購入するよう命じられている。

この他にカムチャッカ艦隊からコルヴェット艦オリヴーツァ号と、アラスカからカリフォルニアに進出したロシアの植民会社である露米会社の輸送船メンシコフ公爵号を日本付近で合流させる事にした。

イギリスに渡ったプチャーチンは蒸気スクーナーを購入し「東洋」という意味のある「ヴォストーク」号と命名し、その艦長にリムスキー・コルサコフ大尉を任命した。同大尉は作曲家ニコライ リムスキー・コルサコフの実兄である。

一八五二年一〇月七日、フリゲート艦パルラダ号はロシア帝国の首都サンクト・ペテルブルクの沖合いの島で、バルト海のフィンランド湾に位置するクロンシュタット港を出港し、プチャーチンの待つイギリス南部のポーツマスに向った。

一〇月二四日、スウェーデンとデンマークの間のオレスド海峡で濃い霧の中、パルラダ号は座礁してしまったが、自力で離脱し、一一月二日にイギリスのポーツマス港に入港し、プチャーチンと合流した。

パルラダ号の艦長ウンコフスキー少佐の座礁報告を受けたプチャーチンは、このままではパルラダ号は長期の航海には耐えられないと判断し、直ちに修理を命じた。この修理には、約二ヶ月を要した。

プチャーチンはペリー艦隊より早く日本に着く事を目指していたが、パルラダ号の修理のためにポーツマスで足止めされてしまった。

前述した通り、ペリー提督も艦隊が整わず、出港が遅れていたが、一八五二年一一月二四日に汽走軍艦ミシシッピ号一隻で日本を目指して、アメリカ東海岸のノーフォーク港を出港した。

修理を終え、天候の変わるのを待ち、一八五三年一月一八日にフリゲート艦パルラダ号とスクーナー艦ヴォストーク号はポーツマスを出港したが、ホーン岬は強風の時期となるため、当初の計画を変更して喜望峰を経由し、日本を目指す事になった。

三月二二日パルラダ号は喜望峰のケープタウンの南部にあるサイモンスタウンに入港した。

しかし、パルラダ号は再度修理が必要となり、この港でさらに一ヶ月を費やす事になってしまったのである。

修理を終え四月二四日にサイモンスタウンを出港したプチャーチンは、パルラダ号の状態が思わしくないため、新造艦のディアナ号と交換を要請するためシンガポールに入港すると、士官ブタコーフを本国へ急使として出発させた。

プチャーチンのパルラダ号は六月一三日にシンガポールを出港したが、ペリーのミシシッピ号は三月二九日にシンガポールを出港していたので、既に二ヶ月半の遅れとなっていたのである。

パルラダ号が香港に着いたのは六月二五日で、ペリー艦隊が琉球に向ったとの情報を得た。このためプチャーチンは広東に行き、中国で発生していた太平天国の乱の状況を調査しようとしていたが、予定を繰り上げ七月八日に香港を出港した。

しかし、まさにこの日、ペリー艦隊は浦賀に入港したのである。

急ぎ日本に向ったパルラダ号とヴォストーク号は出港直後から微風に悩まされていたが、台湾沖を通過中の七月二〇日の夜から台風に遭遇したり、その後には再び風が凪いて、艦隊合流地である小笠原群島の父島の二見港に到着したのは、香港出港から一ヶ月後の八月七日であった。二見港には既にヴォストーク号とコルヴェット艦オリヴァーツァ号、それに輸送艦メンシコフ公爵号が入港していた。

ハワイに立ち寄ったメンシコフ公爵号はロシア政府よりの新しい文書と追加訓令をもたらした。

ペリーにより遠征隊参加を断わられたシーボルトは、日本専門家としてロシア外務大臣ネッセリローデとサンクト・ペテルブルグで会見し、日本の国法を犯さないために交渉は長崎でするよう助言し、露日関係樹立の条約草案をも提案した。

シーボルトの助言に基づき作成され、皇帝ニコライ一世が裁可した露日条約案とともに、新しい書簡により外務省の追加訓令が届けられたのである。追加訓令には、日本の法律を犯さない事と、江戸ではなく長崎に行く事が指示されていた。

さらに重要な訓令として、クリル諸島（千島列島）とサハリン（樺太）における国境画定が強調されていた。

八月一六日ペリー艦隊と同じ四隻のプチャーチン艦隊は、長崎に向け父島二見港を出港した。

嘉永六年七月一八日、早朝フリゲート艦パルラダ号を先頭に長崎湾に入ったプチャーチン艦隊は、長崎奉行所の案内で第二停泊地に投錨した。クロンシュタット出港以来一〇ヶ月の航海であった。長崎奉行は福岡、佐賀、大村、平戸、島原、唐津、熊本の各藩に出兵を命じた。

長崎奉行手付大井三郎助と白石藤三郎はパルラダ号に乗り込みプチャーチンの補佐官コンスタンチン・ニコラヴッチ・ポシェットと会見した。

ポシェットはロシア政府の命を受け、日本政府へのニコライ皇帝の国書を持参したので、長崎奉行所を通じて江戸に伝達して欲しいと伝えた。

翌日、長崎奉行宛のプチャーチンの書簡が役人に渡された。

その書簡には、日本の国法に従い長崎に来航した。ロシア政府が希望しているのは、利益を貪るだけの通商ではなく、和睦平安であると記述してあった。

長崎奉行大澤豊後守定宅は、その日の内にロシア艦隊来航報告書とともに、プチャーチン書簡を江戸の勘定奉行に送達し、その対応の指示を要請した。

プチャーチン艦隊来航の報は八月一日に江戸に届いた。

徳川斉昭も登城し幕閣と協議した結論はペリーと同様の処置を取る事とし、ロシア皇帝ニコライ一世の国書を受領する事に決まった。

国書受取の露使応接掛には主席として、七六歳の大目付格の西ノ丸留守居役筒井肥前守政憲、勘定奉行川路左衛門尉聖謨、目付荒尾土佐守成允、それに幕府儒官古賀謹一郎が任命され、一〇月二九日に第一三代将軍に就任したばかりの徳川家定に拝謁し、翌一〇月三〇日に長崎へ向け江戸を出発した。

プチャーチンは江戸からの返事を待つ間、嘉永六年七月二六日にヴォストーク号をサハリン（樺太）からアムール川河口に派遣し、現地の状況を調査させている。

さらに七月二九日には、郵便や日本には少ない肉を得るためメンシコフ公爵号を上海へ派遣した。

長崎に帰港したメンシコフ公爵号は重大な情報を持ち帰った。

ロシア帝国はオスマン帝国と戦争状態に突入し、オスマン帝国を支援するイギリス、フランスと断交する状態にあるという情報である。イギリスとフランスの海軍はロシア海軍より優勢なので戦争が開始されれば、プチャーチン艦隊は上海、広東、香港等に近づく事は出来なくなる。このため、さらに最新情報を得るためプチャーチンはメンシコフ公爵号を再び上海に派遣した。

上海より帰って来た同号は、既に五月にロシアとオスマン帝国は断交し、イギリスとフランスの艦隊はダーダネル海峡に入り、間もなくロシアとイギリス、フランスとの間で全面戦争になるという情報を持ち帰った。

オスマン帝国とロシアはパレスチナの聖地管理権をめぐって、この年の七月に戦闘が始まり、ロシアの南下を恐れたイギリスとフランスがオスマン帝国側に参戦し、戦火が拡大していった。

クリミア戦争が勃発したのはオスマン帝国がロシア帝国に宣戦布告した嘉永六年（一八五三年）一〇月一六日の事であった。メンシコフ公爵号が出港するまでにクリミア戦争勃発の情報は上海に届いていなかった。

一〇月一五日に北方領域に派遣されていたヴォストーク号が長崎に帰還した。

江戸からの露使応接掛が長崎に到着するにはまだ日数がかかるので、一〇月一八日、プチャーチンはさらなる最新情報を求め長崎を出港し上海に向かった。上海にはプチャーチンがかねてから要請していたディヤナ号とパルラダ号の交替を承認するとしたロシア海軍省の連絡が届いていた。

北方海域に派遣され、座礁したりして傷んだヴォストーク号は修理に出された。

さらにプチャーチンは上海で石炭の入手が出来ず難渋していたが、ペリー艦隊が香港に停泊している事を知り、ペリー提督に八〇トンの石炭を融通して欲しいとの要請文を送った。これに対しペリー提督は、今回限りであるとして、アメリカ海軍貯炭所の石炭五〇トンを提供した。

その際、ペリーはプチャーチン艦隊の士官から、日本の将軍が薨去したという噂を聞き、ロシア皇帝の親書に対する回答が遅延しているのはそのためであるとの説明を受けた。

しかし、ペリーは浦賀での交渉中に、将軍の健康状態についての話題は何もなかったので、その噂を信じなかった。

このプチャーチンから石炭融通の要請文により、ロシア艦隊の動向に気付いたペリーは、江戸への再訪時期を急ぐ事にするのである。

一二月二一日に香港から到着したポルトガル領事により、一〇月一六日にオスマン帝国がロシア帝国に宣戦布告し、イギリス及びフランスの艦隊がボスボラス海峡に入ったという新聞報道がプチャーチンにもたらされた。

上海にはイギリスのフリゲート艦スパルタカス号、フランスの汽走軍艦コルベール号等が停泊しており、プチャーチンは早く出航しないと危険であった。

アメリカ海軍の貯炭所から、石炭の積込作業が終わった一二月三〇日にプチャーチン艦隊は急ぎ上海を出港した。

八　クリミア戦争下の日露交渉——露使応接掛 川路聖謨

プチャーチン艦隊は嘉永六年一二月五日（一八五四年一月三日）に長崎に戻ったが、川路聖謨等露使応接掛はまだ長崎に到着していなかった。

これに激怒したプチャーチンは応接掛が五日以内に長崎に到着しなければ、艦隊で江戸に向うと宣言した。プチャーチンにはクリミア戦争勃発により、長崎においてイギリスやフランスの艦隊との遭遇を恐れ、早く長崎を出港したかったのである。

一二月八日ようやく長崎に到着した川路聖謨等露使応接掛一行は、長崎奉行水野忠徳と打合せをし、一二月一四日に長崎奉行所西役所で両者は挨拶だけの初顔合わせを行い、プチャーチン一行三一人を三汁七菜と酒で持て成した。

長崎奉行所は東西の二ヶ所に分かれ、東は岩原郷立山にあり、立山役所といわれ、西は西役所といわれ、現在の長崎県庁のある出島に近い外浦町にあった。

一二月一七日には、川路聖謨等応接掛は旗艦パルラダ号を訪れた。

この時、ロシア艦隊が出航の準備をしているとの情報が入り、拉致されるのではないかとか、船上で戦いになるのではないかと非常な警戒のもとに一同悲壮な決意を固めて乗艦したが、一行はプチャーチンの出迎えを受け、軍艦の操練や大砲操作の演習を見学した後、フランス産のシャンパンとワインそれに西洋の珍しい料理で饗応を受け、予想に反しての歓待に一行は上機嫌になって帰った。

翌一二月一八日、プチャーチン一行を西役所に招き、川路聖謨はロシア外相ネッセルローデから老中に宛てた公文に対する阿部伊勢守正弘等六名の署名のある幕府の回答公文を伝えた。

その回答には将軍の薨去により新将軍継承の儀式等があり、幕府の新体制が成立するには時間がかかり、条約の協議には三年から五年を必要とするので、それまで待って欲しいと記述されていた。

一二月二〇日にようやく西役所で第一回の会談が開催された。

ロシア使節プチャーチンは国境画定と通商開始が交渉の基本条項である事を説明し、それらの件に関しての全権を委任されている事を伝え、日本側全権の権限を質した。

これに対し川路聖謨は、老中の回答公文に明記されている範囲に関しての権限であると返答した。

続いて通商開始の交渉に入り、プチャーチンは幕府回答公文によると通商開始の意図があるので、直ちにその協議を開始したいと要求し、一～二ヶ月ならまだしもその協議に三年～五年は長すぎるとして再考を要求した。

次に国境問題に入り、川路聖謨はゴロヴニンが著した『遭厄日本紀事』を引用して、得撫島の中立と択捉島が日本領であることを主張した。プチャーチンは、ゴロヴニンはロシア政府の正式使節でないので、国境画定の権限は無いと反論した。

これに続き樺太について、川路聖謨はロシア政府は樺太にロシア守備隊を駐留させているが、新しく領土を得る意志は無いとする公文書が正しければロシア守備隊を撤退させた後、実地調査をして国境を決めるべきであると主張したが、プチャーチンは、樺太国境確定後に守備隊を撤退させると回答した。

この第一回会談では意見をぶつけ合っただけで終了した。

第二回会談は一二月二二日に西役所で樺太問題から始まった。

川路聖謨は樺太の国境を北緯五〇度に設定する事を提案した。これに対しプチャーチンは樺太を調査して来たヴォストーク号のリムスキー・コルサコフ艦長の報告に基づき、アニワ湾に居住する日本人は二〇人ほどであるが、日本人居住地域をロシア領にする意志は無いので実地調査の上国境を定めたいと答えた。

次に、プチャーチンは択捉島について日露両国人が居住しているので折半する事を提案したが、川路聖謨は古記録に徴し、千島列島が日本領土であると主張し、プチャーチンの提案を拒否した。

引き続いて開港通商問題に入り、プチャーチンは松前か箱館を開港し、江戸近港に支障があれば大坂を開港してほしいと要望した。これに対し日本側は他の列国との関係もあり早急には決定できないと答えている。

第三回会談は一二月二四日に行われたが、プチャーチンは第二回会談で川路聖謨が古記録を提示し反論した事に対し、レザノフの来航以来五〇年以上がたち、世界の情勢が変化しているのに、日本は鎖国を続け、政治、経済、軍事のあらゆる面で、世界に立ち遅れている。特に厳重さを誇っている長崎防備でさえも、ロシアの軍艦一隻で簡単に撃破出来てしまう程度であり、鎖国維持は不可能であるとして、日露の国交開始は不可避であると断言した。

これに対し、川路聖謨は強く反駁したため、具体的交渉に入る事無く散会した。

一二月二六日に行われた第四回会談では、プチャーチンは日本側の対応が遅い事を難詰し、樺太国境決定が遅くなれば、全島がロシア領になってしまうと発言したが、川路聖謨はアニワに日本人が居住しているのは明白な事実であり、樺太は日本領であると主張した。

一二月二八日の第五回会談は、長崎奉行所西役所で行われたが、これまでの会談で両国の主張は総論としては理解できたので、今後は勘定組頭中村為弥をロシア旗艦パラルダ号に派遣し、文書による交渉を行う事とした。

翌二九日、中村為弥がプチャーチンに提示する文書を川路聖謨の宿舎で打ち合わせたが、その内容は樺太実地調査のため係官を急派する事、また漂流民は救済し、薪水、食料等は江戸以外の港で無償で供給する、択捉島は日本領であるとし、これまでの日本側全権の論旨を列記した覚書となっていた。

一二月三〇日、中村為弥はパラルダ号を訪れ、覚書を持参したが、その覚書を読んだプチャーチンは、何んら妥協の意志が認められないと憤慨して受理を拒否し、その代わりに日露条約試案を示し、日本側全権が同意すれば一月四日に調印したいとその試案を中村為弥に手交した。

持ち帰った試案を協議するため、その夜、筒井肥前守役宅で川路聖謨等応接掛の寄合が開かれ、協議の結果、プチャーチンより提出された条約試案を返却する事に衆議一決した。

年が明け、嘉永七年正月二日、中村為弥は同試案をプチャーチンに返却すると、プチャーチンは新たに老中宛の日露修好条約草案と応接掛宛にその条約草案の趣意説明の覚書を届けるよう依頼した。

筒井肥前守役宅で再度の寄合が開かれ、趣旨説明の覚書を検討した結果、条約締結は拒否するが、国境画定について、択捉島は日本領土である、樺太は北緯五〇度を国境とする、アニワ湾駐屯のロシア守備隊はすみやかに撤退する事とした筒井肥後守と川路聖謨の連署の回答書を中村為弥を通じてプチャーチンに手交した。

プチャーチンの提示した日露修好条約草案には、日露の国境は千島においては択捉島、樺太島においてはアニワ湾の大泊までを日本領とし、その以北はロシア領とする。長崎以外に新たに大阪と箱館を開港し、ロシア艦船の寄港、必需品の購買を認める、開港場に居留地を設定し、ロシア居留民の通行を自由とする。また、ロシアに領事裁判権と最恵国待遇を認める事等が提起されていた。

第六回会談で、プチャーチンは通商条約の締結よりも開港と必需品の購買許可がロシアにとって重要であると主張し、川路聖謨は幕府に上申すると返答した。

こうした中、一月五日、プチャーチンは気になっているロシアとオスマン帝国、イギリス、フランスとの戦争状況の情報収集のためヴォストーク号を上海へ向け出港させた。

これに続いて、プチャーチンは日本側全権の筒井肥前守と川路左衛門尉の二名は、領土問題を決定する権限を有していないので、これ以上の会議は無益であるとして、北海方面の調査航海をして再び来航するので、その間に江戸の幕府と協議し、ロシア政府の希望がかなうようにしてほしてと言い残し、一月八日三隻の艦船で長崎を出港した。

クリミア戦争勃発により、長崎でイギリスやフランスの艦隊と遭遇する事を恐れたプチャーチンは、具体的には何も決定しないまま、急ぎ長崎を離れたのである。

このような結果となり、対ロシア「ぶらかし」策が成功したと、川路聖謨等応接掛は高く評価された。しかし、プチャーチンは、幕府がアメリカ等他国と条約を締結した場合は、ロシアとも同様の内容の条約を締結する事を要求し、川路聖謨にそれを保障する文書を書かせている。

後年ロシア皇帝への上奏報告書の中で、プチャーチンは川路聖謨について、その教養と洗練された対応は、ヨーロッパのいかなる社交界にあっても一流の人物として認められ、また日本人は極東におけるすべての民族の中で、最も高い文化を有している事を認めると記述している。

さらに、日本政府は誠意を持ってロシアとの友好関係を結びたい意向があり、外国を無視できない現実を悟り、世界の潮流に譲歩する腹を決めているが、ただただその時期の到来を遅延させるよう努力していると報告している。

老中首座阿部正弘は、ただそれを遅らせているのではなく、いかにして幕府内外の意見を統一し、国論を分裂させる事無く開国へ導くか、その一点に渾身の慧知を集中し、汗を流していたのである。

長崎を出港したプチャーチン艦隊は、直ちに北海水域へ向かわずマニラに向かった。その途中、二月一三日に琉球へ立ち寄ったプチャーチンは、那覇港でペリー艦隊が二日前に那覇を出港したという情報を知らされた。

一七日になり、上海へ行っていたヴォストーク号はまだ戦争は始まっていないという朗報をもたらしたため、二一日に艦隊はマニラに向かった。

マニラで艦隊を整えたプチャーチンのパラルダ号はイギリス、フランスとの戦争が迫っているなか、マニラを出港し、五月二九日メンシコフ公爵号が待つ間宮海峡の樺太の対岸にあるイムペラートル湾に入った。そこには海軍総裁よりデ・カストリ港でディヤナ号と会合せよとの連絡が届いていた。ディヤナ号はクロンシュタットを出港してからホーン岬を回り、ホノルルを経由して間宮海峡に入り、二七九日間をかけてデ・カストリ港に入港した。

一八五四年八月三〇日に、パルラダ号からディヤナ号に乗り換えたプチャーチンは箱館に入港した。ここでプチャーチンは日米和親条約により箱館が開港され五月にペリー艦隊が入港した事を知らされた。

このためプチャーチンは天皇の御所のある京都に近い大坂へ直行し、交渉を促進しようと考え、九月一七日に大坂湾の天保山沖に停泊した。突然現れたディアナ号に、何も知らされていない大坂城代土屋寅直は驚いた大坂民衆の動揺を抑えるのに大童となった。

この騒ぎの中、下田で筒井備前守と川路左衛門尉が応対するとの通告を受けたプチャーチンは下田へ向かうのである。

来春、国書に対する回答を受領するために再度来航すると言い残し、浦賀を出港したペリー艦隊は那覇を経て、一八五三年八月七日香港に到着した。

この頃、広東にも太平天国の乱が差し迫り、広東のアメリカ商人達は、ペリー提督に自分達の生命、財産の保護を要請した。ペリーはこの要請に応え、広東へサプライ号を黄埔にポーハタン号を派遣した。

一一月末、マカオに停泊していたフランスのフリゲート艦コンスタンチン号が行先を公表せずに急遽出港した。

さらに、上海には長崎から到着したロシアのプチャーチン艦隊が停泊していた。

ペリーは、プチャーチンが今度は密かに江戸へ向かう計画をしているのではないかとの疑念を持ち、また、フランスのコンスタンチン号も江戸へ向かっているのではないかと推測し、それらがペリー自身の日本開国への活動に著しい妨害となる事を懸念しながら、日本への贈り物を運んで来るはずの輸送船レキシントン号が到着するのを待ち焦がれていた。

九　早かったペリー艦隊の再来航――問題は会見場所

待ちに待ったレキシントン号が香港に到着すると、同号の香港での出港準備が完了した一八五四年一月一四日に、ペリーは新しく旗艦となったサスケハナ号に座乗し、ポーハタン号、ミシシッピ号、レキシントン号、サザンプトン号を従え、まず琉球へ向かって香港を出港した。真冬のこの時期、日本海沿岸は嵐や霧で非常に危険であると言い伝えられていたが、ペリーの使命感はその恐怖を吹き飛ばしたのである。

輸送船のレキシントン号とサザンプトン号はポーハタン号とミシシッピ号に曳航されていた。マセドニアン号とサプライ号はヴァンダリア号と琉球で合流するため既に出港し、サラトガ号も琉球で合流する事になっていた。

ペリーは那覇に着くと、オランダのインド総督からの書状を受け取った。その書状には日本の将軍が薨去した事を伝え、幕府はオランダ商館長に対し、日本の法制と慣習により、一定の葬送の儀式と将軍継承の手続きを行うため、当分の間、先に受領した国書に関するすべての審議が延期されるので、ペリーが予告した時期のアメリカ艦隊の江戸湾回航を延期するよう、ペリー提督に知らせてほしいとの要請が記述されていた。

ペリーは香港で将軍薨去の噂をプチャーチン艦隊の士官から聞いていたが、オランダのインド総督からもたらされた幕府の将軍薨去の声明は、アメリカとの交渉を妨害するための術策ではないかと疑った。もしこのような理由で幕府が交渉を延期したり拒絶した場合の対抗策として、ペリーは日本の支配下にある琉球をアメリカの支配下におくため、艦隊から二人の准士官と一五名の水兵を琉球に残している。

サラトガ号と合流し、那覇を出港したペリー艦隊は、一八五四年二月八日、伊豆の大島に到達したが、風待ちをしたりして二月一二日に相模湾に入ると、先行していたマセドニアン号とヴァンダリア号を発見した。しかし、マセドニア号は三浦半島西岸にある荒崎の亀城といわれる磯根に座礁していた。

ペリー提督はミシシッピ号に命じ、座礁しているマセドニアン号に近づき、曳き綱で離礁させることに成功した。

その間、浦賀奉行所や彦根藩そして荒崎の地元民は助力を申し出て、離礁の手助けをし、さらに座礁したマセドニアン号が船を軽くするために海に投棄し、海岸に打ち上げられた数多くの瀝青炭の大樽を、三キロほど沖合の艦隊に送り届けている。

ペリーは日本人がアメリカ人に対する友好的な態度を具体的に示したとして、感謝の気持ちを表している。

体勢を整えたペリー艦隊は縦列となって江戸湾に入った。艦隊は三浦半島を回って、浦賀沖にその姿を現し、前回同様に無数の船が取り巻く中、嘉永七年一月一六日の午後三時に小柴沖の停泊地に到着した。

前回のペリー艦隊はサスケハナ号、ミシシッピ号、プリマス号とサラトガ号の四隻であったが、今回はサスケハナ号、ポーハタン号、ミシシッピ号、マセドニアン号、ヴァンダリア号、サザンプトン号、レキシントン号と後続のサラドガ号とサプライ号の九隻となり、当初ペリーが計画した大艦隊で日本を威圧して、開国を迫る構想が実現し、ペリーはその軍事的圧力を背景にして、日本との再度の交渉に臨むのであった。

今回、最初にペリー艦隊と接触したのは浦賀奉行所の組頭黒川兵衛、与力中島三郎助、佐々倉桐太郎、通辞堀達之助、立石得十郎と徒目付平山謙次郎であった。前回活躍した香山栄左衛門は、アメリカ人から個人的に贈り物を受けたという疑念を受け、今回の応接掛から外されていた。

彼らは二隻の舟でサスケハナ号に接舷したが、特別船室である司令長官室をポーハタン号に移設したとして、艦隊参謀長アダムス中佐の案内によりポーハタン号に乗艦した。アダムスは前回の来航の際、交渉の中心的役割を果たした与力香山栄左衛門の姿が見えないので尋ねると、病気で出仕していないと返答があった。

幕府はすぐさま応接掛として林大学頭復斉、町奉行井戸対馬守覚弘、浦賀奉行伊沢美作守政義、目付鵜殿民部少輔長鋭、儒役松崎満太郎を指名し、四人は一月一九日浦賀に到着した。

組頭黒川嘉兵衛は、浦賀に二人の高官が待機しており、さらに幕府の応接掛が浦賀に向かっているので、ペリー提督にも浦賀に移動してほしいと要請した。

これに対し、アダムス参謀長はペリー提督の浦賀移動を拒否し、もし艦隊停泊地の対岸での会見ができなければ、ペリー提督は艦隊を江戸湾の奥に移動させ必要とあらば江戸まで侵入する意志であると伝えた。

翌日、応接掛はペリー艦隊を江戸に近づけないように鎌倉で提督を迎えると伝えたが、ペリー側は応じないため、久里浜、浦賀と提案したが話し合いは膠着していった。

交渉が進展しない中、日本側の提案により浦賀の上陸地を視察するために、アダムス参謀長はヴァンダリア号で浦賀に上陸し、林大学頭と会見した。しかし、将軍の命により浦賀での応接を主張する日本側と、浦賀は停泊地が吹きさらしなので不適当であると主張するアメリカ側との交渉は進展しなかった。

こうして、組頭黒川嘉兵衛等応接掛はもとより、浦賀奉行伊沢美作守もアダムスに相手にされなくなってしまった。

このような事態になったため、お役御免になっていた香山栄左衛門は一月二五日の夜に呼び出され、老中首座阿部正弘の命により、ペリー艦隊の応接にあたる事を命じられた。

アダムス参謀長が乗艦するヴァンダリア号に突然現れた香山栄左衛門は、アダムス参謀長の提督に対する影響力により、浦賀で問題を解決するよう説得してほしいと懇願した。

こうした中、業を煮やしたペリーは江戸が見渡せる多摩川河口の大師河原から羽田沖に艦隊を侵入させた。

ペリーは『日本遠征記』の中で、もし私が最初にとった立場から少しでも後退すれば、日本人は優位に立ったと思い、交渉中いかなる事例においても粘り強く揺さぶれば、私を説き伏せられると思うだろう。そのため何であろうとも意志を貫き、理不尽な頑固者と思われたほうが得策と意を決し、艦隊での威嚇を実行する決心をしたと記述している。

この艦隊の接近に驚いた村人は、夜通し警戒の半鐘を打ち続けていた。

香山栄左衛門は羽田沖の艦隊に合流したヴァンダリア号のアダムス参謀長を訪れ、ペリー提督は浦賀に戻らないのかと問うと、アダムスはその通りだと答え、水や食料、薪炭は浦賀でないと供給できないと告げると、提督は兵士を陸に派遣して、この地で調達するであろうと通告した。

交渉がここに至り、ペリー提督は決意を曲げず、さらに江戸に近づくつもりであると判断した香山栄左衛門は、艦隊が停泊していた場所から江戸湾の奥に位置する横浜村を、新たな会見場所として提案するのであった。

林大学頭等応接掛は交渉難航を予測し、すでに浦賀に代わる会見場所として神奈川宿付近を模索しており、老中には会見場所選定について柔軟に対応したいと上申し、老中も江戸に侵入させない事を条件に、それを許可していたのであった。『日本遠征記』には、日本側は提督の決意を動かす事が出来ず、艦隊が江戸に近づいたため、艦隊をこれ以上侵入させないよう小柴沖に留めておくのが得策であると判断し、それまでの浦賀に戻るようにとの主張を突然投げ捨てたのであると記述している。

この提案を受けたペリー提督は、指定された場所が適当であれば応じるとして、ブキャナン艦長とアダムス参謀長に横浜村の検分を命令した。両名は香山栄左衛門の案内で横浜村を視察し、あらゆる点で適切であると判断した。

横浜村は、現在の桜木町付近から山下公園に至る長大な砂浜が連なっていたため、将軍への贈り物を陸揚げして陳列するのに十分な広さがあり、その沖には安全に停泊ができ、九隻の全艦隊が横一列に戦列を組んで投錨できる広い水域と、艦隊の大砲の射程距離以内に接近出来る水深があり、江戸にも近いと判断されたのである。

この報告を受けたペリー提督は、三月一日に林大学頭に対し、横浜村を会見場所とする事に同意する旨の書簡を送った。その書簡の中で、測量艇による調査の結果、艦隊が江戸市街近くまで侵入できる事が判明したので、宮殿から艦隊をご覧になれるように、また、蒸気船とその機械の見学を歓迎し、その来訪に便利なように、艦隊を江戸市街に近寄せるが、その際には礼砲で将軍に敬意を表すると記述し、必要あらば艦隊を江戸城近くまで侵入させると威圧する事を忘れなかった。

ペリー提督からの同意を得た林大学頭は、浦賀奉行所に命じ、条約館と呼ばれる会場の建物の建築を急いだ。

こうした時、アダムス参謀長は香山栄左衛門に一通の手紙を手渡した。それは同艦隊に所属する サム・パッチと呼ばれている日本人が友人に宛てて書いた手紙だった。

前述したように サム・パッチは嘉永三年（一八五〇年）に「栄力丸」で遭難した一七人の一人である仙太郎であった。

遭難した一七人はアメリカの商船に救助され、サンフランシスコに着き、アメリカ東インド艦隊で日本に帰還するため砲艦セントメリー号で香港に送られ、中国へ行き、サスケハナ号に移された。サスケハナ号がペリー提督の日本遠征隊に合流した時、サム・パッチ以外の日本人漂流民は、日本に帰ったら処刑される事を知っており中国に残る事になった。

サム・パッチは唯一人サスケハナ号の乗組員として正規に雇傭され、二回にわたる日本来航に同行していたのである。

驚いた香山栄左衛門はアダムス参謀長に サム・パッチと会えるよう要請した。

数日後に姿を見せた サム・パッチは、 処刑されるのではないかと全身を恐怖に震わせ、 平伏したままだった。

ペリー艦隊が帰国する数日前に、 森山栄之助等がポーハタン号にペリー提督を訪れ、 サム・パッチを日本に残すよう頼んだ。ペリー提督は本人の自由意思で日本残留を望むなら許可すると返答したが、 日本に残った後、 サム・パッチが危害を加えられることの無いよう、 あらゆる保護と保障を要求した。しかし、 サム・パッチは森山栄之助等、 日本人役人の懸命な説得にも関わらず、 日本に残る事に応じず、 ミシシッピ号でアメリカに戻って行った。

艦隊乗組員のジョナサン ゴーブルは サム・パッチを自分の故郷であるニューヨークの自宅に連れて帰った。

横浜開港後、 バプテスト派宣教師となったゴーブルは、 サム・パッチを伴って来日しており、 その時のサム・パッチと思われる銀板写真が、 横浜美術館に保管されている。

一〇　林大学頭とペリー提督の対決――戦争を賭けた交渉

そうした中、 ペリー提督は艦隊を横浜村沖に横一列に停泊させ、 海岸全体を大砲の射程に入れるよう命令した。

こうして準備が整い、 第一回の正式会談は三月八日に開催された。

午前一一時三〇分にブキャナン中佐が指揮する完全武装した士官、水兵、海兵隊の五〇〇人で編成された護衛隊は二七隻のボートで海岸に向かった。

護衛隊が上陸すると、マセドニアン号が発射する一七発の礼砲の中、ペリー提督は旗艦となったポーハタン号から将官艇で会場の新築された条約館へ向かった。昨年夏の久里浜上陸以来八ヶ月ぶりの日本上陸であった。

ペリー提督と士官、通訳が上座である左側の席に着くと、首席委員林大学頭を先頭に井戸対馬守、伊澤美作守、鵜殿民部少輔、松崎満太郎の各委員が着席した。

首席通訳は長崎から到着したばかりの通詞森山栄之助が務めた。横浜会見場設定に大役を果たした香山栄左衛門は、再び御役御免となっていた。同僚からの妬みによる流言のためだと言われている。

アメリカ側には日本語通訳がいなかったが、日本側も水戸の徳川斉昭の反対により、中濱万次郎による英語通訳を断念したため、日米双方が母国語ではなく、外国語であるオランダ語と中国語で会談をする事になった。

中心議題である条約交渉で、アメリカ側はペリーの覚書と、望厦条約とほぼ同様のアメリカ側の条約草案を手渡した。望厦条約には「和親」と「通商」が盛り込まれていたが、アメリカ草案では「和親」のみで、「通商」は削除されていた。幕府はアメリカ側の条約草案を受理したがこれを参考にしない立場をとり、三月一五日に七ヶ条の日本側草案を提示した。

この間、ミシシッピ号所属の海兵隊員の死亡に伴う埋葬の件や、日米相互の贈答品目録の交換、条約調印の式典の準備に双方とも大童となった。

三月一七日から条約館で林大学頭とペリー提督により、条約内容についての会談が行われた。

初対面の挨拶が終わると、幕府の林大学頭は
昨年の秋、貴国大統領から国書を受領した。

それによると、貴国は水、食糧、燃料を望んでいる。

これらの要望に関しては、既に許可されている。

石炭に関しては、例外的にその供給を認める。

また、遭難船員の人道的な待遇に関しては、我国にはその取扱いに関する定めがあり、それに従って今後とも人道的な待遇を実行していく。

しかし、通商に関しての提案は受け入れられない。

と発言した。

ペリーは、
アメリカ合衆国政府の最も重要な政策は、人間の生命を尊重する事である。

それ故に、難破して漂着した者を全力で救助し、人道的に待遇するのである。

しかるに貴国は人命の尊重をしておらず、外国船が近づけば大砲で打ち払い、遭難者が漂着すれば監禁し、奴隷のように取り扱う。

我国が、遭難した日本人を祖国に帰そうとしても、貴国はそれを受け入れようとしない。

日本とカリフォルニアは太平洋によって隔てられているが、短期間の内に日本に接近するアメリカ船は激増するだろう。

もし貴国が慣例に従い、船舶を救助しなければ、我国はそれを敵対行為と見なす。

我国はメキシコと戦争をし、その首都を占領したばかりであり、戦争の準備は出来ている。

メキシコのようになりたくなければ、慣例を改めるべきである。

これに対して林大学頭は、

やむを得ないのであれば、我国も戦争を始める。

しかし、貴官の申し立ての多くは、事実ではない誤った報告により作られている。

貴官が述べたように、我国は人命を尊重しない国ではなく、人命を尊重して来たからこそ、三〇〇年以上にわたる平和を享受してきたのである。

我国では、外洋航海が出来る大船の建造と海外渡航及び海外定住日本人の帰国が禁じられている。

従って、外洋の船舶は救助出来ないが、沿岸での遭難や、薪水食料の供給には人道的に対応して来た。

遭難者が監獄に放り込まれ、奴隷の扱いを受けたという貴官の申し立ては誤った報告によるものだ。

我国では遭難者をどこで見付けようとも、彼らを長崎に送り、オランダ商館に引き渡し、それぞれの国に送還する事になっている。

何年か前、貴国の国民が松前に上陸したが、全員長崎に送られ、長崎から送還された。彼らの中には乱暴なものが居り、一時的に拘留せざるを得なかった。

その若者が国に戻り、自分達は奴隷のように取り扱われたと報告したのだろう。

貴官が我国でその調査をし、事の真相を調べれば、その疑念は誤解であると理解できるであろう。

このような事は戦争を要するほど重大な問題ではない。

と諭すように反論すると、ペリーは、

もし貴国が既に平和的外交政策をとっており、今後とも遭難者を救助するのであれば、これ以上何も言う事はなく、貴国が燃料、水、食料そして石炭を供給する具体的な法律を出す事を希望するだけである。

と林大学頭に満足の意を伝えた。しかし、ペリーはこれに続き、

なぜ貴国は通商を許可しないのか。通商はそれぞれの国に莫大な富をもたらす。もし貴国が通商をすれば大きな利益を得られるであろう。

この通商問題に関するペリーの要求に、林大学頭は

通商によってどんなに国民の利益になろうとも、我国は開闢以来、国内の生産物だけで十分に国民の需要を賄って来た。我が国民は他国の生産物が欲しいといって、不満を感じる事はない。

とペリーを牽制し、

貴官は日本来航の目的を、人間の生命を尊重し、我国に船舶の救助をさせる事にあると明言した。貴官は、既にその目的を達成した。

通商は利益の問題で、人間の生命の問題とは何んら関係ない。貴官は、目的を達成したにも拘らず、まだ不足というのか。

林大学頭の理路整然とした反論にたじろいたペリーは、しばらく時間をおいて、

貴官の言う事はもっともである。私は貴官のいう通り、人間の生命を尊重するために来たのであり、

重要な事は貴国が我国の船舶を救助する約束をさせる事にある。
通商は国に利益をもたらすが、それは人間の生命と関係ない。通商の問題はこれ以上固執しない。
と答え、林大学頭に対し持参していた清国と締結した「米清通商条約」（望厦条約）の冊子を示し、
貴官の考えを尊重し通商は強要しないが、いつの日か通商が許可される時に、この条約が公正かつ公平に規定する基準となるであろうから、参考資料として読んでおいてほしい。
と中国語で書かれたその冊子を手渡した。

ペリー来航の目的が人命尊重にあり、交易は人命に直接関係がないとした林大学頭により論破されたペリーは、通商問題を取り下げた。この通商問題は、一八ヶ月以後に領事が駐在するとした日米和親条約の規定により、安政三年（一八五六年）七月二一日、下田に着任した駐日総領事タウンゼント・ハリスとの交渉に委ねられるのである。

こうして、アメリカ草案の二四ヶ条と日本草案の七ヶ条が最終的には一二ヶ条に調整され、ほぼ合意に達すると、日本側からアメリカ側に対し、将軍からの贈り物を贈呈した。

条約館には錦や絹布、重箱、卓、盆、盃などの漆器類、陶器、扇、煙草入れ等が並べられ、さらに二〇〇俵あまりの米俵が積み上げられていた。

ペリー個人には、日本貨幣を全部揃えたセットを二組、火縄銃三艇、刀剣二振が送られた。

贈り物を受領したペリー達の前に、巨漢を誇る二五人ほどの力士が入場し、相撲を披露し、その後、贈り物の米俵をボートに積み込み、その怪力を見せつけた。

これに続き、今度はアメリカ側が日本への贈り物を披露した。

電信機の披露のため、砂浜に柱を建て、一キロほどの電線を架設し、通信の実験が行われた。モールス電信機はYEDO、YOKOHAMAの文字を送信し、その不思議な作用に見る者は驚かされた。現在、この電信機は逓信総合博物館に保存されている。

また、小火輪車、即ち四分の一スケールの蒸気機関車と炭水車、客車の列車を円形に敷設した軌道に走らせると、客車の屋根に跨った役人は、汽笛が鳴るたびに歓声を上げて喜んだ。この蒸気機関車一式は幕府海軍所に保管されていたが、火災で失われ現存していない。

この式典の準備作業中に幕府の高官や役人達と、アメリカ側の士官や水兵達は互いに打ち解けあい、日本人は珍しい織物、機械装置等に異常な好奇心を示した。

『日本遠征記』には、艦隊を訪れた役人は船内を隅々まで覗き込み、大砲や小銃を検査し、機関室を熱心に見学し、巨大な蒸気機関を操作する機関士の作業に注目した。彼らは見るだけでなく、携帯用の筆記用具で興味ある部所を描いたり、書き留めたりしていた。また日本人役人は水兵のボタンに興味を持ち、しきりに欲しがったが、日本ではこの簡単なボタンが使用されていないと記述されている。

三月一日、ペリー提督は条約館で未解決の諸点について最後の会談を行い、箱館と下田を開港する事、および下田におけるアメリカ人の遊歩地の範囲を犬走島を中心として七里以内とする事を合意した。

嘉永七年（一八五四年）三月三日、一二ヶ条の日米和親条約は横浜の条約館において締結された。

横浜の条約館に着席したペリー提督は、日本側応接掛の見守るなか、三通の英語版の条約書に署名し、合衆国通訳のウィリアムズとポートロンが認証したオランダ語と中国語の訳文の写し各三通を添えて応接掛に手交した。

首席応接掛林大学頭は外国語で書かれた文書には署名出来ないとして、日本語の条約文書に林大学頭、井戸対馬守、伊澤美作守、鵜殿民部少輔が署名、花押し、松崎満太郎が署名した漢文語版と森山栄之助が署名したオランダ語版の写し各三通をペリー提督に手交した。このため、日本とアメリカ双方の全権が連署した条約文は作成されていない。

ペリー提督が受領した条約文書はアメリカ文書館に所蔵されているが、日本側の受領した条約文書は江戸城の火災により焼失している。

日米和親条約の主たる内容は

㈠下田は即刻、箱館は嘉永八年三月三日より開港する。

㈡アメリカ人漂流民は下田と箱館で引渡す。

㈢アメリカ人遭難者は自由であり、監禁してはならないが、公正な法律には従うものとする。

㈣他国との条約で、日本が与える特権は自動的にアメリカにも適用される。

㈤締結から一八ヶ月以降に下田にアメリカ領事が駐在する。

となっており、アメリカはこの時点では日本に治外法権を要求していない。

この時、日本は寛永一八年（一六四一年）にオランダ人を長崎の出島に移動させてから二一三年にわたり、祖法として守って来た鎖国体制に終止符を打ち、日本は開国したのである。

世界情勢が激しく進展している中、国を閉ざし、国内の太平を謳歌し、軍備を忘れ対外戦争が出来なくなっていた幕府は、その使用を禁じられていたとはいえ、強力な軍事力を背景としたペリー提督が、アメリカの国書を江戸で将軍に直接手渡すとした主張を退け、艦隊を江戸に近づける事なく、開国を受け入れたが、通商を拒否し、交渉により条約を成立させることが出来た。

若くして老中首座となった阿部正弘の柔軟な思考に加え、日本には状況を見極め、世界に通用する人材が輩出していたのである。

この四ヶ月後の嘉永七年七月九日に幕府は「日の丸」を日本の国旗と定めている。

条約締結の公式行事が終了すると、日本側委員はペリー提督とその部下を招き、特別に用意した宴を催した。

しかし、その料理は和食で彼らが好む肉料理が無く、料理の量も少なかったため、その宴会は不評であったと『日本遠征記』に記録されている。

条約が締結されるとペリー提督は必要な関連文書と一緒に、その条約文書をワシントンの政府機関に送るためアダムス参謀長を公文書急使に任命し、四月四日サラトガ号でアメリカに向かわせた。また、マセドニアン号を父島に先発させ、サザンプトン号、サプライ号、ヴァンダリア号、レキシントン号を下田向わせ、四月一八日にペリー提督はポーハタン号でミシシッピ号と共に下田に向かった。艦隊員は監視官が付いて来るものの比較的自由に下田を調査し、見物を楽しんでいた。

このような中、艦隊の士官達が田舎道を散策していると、二人の日本人が近寄って来て、士官の上着のポケットに折りたたんだ紙片を滑り込ませ、秘密にしてくれと唇に指を押し当て立ち去った。

翌日（三月二七日）の夜、ミシシッピ号に小舟で二人の日本人が、舷側のはしごを上って乗船させてほしいと身振りで示した。当直士官は旗艦のポーハタン号にいくよう指示すると、二人は旗艦に向かった。

旗艦の甲板にたどり着いた二人は、通訳官に世界を見聞したいと強い願望を打ち明け、アメリカ合衆国へ連れて行ってほしいと頼んだ。『日本遠征記』によると、二人は教養があり中国語を流暢に書き、物腰も丁重で洗練された人物であると記述されている。

ペリー提督は二人の来艦目的を知ると、幕府の許可を得れば迎い入れる用意があると伝えた。二人は陸に戻れば首を切られるので、艦に置いてくれるよう必死で懇願したが、一隻のボートが降ろされると悄然と舷門を下りた。

数日後、士官が下田の牢獄で二人の日本人が拘束されているのを発見し近づくと、文章を書いた板切れを渡された。

「英雄ひとたびその企図を失すれば、彼の行為は悪漢や盗賊の所業とみなされる。われらは衆人の面前で捕えられ縛められ、多日にわたり投獄されている。しかし顧みて身にやましいところはなく、日本六十州を自由に踏破しても、わが大望満たされず、われら五大州の周遊を希求した」

と書かれ、瓜内万二と市木公太の署名があった。その後、二人は江戸へ送られた。

吉田松陰と金子重之助である。

この事件の前に、吉田松陰は長崎に向かい、プチャーチンのロシア艦隊に乗り込んで、国禁を犯してでも海外に密航する事を実行している。しかし、プチャーチン艦隊は吉田松陰が長崎に到着する数日前に出港していたため、この密航は実現しなかった。

彼らは日本に押し寄せて来る西洋を知るには、非常手段を使っても実際に西洋を見る必要があると考えたのである。

下田の調査を終え、ペリー提督は旗艦ポーハタン号でミシシッピ号を従え次の調査地の箱館へ向かった。

しかし、アメリカ人の行動制限区域の合意が出来なかったため、再度下田で交渉をする事になっていた。

五月一七日に箱館に到着したペリー艦隊へ、五月一九日に松前藩家老松前解由崇効が箱館奉行遠山又左衛門と中国語通詞の石塚官蔵を伴って乗艦した。この会談で双方は下田同様にアメリカ人が必需品を買えるように合意したが、アメリカ人の行動の制限区域は決定せず、下田で幕府の役人と直接協議する事とした。

箱館湾の測量調査を終えたペリー艦隊は、病死した二人の乗組員を海軍礼式とキリスト教の儀礼により埋葬式を執り行ったが、キリスト教禁止にもかかわらず集まっていた大勢の住民は好奇心を示し、役人は何等の規制もしなかった。

六月三日に最後まで残っていたポーハタン号とミシシッピ号は下田へ向かった。途中濃霧や雨のため下田到着は遅れ、下田での幕府役人との会談予定前日の六月七日に入港した。

翌六月八日、幕府首席委員林大学頭は、下田奉行伊澤美作守、新任の下田奉行都築駿河守と海防掛勘定吟味役竹内清太郎、下田奉行支配組頭黒川嘉兵衛と伊佐新次郎を伴い、三〇〇人ほどの兵士を引き連れたペリー提督と息子の提督秘書、ベント、リー、ウイリアムズ、ポートマンを会見場所の了仙寺に迎え、協議に入った。

この協議により、全一三条の下田追加条約が合意され、アメリカ人の自由遊歩地は前回の通り七里以内と、アメリカ商船や捕鯨船の上陸場を下田、柿崎、犬走島の三ヶ所に設け、アメリカ人の埋葬場所を玉泉寺とした。また、鳥獣の禁猟とオランダ語通詞不在の時以外は漢文を使用しない事が取り決められた。

さらに、最後まで大論争となった箱館におけるアメリカ人の行動範囲は五里以内と決定された。

箱館には日米和親条約により、開港場に指定された三年後の安政四年（一八五七年）、箱館奉行所として五稜郭が建築された。武田斐三郎の設計による陸戦的機能を重視したオランダ式の多稜堡で、開港場の管理と蝦夷地の開拓と防衛の軍事拠点としての機能を備えていた。

この五稜郭は沿岸部から二五〇〇メートル以上離れた位置にあるが、当時の欧米諸国の艦載砲の有効射程距離は一二〇〇メートル程度であったので、軍事拠点として艦砲射撃を避け得る位置を選定したのである。しかし、大砲の技術改良の進歩は凄まじく、戊辰戦争において新しく開発された七〇斤アームストロング前装施条砲による新政府軍の軍艦「鉄甲」からの艦砲射撃で大きく破壊された。大砲の射程距離の伸長に伴い、幕府軍は五稜郭の後方の山中に、長方形の土塁である四稜郭を築き、戦闘に備えていたが、あまり役に立たなかったようである。

ペリー提督はすべての任務を完了し、六月二八日に那覇をめざし下田を出発した。

アメリカ合衆国政府から託された任務を完了したペリー提督は、長期にわたる心労と持病のリュウマチで健康を害していたため、帰国の許可を求めていたが、香港に到着すると海軍省より提督の希望を許可する書簡が届いていた。艦隊の指揮権をアボット大佐に引き継いだペリーは、イギリスの郵便蒸汽船ヒンドスタン号に乗船し、一八五五年一月二日にニューヨークへ帰ってきた。

フィルモア大統領の送別会を終え、ミシシッピ号ただ一隻でノーフォークを出港して以来二年三ヶ月が過ぎていた。

同じ年の四月一三日に、ミシシッピ号もニューヨークのブルックリン海軍工廠に帰港した。ペリーはミシシッピ号に赴き、三一星の合衆国国旗とともに翩翻と翻っていた提督旗を自ら降ろし、アメリカ合衆国東インド艦隊によるペリー提督の日本遠征はその幕を閉じたのである。

ミシシッピ号から降ろされた三一星の星条旗は、アナポリスの海軍兵学校で保管されることになった。前述したように、この星条旗が昭和二〇年（一九四五年）九月二日、日本の降伏調印式に、連合国軍最高司令官ダグラス・マッカーサーにより急遽取り寄せられ、式場となった横浜沖の戦艦ミズーリ号艦上に額装されて掲げられたのである。九二年ぶりの日本はどのように変化していたのだろうか。

翌年の一八五六年には旅行作家フランシス・ホークスの協力を得て、『ペリー日本遠征記』が出版された。ペリーは海軍工廠に在籍して、海軍の改革作業に参画し、ついには念願の地中海艦隊司令官を拝命したが、任務に就く事無く、安政五年（一八五八年）三月四日、ニューヨークでその生涯の幕を閉じ、ペリー自身の生家に近いロードアイランド州ニューポートのアイランド墓地に埋葬された。リュウマチによる心臓の発作であった。六三歳であった。

ペリーの死去と同じ年の六月一九日、ペリーが締結した日米和親条約を基に、安政三年七月二一日に下田に着任したアメリカ合衆国総領事タウンゼント・ハリスにより日米修好通商条約が調印された。

ペリーとの開国交渉に臨んだ幕府の最高責任者阿部正弘は、同じ年の六月一七日に、その激動の生涯を閉じ、東京の上野公園に連なる広大な谷中霊園に葬られている。肝臓癌であったといわれ、三九歳の若き突然の死であった。

この年から日本では阿部正弘の跡を襲い、大老に就任した井伊直弼による「安政の大獄」が開始されていくのである。

アメリカではこの条約により、太平洋での安全な航海が可能となったとして、ペリー艦隊派遣の成功を大いに喜んだ。しかし、この頃のアメリカは南北戦争勃発直前で、アメリカ社会の関心やワシントンの政治的潮流はペリーの業績を押し流し、その関心は薄かった。

その後、外輪船から性能の優れたスクリュー船が出現した事もあり、アメリカによる寄港地としての日本の存在は薄れていった。

万延元年（一八六〇年）一一月に第一六代大統領にリンカーンが当選すると、アメリカの南部諸州と北部諸州の対立が拡大し、翌年の一八六一年に南北戦争が勃発した。このため、アメリカの対外活動は著しく停滞していった。

日本開国の主役を演じたアメリカは、ハリスによる日米修好通商条約を各国に先駆けて締結したのにかかわらず、日本との通商においても主役の座をイギリスやフランスに明け渡すのであった。

一一　ディアナ号沈没——安政東海地震

嘉永七年（一八五四年）一〇月一五日、プチャーチンは最新鋭帆船の軍艦であるディアナ号で下田に入港したが、日本側全権団はまだ到着していなかった。

長崎より江戸にもどったロシア応接掛の筒井肥前守正憲と川路左衛門尉聖謨は、再度来航したペリーとの交渉が行われている事を知り、老中首座阿部伊勢守正弘に連名で上申書を提出した。彼らが懸念したのは長崎でのロシアに対する対応と、横浜でのアメリカに対する対応が相違する事であった。

阿部正弘は、ロシアに対してもアメリカと同様の対応をしなければ信義が立たないと返答している。

幕府は長崎での交渉に基づき、樺太の領土問題についての調査に、目付堀織部正俊熙と勘定吟味役村垣与三郎範正を派遣した。二人は樺太のクシュン古丹を実地調査し、樺太には日本人が居住しており日本領であるとの確証を得て江戸に戻った。

ロシア艦隊の下田入港の知らせが入ると、筒井肥前守と川路左衛門尉は相次いで下田に到着した。

今回の応接掛には儒官古賀謹一郎と樺太を実地調査して来たばかりの村垣与三郎と目付松本十郎兵衛、さらに下田奉行の都築駿河守と伊沢美作守が参加していた。

嘉永七年一一月三日、福泉寺で第一回会談が開催された。

プチャーチン全権は、まず、日本とアメリカ合衆国との間で和親条約が締結されたので、日本とロシアの間でも同様の条約を締結し、両国の修好のため、国境の画定と通商開始を定めたいと表明した。

プチャーチンは長崎における川路聖謨との約束を履行するよう迫ったのである。さらに、日本が通商開始に同意するなら、択捉島を日本領土である事を認め、樺太島についても譲歩の用意があるので、早急に通商を開始し、領事官の駐在を認めるよう提案した後、さらに付け加えて、日米和親条約の閲覧を要求した。

川路聖謨は、プチャーチンのこれらの提言に直接返答せず、考慮すると答えるのみであった。

続いて、プチャーチンは開港場について、下田は投錨地として不適当であると述べ、代港として大坂と箱館を希望した。川路聖謨は大坂を拒否し、箱館と長崎を提案した。

プチャーチンは長崎はロシアにとって不便であり、大坂の代わりに兵庫、浜松を要求したが、川路聖謨は両地が幕府直轄領でない事を理由に同意を与えず、下田を強く要請したため、開港場問題は合意に至らず、日本側が再検討を約し、全ての議題が明確な回答を得られないまま、二日後の第二回会談を約し、第一回会談は終了した。

翌一一月四日、川路聖謨が部下と用談しながら朝食中の午前八時過ぎ、突然大地震が発生した。安政東海地震である。マグニチュード八・四と推定される大地震で、紀伊半島南端が震源地であるといわれている。

嘉永は一一月二七日に改元されるのであるが、安政の年号がこの大地震の正式名称とて冠せられている。被害は九州から東北地方におよび、沿岸は津波により大きな被害が発生した。

特に大坂と下田の打撃は大きく、大坂では流出家屋一万五〇〇〇戸、半壊家屋四万戸、死者三〇〇〇人、下田では全戸数八五六戸のうち、流出家屋八一三戸、半壊家屋二五戸、死者八五人と記録されている。

川路聖謨の『下田日記』によると、寺の石塔が全部倒れ、津波が来るからと大騒ぎになり、書物を携えて支配勘定上川伝一郎を先頭に、近習、小生一同、大安寺の裏山へ避難し、振り向くと市中や田畑へは津波が押し寄せていた。

人家は崩れて流され、船は田畑へ押し流されていた。

夕方になり、事態が落ち着くとプチャーチンはオランダ語通訳ポシェットと数人の医師を伴って上陸し、川路左衛門尉と筒井肥前守を見舞い、この事態でけが人が多いので、医師やその他の用立つ者を連れて来たので遠慮なく使ってほしいと申し出た。これに対し、川路聖謨は『下田日記』に、

魯人は死せんとする人を助け、厚く療治の上、あんまでする也。助けられる人々、泣きて拝む也。恐るべし。心得べき事也。

とプチャーチンの支援に感謝の気持ちを記述している。

ディアナ号はこの津波で錨鎖を切断し、副龍骨や舵機に致命的な損傷を受け浸水したため、早急に大規模

な修理が必要となった。

プチャーチンはポシェットを上陸させ、下田以外の波の静かな良港を修理場としての貸与を願い出た。この件に関し、中村為弥が交渉役となり、長津呂、網代、稲取を提案したが、ロシア側は同意しなかった。このため一一月六日、伊沢美作守の仮役所である稲田寺で、ディアナ号の修理場提供についての討議が行われたが、結論を出せず幕閣の指示を仰ぐ事となった。

震災のため延期されていた会談の予備折衝が一一月七日長楽寺で行われ、中村為弥はポシェットに対し、ディアナ号修復資材や食料等の必需品の供給に極力便宜を図る旨を伝えたが、開港場選定に関してはポシェットが長崎、下田に代わる港を強硬に要求したため結論は出なかった。

一一月一〇日になり、江戸よりの御めぐみ金二〇〇〇両と御救い米一五〇〇石が下田に届き、被災民を喜ばせた。

ロシア側はディアナ号が浸水したため、蓄えていた小麦粉の多くを失い、一〇日もすれば食料が尽きるため、小麦粉を買い入れたいと要請して来た。ロシア側の食料の必要量はディアナ号修復を四ヶ月間として、白米三五〇俵、小麦粉二五〇俵であったが、応接掛は幕府の許可を得て、一一月一六日より逐次これを支給した。

第二回会談は一一月一三日の午後より柿崎村玉泉寺にて行われた。

冒頭プチャーチンは国境問題を提起し、択捉島を日本領とし、樺太南部のアニワ湾を除くすべての樺太島をロシア領とすると主張した。

これに対し川路聖謨は、択捉島はもちろん日本領であり、樺太島も黒龍江口の対岸付近まで日本領であると応酬し、この会談に列席している松本十郎兵衛の祖、松本伊豆守秀持が蝦夷図取調掛の時に、また村垣与三郎の祖、村垣淡路守定行が松前奉行の時に、樺太島の調査をした結果、樺太島がロシア領たる確証のない事は明らかであると反論した。プチャーチンはこの樺太島調査の新事実を提示されたため、国境画定はさらに検討を続けたいとして返答を避けた。

次にプチャーチンは、日本に居留するロシア人の取締とアヘンの輸入防止を理由として、開港場に領事官を駐在させる事を提議した。しかし、この領事官駐在問題は、ペリー提督との日米和親条約で一八ヶ月の猶予期間を設けたが、領事官駐在を承認した事は大きな失態であるとして非難されたため、明確な返答をしなかった。

プチャーチンはこれに強い不満を示し、ディアナ号を下田で修理する日本側の提案にも反対し、この日の会談は終了した。

第三回会談は翌日一一月一四日に玉泉寺で開催され、領事裁判権の施行と最恵国待遇がプチャーチンより提議された。しかし、日本側応接掛は両項目に対する無知により、それらの重要性を認識出来ず、一言の質問もしないまま同意を与えてしまった。

下田の代港と領事官駐在の件は、折合いが付かず下田奉行中村為弥とポシェットで折衝する事となった。

一一月一七日にポシェットが玉泉寺に来て、ディアナ号修理について協議をしたが、なおも下田での修理を拒否したため、川路聖謨は伊豆に適当な港があれば応接掛の権限で臨時使用を許可すると通告した。

ポシェットが陸上からの視察の許可を求めると、川路聖謨は独断で承諾した。

翌一八日、ポシェットはロシア側の条約修正案を提出して来たので、二一日に応接掛一同が協議しその対案を示すと、ロシア側も領事が家族を連れて来ることや教会を建てる事、択捉島分割案、下田代港案等を撤回し、再修正したため条約案はほぼ確定した。

条約の案件が一段落し、川路聖謨が許可したディアナ号修理港の調査を行っていたシリングとユリコロシェフ及び日本側役人と通詞堀達之助は一一月二三日に戻り、駿河湾の西伊豆にある戸田が最適であると報告した。

こうして、修理港が決まり、応接掛から許可を得て、一一月二六日にディアナ号に乗船したプチャーチンは戸田に向け下田を出港した。

下田港を西に向かったディアナ号は強風に煽られ、方向を制御出来なくなってしまった。津波で損傷し、応急修理した舵機は役に立たなかったのである。ディアナ号は戸田を通り越し、富士川と田子の浦の間にある宮島村三四軒屋浜で地元住民の助力により引き寄せられた。

一一月二八日夕刻、プチャーチンは浸水の激しいディアナ号からの脱出を決断し、荒れ狂う波の中、ボートで綱を海岸に渡し、翌朝から航海日誌、重要書類、それに官金を陸揚げし、乗組員全員が無事上陸に成功した。

宮島村を中心とした村民は総出で、負傷者の救援や陸揚作業を支援した。

後に、ディアナ号のマホフ司祭は、善良な博愛に満ちた民衆が五〇〇人もの異国人を救った。その日本人の功績で生きている我々は、この出来事を肝に命じて忘れないであろうと回想している。

プチャーチンは陸揚げした書物の中に海軍論集を見い出し、そこにクロンシュタット港司令官の小型船「オプイト」号の設計図が掲載されているのを発見した。この時、プチャーチンはこの設計図で小型船を建造し、カムチャッカへ救援船派遣の要請に行かせる事を思いついたと言われている。

一二月二日になり、必死の作業により沈没を免れたディアナ号は、修理港である戸田に向け曳航する事になった。樺太探査で活躍した上川伝一郎はその曳航の命を受け、駿河湾沿いの吉原と原を中心に漁船や廻船一〇〇隻余りを集め、戸田へ向け曳航が開始された。

しかし、その途中で天候が急変し、激しい風雨の中、激浪に襲われたディアナ号は転覆し、沈没した。沼津に近い江ノ浦に辿り着いたプチャーチン一行三〇人は宮島村に戻り、一二月六日に沼津藩の役人に付き添われ、残されていたロシア人乗組員全員と陸路で戸田に向かった。

同じ日、川路聖謨は上川伝一郎を戸田に向かわせ、プチャーチン一向の対応を命じた。

上川伝一郎はロシア人五〇〇人の宿舎、食料、酒、たばこ等を三日間で準備し、さらに、ディアナ号曳航に携わった一〇〇隻余りの船頭に褒美を与えている。

一二月七日、川路聖謨、筒井肥前守等応接掛は下田の稲田寺で会合し、プチャーチンが五日に要請してきた新船建造問題を協議した。プチャーチンはディアナ号沈没の対応策として、二〇人乗りのスクーナー型小型船を新造し、ロシアに迎船を呼びに行く計画を立て、応接掛に新船建造許可を申請したのである。

これを受け六日に応接掛は討議し、許可もやむを得ないとしたが、建造場所について下田と戸田の意見が出て、結論が出せなかった。このため、この日再度の討議が行われ、下田奉行の意見が採用され建造地を戸田とする事を決定し、新船建造の取締役に被災地の救済活動に奔走していた韮山代官の江川英龍を指名した。

このような状況の中、一二月一一日に日米和親条約の批准書交換のため、前ペリー艦隊のヘンリー・アダムス特使が下田に入港した。

先に締結された日米和親条約文書一式をを運ぶため、サラトガ号でアメリカに向かったアダムス中佐は、パナマ経由で九九日間を費やし、ワシントンに到着した。ピアース大統領が議会において満場一致で同条約を批准すると、休む間もなく批准書を携えイギリス蒸気郵船に乗船し、香港でポーハタン号に乗り換え、下田に戻って来たのである。

一二　プチャーチンの遠謀――樺太の国境交渉

安政の東海地震と津波により甚大な被害を受けた下田において、幕府は井戸対馬守覚弘をアメリカ使節応接掛に任命して下田に派遣し、安政二年一月五日にアダムス特使と日米和親条約の批准書を交換し、同条約は発効した。

この間、一二月一二日に、フランスの捕鯨船「ナポレオン」が下田に入港した。この情報を得たプチャーチンは、クリミア戦争での敵国であるフランス船を拿捕し帰国船にしようと企て、七〇人ほどの武装した兵士を派遣し襲わせたが、下田にロシア人が居る事を知った捕鯨船「ナポレオン」は急遽出航したため、プチャーチンの襲撃は未遂に終わった。

こうした中、一二月一四日日露交渉の第四回会談が行われた。この会談は、これまで使用されてきた玉泉寺が下田奉行所とアダムス特使との会談に使用されるため、長楽寺で行われた。

議題は日露国境の問題と領事官駐在の問題であった。

国境問題は川路聖謨とプチャーチンの会談では決着出来なかった。このため、森山栄之助とポシェットの間で検討した結果、樺太島の国境はプチャーチンの主張を基に、条約附録に「樺太島は嘉永五年まで日本人並びに蝦夷アイヌが居住していた地は、日本の領土である」との一項を加える事で合意した。

ところが、翌日になると森山栄之助と交渉していたポシェットが樺太島の国境をあまり細かく取り決めないでおいたほうが良いので、条約附録には記入せず、本文にこれまで通り共有と記載すれば十分ではないかと提案した。

この提案に、森山栄之助からの報告を受けた川路聖謨は同意を与えた。川路聖謨はプチャーチンの遠謀に気付かなかったのである。この結果、樺太は日露の共有地と定められた。

チェーホフは著書『サハリン島』の中で、「サハリンの処女探索は疑いなく日本人に属し、日本人が最初に南サハリンを領有したのである」と記述し、サハリン（樺太）は日本の領土であると主張しているが、日露和親条約ではサハリン全島を従来通りの日露両国で共有する事となり、両国は同等の権利を持つことになった。

共有地と定めた後に、流刑者を大量に送り込み、その共有地を略取するのはロシアの常套手段で、共有化した後は、軍隊の仕事であった。

プチャーチンは日本に派遣される以前、中近東や中央アジアでそうした戦略を十分に経験していたのである。

その後、両国の動向を見ると、プチャーチンの戦略は見事に成功しているのである。

クリミア戦争が終結した安政三年（一八五六年）になり、ロシアの樺太開拓が本格化し、ロシア側の人口が増加して来ると、日本人が多く定住している南樺太地域にも浸出し、両者の間で紛争が頻発するようになった。

このため、箱館奉行小出秀美は、樺太の国境を画定する必要を確信し、北緯四八度を国境とするか、又は得撫島からオネコタン島までのロシア領千島列島と交換に樺太全島をロシア領とする事を建議した。「北辺の脅威」を感じる幕府は、樺太の北緯四八度を国境と定め、慶応三年（一八六七年）に石川利政と小出秀美をサンクト・ペテルブルクに派遣し、樺太国境画定交渉を行ったが、その交渉は不調に終わり、樺太はこれまで通りとなった。このため両国が樺太に大量の移民を送り込んだため、樺太は日本人、ロシア人そしてアイヌ人の間で軋轢が増大し、不穏な状況になって来た。

明治に入っても日露両国人の紛争が頻発したため、明治政府は開拓次官黒田清隆の樺太放棄論を採用して、明治七年（一八七四年）特命全権大使榎本武揚をサンクト・ペテルブルクに派遣し、ロシア外務大臣アレクサンドル・ゴルチャコフと交渉を行った。

その交渉でロシアは日本の提案に同調したため、日本は樺太の権益を放棄し、ロシアは得撫島以北の千島一八島を日本へ譲渡する千島樺太交換条約が成立し、明治八年（一八七五年）五月七日にサンクト・ペテルブルクで調印が成された。

この時期に締結した国際条約は全て不平等条約であったが、領土条項があるのは日露和親条約だけであった。

川路聖謨は、世界史的な海外の知識と経験の不足、それに日本人としての淡泊さゆえに、百戦錬磨のプチャーチンの遠謀を見抜く事が出来なかったのである。

このようにして、全島がロシア領になった樺太は、明治三八年（一九〇五年）の日露戦争におけるポーツマス講和条約により、北緯五〇度以南が日本領土となった。しかし、昭和二〇年（一九四五年）日ソ中立条約を破り突然進撃したきたソ連により、日本は樺太の日本領と択捉島以南の北方四島を含む日本領の千島列島を占領され、平和条約のないまま現在に至っているのである。

昭和二六年（一九五一年）に締結されたサンフランシスコ講和条約で、日本はポツダム宣言受諾により、樺太と千島列島を放棄したが、ソ連はサンフランシスコ講和条約に参加しておらず、その帰属は定められていない。

この日の会談で領事官の駐在の問題は決着出来なかった。

翌一二月一五日の第五回会談では、ほぼ合意した日露和親条約案を日米和親条約に照らし合わせて検討し調整作業を行った。

領事官駐在の件は、プチャーチンが長崎、下田と箱館を強く要求したが、激しい議論の結果、日米和親条約同様に下田と箱館のいずれか一ヶ所のみに駐在する事で合意し、日露和親条約の交渉はようやく決着した。

安政元年一二月二一日、長楽寺において、日露両国の全権により条約書調印の式典が挙行された。

日本側から筒井肥前守と川路左衛門尉が署名花押した日本文の条約本文九ヶ条および条約附録文四ヶ条と、古賀謹一郎が署名した漢文の条約文と附録文、森山栄之助が署名したオランダ語の条約文と附録文が提出され、ロシア側はオランダ語による条約本文にプチャーチンが署名した。

日露和親条約の第二条には、領土が規定されており「今より後、日本国とロシア国との境、択捉島と得撫島との間にあるべし。択捉全島は日本に属し、得撫全島、それより北方のクリル諸島はロシアに属す。樺太島は日本国とロシア国の間において界を分たず、これまでの仕来りの通りたるべし」と明記された。

第三条で日本政府はロシア船のために、箱館、下田、長崎の三港を開き、第四条では難船、漂流民は両国互に扶助を加え、漂流民は許したる港に送る。第六条で、ロシアは箱館または下田のうち一港に官吏を置けると規定している。

こうしてプチャーチンはクリミア戦争勃発とディアナ号の沈没により、きわめて不利な諸条件の下での交渉を余儀なくされ、通商問題を棚上げにし、国境の決定を最優先させ、その内容には不満であったが、早期の条約締結に漕ぎ着けた。

さらに、プチャーチンはポーハタン号の滞在中に条約調印を完了し、同号で条約書をロシア本国へ送達する事を考え、条約交渉を急いだといわれている。

当時のペテルブルグはクリミア戦争の苦戦により重苦しく暗い雰囲気に包まれていたが、この条約の締結は大きな朗報であったと言われている。

レーニンは大正六年（一九一七年）、四月会議といわれている第七回全ロシア党会議において、この日露和親条約に関し、日本は一八五三年にはロシアに比してゼロであったが、一九〇五年にはロシアをたたき伏せたと発言している。

敗戦革命を主導するレーニンは、日本がロシアに比してゼロであった頃からの帝政ロシアの政策を痛烈に非難し、日露戦争における「旅順港の陥落」等の論文で帝制ロシアを倒した日本に好意的な態度を示している。

一三　洋式帆船「ヘダ号」――西洋式近代造船の技術移転

安政元年一二月二六日、川路聖謨は下田でプチャーチンと会談し、ディアナ号沈没により下田に滞留を余儀なくされている五〇〇人の乗組員の帰国方法について協議した。

プチャーチンは下田に来航しているアダムス特使の乗艦であるポーハタン号を利用するか、アダムスの斡旋、またはロシア士官を箱館に派遣しアメリカの捕鯨船に救助を依頼する方法、さらには、戸田で建造中の船が完成した後、日本船十数隻を借用して樺太アニワ湾へ渡航する方法の三案を提示してきた。しかし、同日老中より幕府応接掛に帰府命令が届いたため、事後を江川英龍に託し、江戸へ向かう事になった。

川路聖謨等応接掛は、年が明けた安政二年の一月三日に江戸へ帰着し復命した。

日露和親条約文書の受領と交渉の報告を聴取した幕府は、徳川斉昭に意見を求めた。

徳川斉昭は第六条にある領事駐留に対し、異国の役人に定住されては天朝及び祖宗に対し申し訳けが立たないと強く反対し、老中首座阿部正弘も徳川斉昭に賛同したため、幕府はこの条項を削除する事を決定し、その再交渉を川路聖謨等に命じた。このため、二月一二日に江戸を出発し、二月二三日戸田蓮華寺に到着した川路聖謨等は、翌二月二四日に大行寺にてプチャーチンと会見し、日露和親条約第六条の削除を要請した。

しかし、プチャーチンは、すでにポーハタン号のマックリューニー艦長とアダムス特使にサンクト・ペテルブルクへ日露和親条約文書の伝達を依頼したので修正はできないと返答した。

もとより、川路聖謨は六条の全面撤回が不可能であることを承知していたため、ロシア領事の駐在は、ロシア以外の第三国が駐在領事を派遣する前には任命しないとする保障を要請した。さらにこの要請がかなえられなければ、自分は幕府に対し申し開きが出来ないため、生死にかかわる事になると覚悟を決めて説得した。

川路聖謨の必死の覚悟を察したプチャーチンは、条約の修正は不可能だが、別の方法を検討し、明日、文書で回答すると約束した。

翌二月二五日届けられたプチャーチンの回答には、もしロシアが駐在領事を派遣する前にロシア以外の国から駐在領事が派遣されていなければ、日露両国の官吏により、その派遣について談判すると記述されていた。

プチャーチンは川路聖謨に対し、領事派遣について、事前協議する事を保障したのである。

川路聖謨のこの日の『下田日記』には「ロシア人、我が考え置き候通りの書面差し出す。安心せり」と記している。

同じ日の二月二五日、ハワイから下田に入港していたアメリカの商船キャロライン・E・フート号に一五〇人のディアナ号の水兵が乗船し、ロシア帰還の第一陣としてカムチャッカへ向かった。

さらに、アダムス特使が手配していたアメリカのクリッパー型大型帆船ヤングアメリカン号が上海から下田に入港し、残りの乗組員をペトロパヴロフスクに運ぶ事になったが、同船の乗組員がロシア人が乗船しているとクリミア戦争に巻き込まれると恐れ、下田山中に逃げ出す騒動があり、この計画は中止となった。

このような中、戸田港の南岸にある牛ヶ洞で建造されていたスクーナー船が完成し、安政二年（一八五五年）三月一〇日に進水式が行われた。

建造の奉行に指名されていた伊豆韮山代官江川英龍は、戸田での洋船建造や安政東海地震の対応で体調を崩し、この洋式船の完成を見る事無く、一月一六日に死去した。五五歳であった。

江川英龍はオランダ書で造船術を学んでおり、ディアナ号の二〇〇〇トン級の船は無理だが一〇〇トン位なら建造は可能だとして、ディアナ号を失ったロシア人乗組員に希望を与えていたのだった。

さっそく、発見されていた小型船「オプイト」号の設計図を基に建造が開始された。戸田村の船大工棟梁七人を世話役に、周辺の村々から船大工や人足が集められ、戸田村牛が洞で日本初の近代洋式造船が着手されたのである。

安政二年三月に、全長二三メートル、全幅八メートル、ディアナ号の八門の大砲を搭載する二本マストの近代洋式帆船が完成したのである。プチャーチンは念願の帰国船を建造してくれた戸田の船大工に感謝の念を込めて、この洋式帆船を「ヘダ号」と命名した。

三月二一日、プチャーチンやポシェット以下総勢六二人が乗船したヘダ号は戸田を出港したが、駿河湾でフランス軍艦に遭遇したため下田港に避難した。

翌二二日に太平洋を北上し、津軽海峡を通過しニコライエフスクに向かった。この時、戸田にはまだ二七八人が残されていたが、下田に入港したドイツ商船グレタ号でプチャーチンに遅れること約三ヶ月後の六月一日に帰国の途につく事が出来た。しかし、同船は途中の樺太の北端でイギリス海軍に拿捕され、彼らは捕虜となったが、クリミア戦争終結後の一八五六年にロンドンで釈放された。

ロシア政府が日露修好条約を批准し、安政三年（一八五六年）にクリミア戦争が終結すると、批准書交換のためポシェットが全権に任命され、リムスキーコルサコフ艦長の「オリヴーツァ」号に乗艦し、「ヘダ号」

を伴って、安政三年一〇月一一日に下田に入港した。

批准書の交換は一一月一〇日に、井上信濃守清直、岡田備後守忠養とポシェットにより行われた。

ロシア政府はプチャーチン一行の帰還に協力した幕府に感謝し、ヘダ号を返還した。しばらく間、ヘダ号は江川家の所轄とされていたが、その後箱館で係留されたまま朽ち果てたといわれている。ヘダ号の建造について勝海舟は「海軍歴史」の中で、「ロシアの大不幸が我が国の幸いとなり、我が諸工艱苦を経たりといえども、西洋造船の諸法を実地に得た事多し。」とヘダ号建造による洋式船建造技術習得に感謝の意を表明している。

幕府はこうして得た造船技術を発展させるべく、江川英龍の嗣子英敏に命じ、六隻のスクーナー船を建造している。

これらの船は戸田の所在する君沢郡の名に因み、君沢型と呼ばれ勝海舟による幕府海軍に大きく寄与している。

この建造に参加した上田寅吉、諸明嘉吉、石原藤蔵、堤藤吉、佐山太郎兵衛、鈴木七助、渡辺金右衛門の船大工棟梁七人は、徳川斉昭の主導により嘉永六年（一八五三年）に設立されていた石川島造船所に集められ、長崎海軍伝習所に派遣されたりして、日本の近代造船における先駆として活躍した。その石川島造船所は、株式会社ＩＨＩとして現在に継承されている。

日露和親条約の原本は、大正一二年の関東大震災による火災のため焼失している。

日露和親条約の締結を完了し、ロシアに帰国したプチャーチンは、その功績により伯爵を与えられ、海軍武官としてロンドンやパリに在勤し、安政四年に長崎で和親条約の追加条約に調印し、翌年六月一六日、日露修好通商条約の締結のため、再度下田に来航している。

日本と深い関係を築き上げたプチャーチンは、帰国後軍人として最高位の元帥に昇進している。明治一四年、明治政府賞勲局はプチャーチンとポシェットに対する叙勲を決定し、一二月二日に二人に勲一等旭日大綬章が贈られた。

プチャーチンは、その二年後の明治一六年（一八八三年）一〇月二八日パリで死去した。八一歳であった。

プチャーチンのカウンターパートナーであった川路聖謨はその後、安政三年一〇月一七日に外国貿易取調掛を命じられ、翌年七月には勘定奉行勝手方首座となり、八月一四日にハリス上府用掛を命じられ、ハリスとの日米通商条約の交渉に携わっている。

安政四年（一八五七年）に蝦夷地で大流行した天然痘に対し、幕府はアイヌ人に種痘を強制的に接種した。これを受け江戸の蘭方医は、種痘館開設を勘定奉行川路聖謨の名前をもって幕府に出願した。

川路聖謨は幕府の許可を受けると安政五年五月七日、現在の千代田区岩本町三丁目交差点あたりにあった神田お玉が池の拝領屋敷を提供して、後の西洋医学所を経て東京大学医学部の発祥地となる「お玉が池種痘所」を開設し、西洋医療の啓蒙に尽力した。

昭和三三年五月七日、東京大学医学部はその創立一〇〇周年を記念して、発祥となった「お玉が池種痘所」跡に記念碑を建立している。

川路聖謨は文久三年に外国奉行に就任したが、五ヶ月後の一〇月四日に隠居した。

慶応三年一〇月一四日の大政奉還後、慶応四年三月一四日に官軍の東征大総督府参謀西郷隆盛と、幕府の海軍奉行並から陸軍総裁に昇進した勝海舟が三田の薩摩藩蔵屋敷で会見し、官軍による江戸城総攻撃が中止され、江戸城開城が決められた。

その翌日の三月一五日に、川路聖謨はピストルで自害し、徳川幕府に殉じた。その遺体は上野池之端にある、現在の台東区立忍岡小学校に隣接する大正寺に葬られている。六八歳であった。

第四章　なぜ、日本は戦争が出来る国になったのか――それは生麦事件から始まった

一　幕府崩壊への起点――安政五ヶ国条約の無勅許調印

安政五年四月二三日に大老に就任した彦根藩第一五代藩主井伊直弼は、「安政の五ヶ国条約」を次々と締結したが、同時に「安政の大獄」を推進していった。

井伊直弼は、前任の老中首座阿部正弘の幕政執行形態である朝廷上奏と大名諮問の手続きをせず、従来の独断専行で幕政を執行して行こうとしていた。

しかし、ペリー来航以後、日本を取り巻く情勢が急展開し、ことにハリスと交渉中の日米修好通商条約が、先に締結した日蘭追加条約の枠組みを大きく逸脱している事が判明すると、幕閣には外交を幕府権限のみで推進する事に疑問が生じ、事前に朝廷の勅許を得るべきであるという空気が拡大していった。川路聖謨は、朝廷の御許しを受けない事は東照公の遺訓に背き、朝廷を軽視する事になるとして、朝廷に特使を派遣するべきであると主張した。

こうした動きに、将軍徳川家定は、老中が奏請し勅許を受ける方策を裁可したため、安政五年一月二一日に老中堀田正睦は勘定奉行川路聖謨、目付岩瀬忠震を伴い江戸を出発し京都に向かった。

二月五日に京都に入った一行は、日米修好通商条約の勅許を得るべく、孝明天皇と朝廷への説得を開始

した。

しかし朝廷は三月二〇日、同条約の趣旨では国威が立ち難いとして、御三家及び諸大名と再度衆議し、上奏せよとの勅諚が発せられた。

この勅諚は、これまでの朝廷による幕府への大政委任の伝統を改め、幕府単独の国事決済は許されず、朝廷の認証と御三家を含む諸大名の意見による公議輿論により決定しなくてはならない事を意味する極めて重大な表明であった。

このため井伊直弼は方針を変更し、大老就任直後の安政五年四月二五日に御三家及び諸大名に総登城を命じ、勅諚を公表し、通商条約締結に対する意見を求めた。

六月初めまでに提出された意見書では、無謀な戦争をすべきでなく、条約締結はやむなしとの意見が大勢を占めた。

しかし、初代駐日総領事タウンゼント・ハリスは、既に合意に達し、三月五日に予定されていた日米修好通商条約調印の延期を余儀なくされたため、四月二六日の会談で、帰府した老中堀田正睦に同条約の早期調印を迫った。勅許を得る事が出来なかった堀田正睦はただ「暫時猶予」を繰り返すのみで、調印の日程を明示する事は出来なかった。

ここに至りハリスは、条約調印の決断はその国の政府の権限であるが、幕府にその権限がないのなら、今後、各国は朝廷と直接交渉するようになり、江戸幕府の存在は無視されるだろうと述べ、間もなく西洋の諸国が日本に交易を求めて殺到するが、中でも清国でアロー号事件を戦っているイギリスやフランスは、その軍事力により強談に及び、さらに戦端を開く準備が整っていると嚇して来るだろう。それ故に、早期にアメリカと条約を締結し、この危機を回避すべきであると圧力を掛け、速やかに条約調印期日の決定をするよう迫り、文書による回答を求めた。

この要求に対し、五月二日、幕府は七月二七日に調印する旨の老中連名の書簡をハリスに届け、双方は合意に達した。

ところが、六月一三日に下田に入港したアメリカ軍艦ミシシッピ号やポーハタン号、さらには六月一六日に下田に再来航したプチャーチンからも、清国でのアロー号事件で勝利し、天津条約を締結したイギリスとフランスの大艦隊が日本に来航し、武力をもって貿易の開始を要求するとの情報がもたらされた。

この情報に接したハリスは、予告した危機が現実となったため、苦労してようやく妥結した日米修好通商条約の主導権をイギリスやフランスに奪い取られる事を憂慮し、この情報を利用して、幕府に更なる圧力をかけ、同条約が英仏艦隊来航前に調印されれば、両国からその内容を上回る要求はされなくて済むと説得した。

このため井伊直弼は六月一九日に江戸城で大評定を開き意見を聴取したが、緊急事態のため勅許を待たず、専断締結をすべきであるとの意見が大勢を占めた。

この評決の結果を報告する権限を与えられただけの岩瀬忠震と井上清直の両全権は、直ちにハリスの待つ浦賀の小柴沖に停泊しているポーハタン号に急行し、評決の報告と同時に同条約の署名を完了してしまった。

こうして、日米修好通商条約は勅許を得ないまま成立したのである。

井伊直弼は外国と戦っても勝算がなく、戦って国体を汚す事を避けるため、岩瀬、井上の両全権に対し条約調印に暗黙の了解を与えていたといわれている。

六月二二日、井伊直弼は在府諸大名に総登城を命じ、緊急事態のためやむなく無勅許締結に至った経過を説明し了解を求め、さらに六月二三日に老中の堀田正睦と松平忠固を罷免し、間部詮勝、松平乗全、太田資始を老中に登用して、この無勅許調印の政治責任を回避した。しかし、諸大名の衆議を求める政治体制はこれ以後絶え、老中井伊直弼は諸大名の幕政参加を許さず、大老としての権限に君臨していくのである。

このようにして、日米修好通商条約が締結されると、ハリスの予告通り来航したイギリスやフランス等と次々に修好通商条約が締結されていった。

七月一〇日に日蘭修好通商条約、七月一一日に日露修好通商条約、七月一八日に日英修好通商条約、九月三日に日仏修好通商条約が締結された。

これらの条約は、ハリスが予告したように最初に締結された日米修好通商条約が基本となっており、「安政の五ヶ国条約」と呼ばれているが、全てが不平等条約であった。

明治政府はその改正に尽力したが、改正を実現するのは明治二七年の日清戦争を戦い、西欧式近代軍隊を運用出来る事を証明してからであった。

幕府は安政五年六月一九日の日米和親条約の無勅許調印を朝廷へ報告するため老中奉書を発し、その奉書は六月二七日に朝廷に達した。

孝明天皇は幕府が朝廷との約束を破ったとして激怒し、特に後続のオランダ、ロシア、イギリス、フランスとの修好通商条約締結においての報告は、ただ届けて来ただけの無礼な幕府の態度に、朝廷が無視されたとして、譲位を表明された。

慶長一八年（一六一三年）に発せられた禁中並公家諸法度により、幕政に対する天皇の勅許は形骸化されていたが、朝廷と幕府との慣例としての手続きは、尊重されていたのである。

緊急事態とはいえ、朝廷を蔑ろにし、その仕来りを無視した幕府の態度はもはや許されるものではなくなっていた。

八月八日、朝廷よりの勅諚が直接水戸藩京都留守居役に下された。

「戊午の密勅」である。

勅諚には幕府要人の責任を問い、徳川家の内実を整え、外国より軽んじられぬよう水戸藩に行動を促し、この勅諚を御三卿をはじめ有力大名に伝達するよう指示があった。

安政五年六月二四日に、井伊直弼による違勅調印を詰問するため、許可のない押し掛けである不時登城した水戸の徳川斉昭等を論破した井伊直弼は、法度である不時登城と将軍継嗣問題を含め、徳川斉昭を筆頭に、その実子である一橋慶喜、水戸藩主徳川慶篤、尾張藩主徳川慶恕、越前福井藩主松平慶永等、一橋派有力大名を処罰し幕政より追放した。

徳川幕府において、朝廷は政治に介入せず、幕府を通さず諸藩と交信する事は厳禁とされていたが、ついに幕府以外の諸大名に朝廷からの勅書が下されるという徳川幕府始まって以来の事態が出来し、ここにおいて、朝廷と幕府の伝統的秩序は崩壊し、諸大名に対する幕府の威信は大きく失墜するのである。

朝廷からの意志は、朝廷の最高責任者である関白から京都所司代を通じて老中に伝えられるのが常道であるが、今回の勅諚は関白や老中を通さず、しかも幕府の叱責を受け、謹慎中の水戸藩に直接下されたのである。

これは、幕府の大政委任を無視した重大な違反であり、大老として黙視出来る事柄ではなかった。

この密勅降下は一橋派の水戸藩過激派と薩摩藩有志の策謀によるものであった。これらの違勅調印攻撃と将軍継嗣問題で、徳川斉昭を中心とした一橋派追放に端を発したといわれている「安政の大獄」は、安政六年の梅田雲浜の捕縛に始まり、橋本左内、頼三樹三郎や吉田松陰等八人が刑死したが、戊午密勅に係った水戸藩関係者へも徹底した弾圧が繰り広げられた。

これに対抗すべく水戸藩を脱藩した金子孫三郎を中心とした一七名の浪士と薩摩藩士有村次左衛門の一八名は、安政七年三月三日に芝の愛宕神社に結集し、江戸城桜田門外において大老井伊直弼を斬殺した。

「桜田門外の変」である。

「桜田門外の変」は幕政に大転換をもたらし、幕末に向かう一大画期となった。

これまでの幕末へ向かう政治動向は幕府、朝廷、改革派大名及び幕臣が中心となり、蘭学者をはじめとする在野の有志も活動していたが、この事件以後には「処士横議」といわれる藩を超越した横の連携による勤皇、佐幕を中心とした政治活動が台頭して来るのである。

こうした状況に、万延元年四月、老中安藤信正は皇女和宮降嫁を奏請し、その統治態勢維持のため皇武合体を策したが、文久二年一月一五日、坂下門外で水戸藩や宇都宮藩の尊皇攘夷派の志士に襲撃され、幕府権威回復には至らなかった。

こうした幕政混乱の中、文久元年三月に長州藩直目付長井雅楽は「航海遠略策」で公武周旋をすべきであると藩主毛利慶親に建白した。

「航海遠略策」とは、破約攘夷ではなく開国して積極的に通商航海をし、西洋諸国を凌駕する国力を蓄積し、その後に諸外国と対抗しようとする政治思想である。長州藩はこの建白を藩議と決定し、朝廷に対しては破約攘夷の不可を説き、幕府には朝廷遵奉を強調する公武合体により幕政参画を表明した。窮地に陥っていた幕府は、長州藩に朝廷への公武周旋を依頼した。しかし、長州藩の強力な攘夷派により、開国論としての「航海遠略策」は否定され、長州藩は「破約攘夷」に藩論が収束されていった。

こうした長州藩の動向に対し、文久二年三月一六日、薩摩藩の島津久光は、一〇〇〇人に及ぶ藩士を率いて、率兵上京のため鹿児島を出発した。一旦緩急あらば朝廷に忠勤を尽す事を基本としていた前藩主島津斉彬の遺志であった。

四月一六日、京都伏見の薩摩藩邸に入った島津久光に京都警備の勅令が下った。京都の警備は幕府の京都所司代の管轄であるが、京都には「処士横議」により藩を超越した尊攘派の志士が集結し、もはや、所司代の機能を凌駕していた。過激な尊皇攘夷派の志士の中には、薩摩藩士も多く存在していた。

島津久光は藩士に過激な行動と、尊皇攘夷派の志士との交流を厳禁した。しかし、薩摩藩士有馬新七や西郷従道、大山巌等の他に、久留米藩を脱藩して参加した真木和泉や他藩の志士を含め二〇名ほどの誠忠組過激派は藩命に背き、幕府改革のため京都所司代酒井忠義と関白九条尚忠襲撃の謀議のため、伏見の薩摩藩船宿寺田屋に集結した。これに対し、島津久光は襲撃計画を中止し解散を命じたが、その命令は拒否された。このため、島津久光は参加しなかった誠忠組から奈良原喜八郎、道島五郎兵衛等八名の討手を選び、四月二三日夜、上意討を敢行した。

寺田屋事件である。

これにより、朝廷より深い信頼を得た島津久光は親幕府派の九条尚忠を失脚させ朝廷の人事刷新に成功すると、さらに幕政改革に着手し、一橋慶喜を将軍後見職に、前福井藩主松平慶永を大老に起用する人事を幕府に迫った。

この提言を実現するため島津久光は四〇〇名の薩摩藩士を率い、勅使大原重徳を守護し江戸へ向かった。六月七日に江戸に到着した島津久光は、朝廷の権威と薩摩藩の軍事力を背景として、幕府の最高人事決定に介入して行くのである。

幕府の人事改革を押し切り、薩摩藩に近い一橋慶喜と松平慶永を幕閣に送り込み、幕政への発言権を増大し、幕府改革の目的を達した島津久光は、勅使大原重徳より一日早い八月二一日に、意気揚々として京へ向け江戸を出立した。

その事件は、神奈川宿からほど近い生麦村で発生した。

二　中途半端な力は引き合わない――欧米の戦争技術

(一) 生麦事件――薩英戦争　攘夷実行――下関戦争

安政の五ヶ国条約が次々と締結されると、幕府はそれまでの鎖国政策を担って来た海防掛に代わって新たに外国掛を設け、さらに外国奉行を新設した。幕府は開国と開港の新しい状況に対応するための外交体制を整え、各国の公使館は江戸高輪地域の寺院に開設されていった。しかし、横浜が開港され外国人が増加し、その行動が活発になると、外国人に対する攘夷主義者による襲撃事件が頻発していった。

安政六年（一八五九年）七月、横浜でロシア海軍水兵二名殺傷事件と一〇月のフランス領事館の中国人使用人の斬殺に続き、翌年の一月七日にイギリス総領事館の通訳伝吉が殺害された。

殺害された伝吉は、前述したように嘉永三年一二月摂津の運搬船「栄力丸」に乗り込み江戸へ向かう途中、紀伊半島大王崎沖で難破し、一二月二一日に南鳥島でアメリカ商船オークランド号に救助され、サンフランシスコに上陸した。その中には、後に「新聞の父」と言われるアメリカ彦蔵や、ペリー艦隊旗艦サスケハナ号の乗組員として浦賀に来た サム・パッチがいた。彼らは嘉永五年三月にペリー提督の東インド艦隊で日本に帰還する事になり、五月に香港に到着した。

彼らはそこで、モリソン号事件で日本に帰還できなかった漂流民である力松と出会い、色々と話を聞く内に、日本帰還の希望を失い帰国を断念した。栄力丸乗組員の多くは香港に残り、上海で活動している宝順丸で遭難した音吉の援助を受け、その後清国船で長崎に帰還している。

サム・パッチと呼ばれた仙太郎ただ一人がペリー艦隊の乗組員として浦賀に来航した。

彦蔵、亀蔵、次作の三人はアメリカに戻り、彦蔵は安政六年に駐日公使ハリスの神奈川領事館通訳として採用され、アメリカ彦蔵として帰国を果たしている。

残った一二人は音吉の手配により、乍浦に渡り、清国商船で長崎に向かう事となったが、太平天国の乱により船は出港できず、一年以上も待ちされる事になった。

その間、岩吉が逃亡したため、一一人が乗船してようやく乍浦を出航したが、途中で安太郎が病死し、残った一〇人は嘉永七年七月二七日に長崎に到着し、四年ぶりに祖国へ戻れたのである。

逃亡した岩吉は、広東で駐日総領事となるラザフォード・オールコックの通訳となり、大英帝国在日代表団通訳官として帰国を果たし、名前を伝吉と改めた。しかし伝吉は、イギリスの威光を背景とした高慢な態度により日本人から憎悪と怒りを買い、イギリス公使館のある東禅寺門前で殺害されたのである。

この事件に続き、安政七年二月四日にはオランダ商船の船長デフォスとデッケルが横浜で殺害され、九月一七日にフランス公使館員ナタールが襲撃され、一二月五日には、伊牟田尚平、益満休之助等五人の薩摩藩士により、アメリカ公使館の通訳官ヘンリー・ヒュースケンが斬殺された。

ヒュースケンはオランダ人で、その頃の日本では英語よりオランダ語が普及していたため、ハリスが日本に同道したのであるが、「女ぐせ」が悪く、四人の日本人女性を妾にしていたといわれ、攘夷と同時に、伝吉と同様に日本人の憎悪の対象として殺害されたのである。

さらに文久元年五月二八日、高輪東禅寺のイギリス公使館が襲撃された。

イギリス公使ラザフォード・オールコックが香港出張から長崎に戻った際、長崎奉行朝比奈甲斐守昌寿は、警備上の理由から海路で江戸に向かうよう要請した。しかしオールコックはその要請を無視し陸路で江戸に向かった。

外国奉行竹本図書頭正雅はオールコック一行が大坂に入った時、京都を避けるよう申し入れている。

こうしたオールコックの行動は「神州の地を穢すもの」であるとして、尊皇攘夷の志士は激憤した。

東禅寺のイギリス公使館に帰還したオールコックは五月二八日、水戸藩を脱藩した有賀半弥を中心とした一四人の攘夷派浪士により襲撃を受け、書記官ローレンス　オリファントと長崎駐在領事ジョージ　モリソン等一九人が負傷し、一一人が死亡したが、オールコックは無事だった。

第一次東禅寺事件である。

この事件で、オールコックは幕府に対し、イギリス人兵士の公使館内駐屯、日本側警備の強化と賠償金一万ドル（ポン）を要求し、幕府が全てに応じたため、事件は決着した。

このちょうど一年後の文久二年（一八六二年）五月二九日、東禅寺のイギリス公使館を警備する松本藩士伊藤軍兵衛はイギリス人警備兵二人を斬殺した。伊藤軍兵衛は、外国人のために日本人同士が殺しあう事や、自藩が警備のために多額の出費を余儀なくされている事に疑問を持ち、代理公使ジョン・ニールを殺害しようとしたが、警備兵に気付かれ、戦闘となり二人の警備兵を斬殺した。伊藤軍兵衛はその場で自刃した。第二次東禅寺事件である。

幕府は、こうした外国人襲撃に対し、各国の公使館を品川御殿山に集め、警備を強化する方針を定めた。新しく建設された洋風建築のイギリス公使館は文久二年秋に完成した。

しかし、一二月一二日の未明に高杉晋作、井上馨と伊藤博文等の長州藩士により放火され焼失している。こうした状況の中、幕府はイギリスと第二次東禅寺事件の賠償交渉を進めていたが、その渦中で生麦事件が発生したのである。

江戸での幕閣人事介入に成功した島津久光は、文久二年八月二一日に四〇〇人の薩摩藩士を率いて、江戸を出発し京へ向かった。

その日の未ノ上刻、即ち午後二時頃、その事件は発生した。

横浜の外国人居留地から、上海より横浜に赴任して来たイギリス人貿易商社員チャールズ クラークと、同人を訪ね上海から横浜を訪れたチャールズ・リチャードソン、それに横浜のイギリス人貿易商ウイリアム・マーシャルと、同人の商館に滞在していた香港のイギリス人貿易商の妻マーガレット・ボロデールの四人のイギリス人が、川崎大師見物に行くため、騎乗して東海道を東に向かった。現在の横浜市鶴見区生麦である神奈川宿の生麦村に差し掛かった四人は、島津久光の薩摩藩行列に遭遇した。行列が通り過ぎるまで、下馬して街道の脇に居て見送れば、何事もなかったのだが、行列の先触れが作法通りに「脇に寄れ、脇に寄れ」の大声を張り上げたため馬が驚き、騎乗したリチャードソンは馬の制御を失い行列を乱す「供割り」をして島津久光の駕籠に近づいてしまった。

駕籠を警護する供頭で示現流の分派である薬丸自顕流の達人奈良原喜左衛門は、行列を乱す狼藉者を飛び上がりざまに左袈裟掛けに斬り捨てた。

斬り付けられたリチャードソンは、馬にしがみ付きながら生麦村の外れで落馬し、同じ供頭の海江田武次に止めを刺された。クラークとマーシャルも切り付けられ、重傷を負いながらも神奈川宿の本覚寺にあるアメリカ領事館に逃げ込み、領事官付の医師であるヘボン博士の治療を受け一命をとりとめた。ボロデール夫人は髪の毛を斬られたが、横浜の居留地に逃げ帰り、事件の一報を告げた。

生麦事件の発生である。

ボロデール夫人の報告により、横浜居留地の軍人を含めた居留民は激怒し、保土ヶ谷宿の島津久光を襲撃する準備を始めたが、イギリス代理公使ニールと第二次東禅寺事件対応のため二隻の軍艦で横浜に来航中のイギリス極東艦隊司令長官キューパーは外交交渉による収拾を目指し、興奮した居留民や軍人の騒ぎを静止した。

帰国中のイギリス公使オールコックの報告を聴取したイギリス政府の訓令に基づき、代理公使ニールは、文久三年二月一九日、幕府に対し謝罪状及びこの事件の賠償金一〇万ポンドと、交渉中の第二次東禅寺事件の賠償金一万ポンドを合わせて要求し、四月二〇日までに回答するよう要求した。

また、薩摩藩に対し、下手人を捕縛し、イギリス海軍軍人の面前で処刑する事と、被害者に対し二万五〇〇〇ポンドの賠償金の支払いを要求した。

さらに薩摩藩がこの要求を速やかに実行しなければ、イギリス海軍は強制手段を実行すると付け加えている。

横浜に集結したイギリス極東艦隊の軍事的威圧を背景としたイギリス代理公使ニールの強硬な態度に対し、幕府は三月四日に、関八州の大名や旗本に対し、開戦の可能性を示唆し、三月六日には江戸在府の大名に、万一の場合には死力を尽して防戦の覚悟をせよと申し渡した。

江戸市中には動揺しないように町触が出されたが、火急の場合、女、子供、老人や病人の避難は勝手次第とされた。

また、三月一六日には、神奈川奉行が横浜住民に避難するよう命じている。

三月二七日に至り、外国奉行菊池隆吉と老中格小笠原長行は幕府軍艦蟠龍丸で横浜に向かい、生麦事件の解決のため代理公使ニールと交渉を開始した。その結果、イギリスの要求通り第二次東禅寺事件の賠償金一万ポンドを含む、一一万ポンドの賠償金を七回分割で支払う事で交渉は決着し、幕閣の猛反発の中、五月九日老中格小笠原長行は独断で第一回分の賠償金を支払った。

続いて五月一八日に老中松平信義と井上正直、老中格小笠原長行の三名が連署した謝罪状を手渡し、開戦は回避され、アヘン戦争の二の舞は免れたのである。

幕府は交渉によりイギリスの要求を受け入れ、開戦を回避したが、薩摩藩はイギリスの要求に応じなかった。

薩摩藩は外国人が大名行列の作法を犯したのであり、供割をした者を討ち果たす事は許されていると反論し、外国人を斬ったのは足軽の岡野新助で、事件後逃走し行方知れずであると返答した。足軽の岡野新助は薩摩藩が捏造した架空の人物であったが、薩摩藩は以後全ての弁明に下手人は足軽の岡野新助であると押し通した。

この事件の発生に関して、オランダ人医師ポンペは、行列の真中を馬で横切る無礼を許す国はどこにもないと、リチャードソン一行の不作法を非難し、イギリスの新聞等の論調も大名行列の情報は、横浜の外国人社会にも通告されており、イギリス人の傲慢と相手国の国民的慣習を無視した事は遺憾であると伝えている。

また、イギリス市民や兵士を傷つけた者を必ず罰するのがイギリスの愛国的誇りであるとし、半野蛮国の行動には清国とのアヘン戦争同様に大砲をもって打ち破るべきであるとする主張や、自国の強力な政府が相手国に与える畏怖の念に付け込んで、現地人の宗教、風習を勝手気ままに蹂躙する自らの不品行に対する当然の報いであるとする主張等、賛否両論が展開された。

しかし、世界のどの地域であれ、閉鎖政策にたいしては軍事力で破壊し、強制的に世界市場に編入し文明化させる事がイギリスの利益であり、キリスト教国の使命であるとの意見にイギリスの論調は収束されていった。

このように、開国に伴い外国人との衝突が多発する中、幕府はその根幹を揺るがす重大な問題に迫られていた。

一四代将軍徳川家茂上洛準備のため入京した将軍後見職一橋慶喜、京都守護職松平容保、老中格小笠原長行、幕政顧問山内容堂、そして政事総裁職松平春嶽は、文久二年二月一九日に京都所司代で会合し、水戸藩への「戊午の密勅」を始まりとする従来の大政委任の慣例を破る朝廷の行動に対し、これまでの朝廷による征夷大将軍への大政委任を再確認する必要があるとして、一橋慶喜が参内する事に合意した。

三月五日、一橋慶喜は将軍名代として参内し、これまで通り大政を委任する勅書を下げ渡されたが、その勅書には攘夷の儀、精々忠節を尽す事と記されてあり、奉勅攘夷を命じていた。

これにより三月七日に参内した徳川家茂は朝廷より奉勅攘夷実行を迫られ、実行期日を文久三年（一八六三年）五月一〇日とする事を奉答した。

幕府は決定した攘夷期日を全国の諸藩に通達し、自領海岸防禦を厳重にし、襲来があれば掃攘せよと命じた。

しかし、攘夷期日が近づく中、諸藩や幕府自体にも攘夷決行の動きは無かった。

そうした中で、破約攘夷を藩論とした長州藩は、攘夷実行日当日に当る文久三年五月一〇日に関門海峡を通過する外国船への砲撃を開始し、攘夷を決行した。

下関砲撃事件である。

この日、久坂玄瑞等過激派が乗り込んだ藩艦庚申丸と癸亥丸は、関門海峡を通過中のアメリカ商船ペンブロークを砲撃し、奉勅攘夷を決行した。

続いて、五月二三日、フランス軍艦キンシャン号を前田、壇ノ浦、専念寺の砲台から砲撃した。五月二七日、オランダ軍艦メデューーサ号は砲台と艦船からの砲撃を受けたが、応戦しながら海峡を通過し、豊後水道より外洋へ抜けた。

この砲撃の報復のため、横浜のアメリカ蒸気軍艦ワイオミング号は六月一日に下関に侵入し砲撃を加え、亀山砲台を破壊し、庚申丸と壬戌丸を撃沈させ、癸亥丸を大破した。

六月五日にはフランス東洋艦隊のタンクレード号とセミラス号の二艦が下関の前田砲台を猛攻し、二五〇名の陸戦隊を上陸させ、前田砲台と壇ノ浦砲台を占拠し両砲台を破壊した。

一応の報復攻撃を終えたアメリカとフランスは、イギリス公使オールコックの日本帰任とフランス新任公使ロッシュの来日を待ち、今後の対応を検討する事になった。

こうした状況の中、同じ年の文久三年六月二二日、イギリス代理公使ニールが乗艦した七隻のイギリス艦隊が横浜を出航し、鹿児島へ向かった。

六月二八日に鹿児島に到着した七隻は、鹿児島城下に向かい一列に並んで投錨した。

ニールは薩摩藩の使者に生麦事件でのイギリスの要求を提示し、二四時間の期限を付け回答を迫った。

翌日、薩摩藩使者はイギリスの要求を不当としてその要求を拒否した。

このため、七月一日に薩摩藩は鹿児島の住民に避難命令を発し、七月二日イギリスは午前中に薩摩藩の三隻の蒸気船を拿捕し、乗船していた五代友厚と寺島宗則を捕らえた。

暴風雨が荒れる中、正午になると、天保山砲台からの号砲に呼応し、城下の全砲台から旗艦ユーリアラス号に向け一斉砲撃が開始された。薩摩藩の大砲は滑腔砲であり、施条砲は装備されていなかった。

キューパー司令官は拿捕した三隻の焼却を命じたが、ユーリアラス号は暴風雨のため、砲台の射程内から思うように離脱できず、激しい砲撃にさらされる中、直撃弾を受け、艦長ジョスリング大佐と副官ウィルモット中佐は戦死した。しかし、イギリス艦がこの実戦で初めて使用した最新鋭のアームストロング砲の威力は絶大で、その猛攻により、薩摩藩砲台は次々に破壊され、城下では火災が発生し、集成館も破壊された。

アームストロング砲は日本で安政の大獄が始まった安政五年（一八五八年）にイギリス陸軍の制式砲となり、

翌年には海軍の艦砲として採用されていたが、このこの鹿児島における初めての実戦砲撃により、その威力が実証された。

イギリス艦隊はこの戦闘により艦長を含む一三名の戦死者と多くの被害を受け、燃料、弾薬、食料が消耗したため、七月四日午後、横浜に向け鹿児島港を脱出した。

薩摩藩は善戦したものの、暴風雨に係らず、強力なイギリス艦隊との軍事力格差をまざまざと見せつけられた。砲台は完全に破壊され、その修復や消耗した武器弾薬の補充の目途が立たない薩摩藩は、イギリス艦隊の再度の来襲に対抗できない事を認識し、対英講和への決断をするのであった。

このため、薩摩藩は正使岩下佐次右衛門、応接掛重野安繹を横浜に派遣し、文久三年九月二八日に第一回の講和交渉を開始した。

第一回の交渉では、イギリスは当初と同様の賠償金の支払いと、下手人の処刑を要求し、薩摩藩は三隻の蒸気船焼却沈没に対する謝罪と、五代友厚等二人の薩摩藩士捕虜の釈放を要求したが、双方ともがその要求を拒否した。

しかし、第三回目の交渉で、薩摩藩はイギリスに鹿児島攻撃に参加した蒸気軍艦一隻を購入したい旨を申し入れ、さらに有用な技術教育を受けさせるため、留学生の受け入れを依頼した。

この意外な要請に薩摩藩の変化を察したイギリスは、生麦事件の下手人処刑を棚上げし、賠償金の支払いと、捕虜を釈放する事で交渉は成立した。

交渉成立により薩摩藩は一一月一日に二万五〇〇〇ポンドの賠償金を分割で支払い、薩英戦争は決着するのである。

これを契機に薩摩藩はイギリスに教えを請い、全面的に軍事態勢の洋式化を推進していくことになり、イギリスは勇猛果敢な薩摩藩の洋式化に協力し、重要な役割を果たして行く事になった。

長州や薩摩が使用していた大砲の射程距離は一キロ程度であったが、イギリス軍艦の一一〇ポンドアームストロング砲は最大で四キロの射程距離があり、その威力の差異は如何ともしがたかったのである。

自藩の戦闘力を信じ、欧米列強に立ち向かった薩摩、長州の両藩は「中途半端な力は引き合わない」事を思い知らされ、西欧文明とその戦争技術を学習するため、戦闘相手国であるイギリスに教えを請うのであった。

ここに薩英同盟が成立し、やがて長州を包含した薩長同盟が誕生し、明治維新へと突き進んでいくのである。

(二) 生きたる器械となる――脱藩密航留学生

幕府が文久元年（一八六一年）の年末に派遣した遣欧使節団が、開市開港延期と西洋事情探索に、所期の目的を達成し帰国する三ケ月前の文久二年九月一一日、幕府初となる官制のオランダ留学生が、オランダ商船カリップス号に乗船し長崎を出航した。

海軍の近代化を急ぐ幕府は、アメリカに海軍学の修得のための留学生を派遣する事にしたが、アメリカが南北戦争に突入したため、予定していた留学生の受け入れが出来なり、オランダに軍艦を発注すると同時にその海軍学習得の留学生を受け入れるよう依頼した。

オランダ政府が幕府の要請を快く引き受けたため、造船と航海術習得のため軍艦操練所から榎本武揚を含む五名、政治経済を学ぶため蕃所調所から西周、津田真道の二名、医学習得のため長崎養生所から伊東玄伯、林研海の二名、技術者である職方六名の総員一五名がライデン大学等に留学した。

このように欧米の化学、技術、法制度等の知識を得る必要性を認識した幕府は官制の留学生を派遣したが、開国したにもかかわらず、一般人の海外渡航は従来通り厳禁されたままだった。このため、各藩からの一般渡航は不可能であったが、各藩においても海外の優れた科学技術の習得の必要性を強く認識していた。

一般の藩士が海外渡航するには官制の海外渡航に参加するか、密航するしかなかった。

そうしたなか、「中途半端な力は引き合わない」事を実戦により体験した長州藩や薩摩藩を筆頭に、藩に迷惑が及ばないよう脱藩し、死を賭け、「生きたる器械」になるべく、国法を犯して密航留学を敢行する若き藩士達が続出した。

長州藩が攘夷決行の砲撃を開始した二日後の文久三年（一八六三年）五月一二日未明、長州の井上馨、遠藤謹助、山尾庸三、伊藤博文、野村弥吉の五名は藩主より暗黙の了解を得て、長州藩を脱藩し、藩士周布政之助の助けを受け、イギリスへ留学するため国禁を犯して横浜から密航した。

脱藩し密航留学生となった彼らは、西欧の文明や技術を自分の身に付け「生きたる器械」となり、「夷を以って夷を制する」を実践しようとする決死の覚悟で、横浜を出航したのである。

山尾庸三は既に函館奉行所の亀田丸で、ロシアのニコラエフスクへ渡航した経験があり、必ず諸外国と交流する時期が来るから、それまでに西洋事情の知識を蓄えておかなければならないとして、井上馨や野村弥吉等とともに西欧諸国に行く事を藩に願い出ていたのである。

この密航に協力したのは、横浜で貿易商に従事している長州藩御用達の豪商大黒屋の手代佐藤貞次郎より依頼を受けたジャーデン・マセソン商会横浜支店の支配人S・J・ガワーであり、長州の五人が乗船したのは、同商会所有の蒸気船チェルスウィック号であった。

ジャーデン・マセソン商会は清国でアヘンの密貿易を手広く行い、アヘン戦争の発端になったイギリスの貿易商社である。

五日ほどで上海に着いた彼らは、上海の港で、西欧列強の軍艦を含めた一〇〇隻以上の蒸気船や帆船を目のあたりにして、日本の攘夷がいかに無謀であるかを思い知らされた。

九月二三日に目的地ロンドンに到着した彼らは、ロンドン大学のユニヴァーシティ・カレッヂの化学の教授アレキサンダー・ウィリアムソン博士宅に下宿し、同カレッヂの法文学部の聴講生となり、ウィリアムソン博士の分析化学の講義を中心に、遠藤謹助が地質鉱物学、山尾庸三が土木工学、野村弥吉が数理物理学を受講している。

彼らは授業だけでなく、造船所、造幣局、鉄道等の各種工場や銀行、博物館、美術館を訪れ、「生きたる器械」となるため技術や学問だけでなく、近代西欧文明の神髄をも吸収しようと貪欲に行動している。

彼ら五人はロンドンにおいて、「長州ファイブ」と呼ばれ各所で歓迎された。

そうした中、「タイムズ」紙は、一八六三年一〇月二一日付で長州藩の外国船砲撃とそれに続く報復攻撃による砲台占拠事件、さらに薩英戦争の記事を報じ、四ヶ国が長州を懲罰する武力行動の協議をしていると報じた。

この新聞報道により、長州藩しいては祖国日本の危機を感じ取った井上馨と伊藤博文は、自分達が「生きたる器械」となっても、国が亡びてしまえばそれを活用できなくなってしまうとして、攘夷の藩論を開国へと転換させなければ、その滅亡を防ぐ事は出来ないとの結論に達し、わずか半年余りの留学であったが、三人を残し、二人は急ぎ帰国を決断するのであった。

文久四年一月二四日に、イギリス公使オールコックは本国政府から武力行使の権限を与えられて日本に帰任した。

元治元年（一八六四年）四月二五日、長州藩の下関砲撃事件に対し、イギリス、フランス、オランダ、アメリカの四ヶ国は、下関海峡通航の自由と長州侯の処罰、さらに条約により在留する外国人の保護を、日本政府が保証する事を要求する決議を採択した。しかし、幕府がその要求に何らの対応を示さなかったため、六月一八日に至り四ヶ国は幕府に対し、下関海峡自由通航の保証を二〇日以内に実行しなければ無警告で軍事行動を発令するとの最後通牒を発した。

七月一三日、ロンドンより急遽帰国した井上馨と伊藤博文は、イギリス公使オールコックに対し、藩主を説得し藩論を開国へと転換させるので、艦隊出動を待つよう要請した。

二人は、直ちに帰藩し藩主毛利敬親に君前会議を要請したが、重臣達に開国への説得は出来なかった。ロンドンで学んだ西欧の実情を説明しても、重臣達はそれを理解する知識がなかったのである。

七月二四日、四ヶ国連合艦隊は横浜を出港し、八月四日国東半島沖の豊後姫島に集結した。

事ここに至り、翌八月五日、藩主毛利敬親は交戦回避のため下関通航に差し障りないようにする旨の書状を発し、連合艦隊司令長官キューパーに届けるため井上馨と前田弥右衛門を向かわせたが、高杉晋作が率いる奇兵隊等の諸隊に対し、連合艦隊より先に発砲しないよう説得するのに時間を取られ、二時間の攻撃猶予期限に間に合わず、午後四時過ぎ旗艦ユーリアラス号の発砲を合図に四ヶ国連合艦隊一七隻、砲二八八門、総兵力五〇一四名による砲撃が開始された。

下関戦争である。

これに対し、修復されていた長州の砲台は直ちに応戦したが、八月六日までに第八砲台の壇ノ浦砲台が沈黙し、彦島の弟子待第九砲台と床山第十砲台等と十ヶ所の砲台は次々と全て破壊された。イギリス、フランス、オランダの約二〇〇〇人の兵士が上陸してそれらの砲台を占領した。これにより下関海峡は完全に制圧され、八月一〇日までに砲台の大砲六二門は、戦利品として鹵獲され、各国艦に積み込まれた。

連合艦隊の艦船の損害は少なかったが、死傷者は九〇人に及び、中でも、イギリス艦隊は死者一五人、負傷者五〇人を出している。

長州藩は砲台を占拠され、大砲を鹵獲された屈辱は大きかったが、人的被害は少なく、死者一二人、負傷者三〇人であった。

連合艦隊のキューパー司令長官の報告によると、

長州兵は砲台に砲弾が命中しても、陸戦隊が侵入しても退去せず、良く戦った。その砲台の設計は外国人の援助を受けず、全てオランダの書物から学んだ。しかしその築造には大きな欠点があった。砲台は海水面と同じほどの高さに築造されたため、背後の断崖に当る砲弾のため土砂は砲台に崩れ落ちた。

と指摘している。

欧米では、その経験により、砲台は、背後の崖のない場所か、崖の上に築造する事を鉄則としていたのだ。

この戦いで、旧式の滑腔砲しか装備していない長州藩は、ライフルが施された施条砲で榴弾を発射する最新式のアームストロング砲を装備した列強四ヶ国の軍事力をまざまざと見せ付けられ、西欧の発達した軍事技術に対抗する事は不可能であることを思い知らされたのである。

下関戦争に参加した軍事力は戦艦一七隻、砲二八八門、兵士五〇一四名であったが、居留地の横浜防衛のため砲六七門、兵士二〇三一名、長崎に砲二一門、兵士二七五名が駐留し、合計で砲三七六門、兵士七三二〇名の外国軍事力がこの時期の日本に存在していたのである。

元治元年八月八日、長州藩は脱藩の罪で入牢していた高杉晋作を正使として講和を申し入れ、伊藤博文と井上馨が通訳を担当し、ユーリアラス号艦上で講和談判が始められた。

この講和交渉で四ヶ国は長州藩に下関海峡通航の自由、薪水糧食の供与と避難者の上陸許可、砲台の修復と新造築の禁止、戦費の支払、それに下関市街を砲撃で焼却しなかった報償の支払を要求した。

この要求に同意した長州藩は、さらに「開国」を藩論とする事を表明し、西洋諸国と親交を結び、西洋の蒸気器械の技術、航海技術等の軍事技術と科学技術の修得を積極的に推進する必要性を強く認識し、四ヶ国列強にその協力、指導を要請した。

八月一四日の第三回会談で、四ヶ国の要求を認めた下関協約が締結され停戦が成立した。

しかし、戦費と下関市街を砲撃しなかった報償として、三〇〇万ドルという莫大な金額の要求に、高杉晋作は外国船への砲撃は幕府の攘夷決行に応じたもので、その責任は幕府にあるとして、これを拒否した。四ヶ国側もその主張を認めたため報償金支払の交渉相手は幕府に変更された。

四ヶ国側は巨額の要求を幕府に突き付て、その支払の免除と引き換えに下関開港を狙ったが、幕府は下関開港による長州藩の勢力増大を嫌い、報償金の支払に応じ下関開港を拒否した。

この決定に基づき、九月二二日横浜において、幕府代表若年寄酒井飛彈守忠毗と外国奉行竹本淡路守正雅は四ヶ国代表と取極書に調印し、幕府は一五〇万ドルを支払ったが、幕府崩壊後、残債は明治政府により支払われた。

この翌年の慶応元年（一八六五年）四月、西欧近代兵器に叩きのめされた長州藩の武田庸次郎、南貞助、山崎小三郎の三名がイギリスに密航していった。彼らはグラバー商会の援助によりロンドン密航を敢行したが、長崎に本拠を置くトーマス・グラバーは、イギリス密航を計画する諸藩の有志を積極的に援助していた。

翌年の慶応二年には、佐賀藩の石丸虎五郎、馬渡八郎や広島藩の村田文夫等がグラバーの援助を得てイギリスに密航留学していた。

薩英戦争を境に、薩摩藩は親英政策を強力に推進し、藩の政策としてイギリスへの留学生派遣を決定した。この派遣の目的は海軍学を中心とした近代西欧の科学技術習得にあったが、イギリスとの友好関係を増大して幕府に対抗する意図が含まれていた。その派遣にはイギリスのジャーデン・マセソン商会とその傘下のグラバー商会の全面的な協力があった。

薩摩藩は薩英戦争において、イギリス艦隊の近代兵器の威力をまざまざと見せ付けられ、攘夷の不可能を痛感した。

薩摩藩所有の蒸気船「天祐丸」船長として参戦した五代友厚はイギリス艦に拿捕され松木弘安と共に捕虜となり横浜に連行された。この体験を経て、五代友厚は藩当局に上申書を提出した。その上申書には、攘夷の藩論を転換し、開国して海外貿易を盛んにする事により富国強兵を企図する事が提言され、その実現のために有為の人材を育成する必要があり、前藩主島津斉彬が構想した、欧米先進国への留学生派遣が急務であると強調されていた。

この上申に藩主と国父島津久光の賛意を得ると、藩当局は直ちに留学生派遣に着手するのであった。留学生の人選は、藩の洋学校である「開成所」の入所者を中心に行われた。

元治二年（一八六五年）一月一八日、選抜された一五名の藩士にイギリス留学の藩命が下された。国禁の密航であるので、彼らには幕府の追求を避けるため、藩主より変名が授けられ、最高責任者として大目付新納刑部と藩の外交使節として五代友厚と松木弘安、それに通訳の堀 荘十郎が加わり、総勢一九名が串木野の羽島浦に集結した。彼らは「甑嶋出張」を装い羽島沖に回航されるグラバーの船を待った。

二ヶ月後、ようやく姿を現したグラバー商会所有の小型蒸気帆船「オースタライエン号」に乗船した一行は、三月二二日に最初の寄港地である香港に向け羽島浦から出航した。

香港からシンガポール、ボンベイ、スエズ、マルタ島を通過し、地中海のジブラルタル海峡を抜け、慶応元年（一八六五年）六月二一日に、アレクサンドリアで乗り継いだ蒸気帆船デルヒ号はイギリスのサザンプトンに入港した。

一行は、一八四〇年にサザンプトンとロンドン間の一二六キロに開通した鉄道に乗車し、二時間半でロンドン中央停車場に到着した。

駅頭にはトーマス・グラバーの兄であるジェイムス・グラバーが一行を出迎えた。薩摩の羽島浦を出航して以来、二ヶ月余が経過していた。薩摩藩の密航留学は長州藩の五人がロンドンに密航留学してから二年後であった。

彼らはロンドン大学の教授宅に分宿しながら、ロンドン大学ユニヴァーシティ・カレッジの法文学部に入学し、経済、法律、軍事、科学、工業等の西洋技術を学んで行ったが、翌年に入り、五代友厚、新納刑部、通訳の堀荘十郎が帰国の途につき、五月には松木弘安も帰国していった。

この頃になると薩摩藩内部の動きが幕府体制とともに慌しくなり、特に薩長同盟による膨大な武器弾薬の購入やパリ万博参加により、薩摩藩の財政事情は悪化していった。このため、藩からの送金が途絶えがちとなり、勉学に支障をきたすようになると、次第に帰国する留学生が増え、二年を経ずして、残った者は九名になっていた。このうち、さらに町田民部ら三人は慶応三年四月に帰国の途についた。

こうした中、世話を受けていたオリファント議員の勧めにより、彼らはユートピア思想家のトーマス・レイク・ハリスの主催するニューヨーク州アメニアの「新生兄弟社」と呼ばれる、共同体による理想社会を築こうとするコロニーに入る事を決意し、慶応三年八月に、残った六人はオリファントの後を追いロンドンを出発し、トーマス・レイク・ハリスの待つコロニーに向かった。彼らがニューヨーク州アメニアのハリスのコロニーに着いて三ヶ月後、一〇月一四日に薩長に討幕の密勅が下ると、幕府は大政奉還を上奏し、一二月九日主権復古の大号令が発せられるのである。

アメリカに渡った六人の中に、一三歳でこの留学に参加した磯永彦輔がいた。

彼は、密航に際し藩主より与えられた変名の長沢鼎を一生使い続けた。

明治八年（一八七五年）ハリスとオリファントの意見の相違により、コロニーが分裂解散すると、長沢鼎はハリスとともにカリフォルニアのサンタロ—ザに移り、一二〇〇エーカーの土地を購入し、理想的な農園建設を開始した。

四年後には葡萄園を造り、明治一五年（一八八二年）、ワインの醸造を始めた。

明治三九年（一九〇六年）三月、ハリスの死去により、彼の全財産を継承した長沢鼎はさらに葡萄園を拡大し、「サクセスワイン」の名でアメリカはもとより、ヨーロッパや日本への販売に成功した。長沢鼎は、カリフォルニアのソノマワイン開拓の先駆者として、多くのアメリカ人から畏怖と尊敬の念を込められ、いつしか「カリフォルニアの葡萄王」と呼ばれるようになっていた。明治末年と大正末年の二度帰国したのみで、磯永彦輔は長沢鼎として、昭和九年（一九三四年）三月一日、フォンテングローブの自邸で八三年の波瀾の生涯を閉じるのであった。

長沢鼎の功績は、現在もカリフォルニアワインとともに語り継がれている。

この頃、長州藩の一六名や薩摩藩の二六名以外でも、加賀藩三名、土佐藩二名、仙台藩四名、筑前畔八名、久留米藩一名等、一六藩から七二名の密航留学生がロンドンを中心に貪欲に知識を吸収していたが、密航のため各藩士の交流はなく、学費はおろか生活費にも困窮する者が少なくなかった。長州の山崎小三郎は飢えとロンドンの寒さ、それに語学力不足で精神的疲労が蓄積し、密航留学二年足らずで肺病により死亡した。二二歳であった。

山崎小三郎の葬儀は、一二名の日本人が見守る中、遺骸はロンドン郊外のブルックウッド共同墓地に埋葬されたと、慶応二年（一八六六年）三月一〇日付地元紙により報道されている。この一二名の参列者の内、南貞助と野村弥吉以外の一〇名は薩摩藩留学生であった。

山崎小三郎の死は藩意識を超越し、同じ日本人としての絆で留学生達を結び付け、これ以後、各藩の留学生は交流を深め共助していくのである。

現在もブルックウッド共同墓地には、平成一〇年（一九九八年）五月に日英友好協会が日本人留学生の勇気とその志を讃え建立した「日本人留学生記念碑」を中心として、志半ばで命を失った長州藩山崎小三郎、徳山藩有福次郎、土佐藩福岡守人、佐賀藩袋久平の四人が埋葬されている。

イギリスに残った長州の三人は「生きたる器械」になるべく勉学に励み、帰国後、遠藤謹助は大蔵官僚として造幣局長に就任し、日本の近代貨幣制度策定に貢献した。

野村弥吉は井上勝と改名し、鉄道頭として新橋と横浜間の日本最初の鉄道をはじめ、各地の鉄道建設を指導した。

山尾庸三は工部卿として工学の教育と発展に寄与し、さらに後年になり視覚障害者の教育振興に尽力し、現在の筑波大学付属視覚特別支援校の前身である「訓盲院」の開校を為し遂げている。

慶応二年四月七日、幕府は日本人の海外渡航の禁止を解除した。

日米和親条約による開国に始まり、安政の五ヶ国通商条約で外国人の往来と外国との通商が解禁され、さらに徳川幕府により寛永一〇年（一六三三年）に発布された日本人海外往来禁止令が解除された事により、二三〇年以上にわたる祖法としての鎖国政策は、ここに完全に終焉した。

これにより、日本人は密航という決死の手段ではなく、身分を問わず海外に出国し、帰国する事が出来るようになったのである。

これを受け、諸藩から志のある多くの優秀な人材が海外に渡り、欧米の近代文明と、藩意識ではなく確固たる国家意識を身に付け、明治新政府誕生とその運営を主導していくのである。

三　摂津沖四ヶ国連合艦隊——慶応から明治へ

幕府が朝廷に約束した奉勅攘夷を唯一決行した長州藩は、大きな被害を受けたが、五月一〇日の攘夷期日を忠実に実行し、皇国の武威を海外に示したとして孝明天皇は嘉納されたとの御沙汰書を朝廷より賜った。

しかし、文久三年八月一八日、七卿の都落ちに始まる政変の中、元治元年七月一九日の「禁門の変」で朝敵となった長州藩は、四ヶ国連合艦隊の下関攻撃を目前にして、孝明天皇による朝敵長州藩追討の命により長州征伐を受ける事になった。

幕府征長軍の総督尾張藩主徳川慶勝と副将福井藩主松平茂昭は、元治元年一一月一八日に総攻撃する事を決定したが、征長軍参謀の西郷隆盛は「禁門の変」の責任者として長州藩の三人の家老の首級と、山口城の破壊及び長州藩主伏罪書の提出、さらに都落ちし長州に滞在している五卿を、大宰府に移転させる事で追討の収束を提案した。

この提案に沿って、総てが予定通り実行されたことを確認した征長総督徳川慶勝は一二月二七日、長州藩が伏罪悔悟したとして、総攻撃を停止し征長軍を撤収した。

第一次征長の役である。

こうした中、攘夷強硬派の長州を撃破したイギリス、フランス、オランダ、アメリカの四ヶ国代表は慶応元年九月一一日に横浜で会合し、未勅許のままになっている一連の安政条約の勅許を朝廷より得る事を決議した。

幕府は下関事件報償金三〇〇万ドルの支払に合意し、慶応元年七月に第一回分の五〇万ドルを支払っていたが、四ヶ国側は残債二五〇万ドルと引き換えに、条約勅許と兵庫の早期開港を提案し、圧力を加えるため、連合艦隊を摂津湾に侵入させると通告した。

四ヶ国側は、幕府が成しえない条約勅許を得るために協力する軍事行動であるとして、イギリス艦五隻、フランス艦三隻、オランダ艦一隻の九隻により編成された連合艦隊を派遣し、九月一六日同艦隊は摂津沖に投錨した。

九月一九日、老中格小笠原長行との交渉で四ヶ国代表は、条約勅許と兵庫早期開港、関税率改正を要求し、回答を得られなければ朝廷と直接交渉をすると迫った。

こうした状況に、一橋慶喜は一〇月四日の朝議で、条約の勅許を得られない場合、外夷は京都に殺到するとして条約の勅許を強く奏請した。この奏請に対し、朝廷は翌五日に在京の一六藩を召集し意見を求めると、条約勅許やむなしの意見が大勢を占めた。

ここに至り、朝廷は条約を勅許するが、兵庫開港は差止める勅書を発した。

一〇月七日、勅書は幕府老中本庄宗秀により連合艦隊に伝達された。これにより欧米列強の軍事的圧力に屈し、孝明天皇が条約を勅許せざるを得ない窮地に追い詰めた幕府の権威と、攘夷を主張していたにも関わらず、条約を勅許した朝廷の威信も大きく失墜するのであった。

それまでの条約不勅許が一転して条約勅許となり、混乱した朝廷内で、それまで朝廷を補佐していた幕府と一橋、会津、桑名の一会桑を見限り、薩摩と長州の両藩を基盤として、朝廷の威信を取り戻し、国家の根幹に復する「王政復古」への策動が、失脚中の岩倉具視を中心にして動き出すのである。

その動きは薩長同盟を経て、慶応三年一〇月三日に、幕府に提出された前土佐藩主山内容堂による「大政奉還」建白書の採用を決意した第一五代将軍徳川慶喜が、一〇月一三日に在京中の諸藩の重臣を二条城大広間に招集し、その決意を表明する状況に至った。

翌一〇月一四日、幕府は外国との交際が盛んになり、幕府と朝廷の二重政権では国家として立ち行かないため、従来の制度を改め、政権を朝廷に返還するとした「大政奉還」の上表を朝廷に提出した。しかし、同じ一四日、朝廷は薩摩藩と長州藩に倒幕の密勅を下していたのである。翌一五日、「大政奉還」の上表は勅許され、ここに二六八年間にわたる徳川幕府は終焉を迎えるのであった。

こうした状況の中、慶応二年一二月二五日に孝明天皇が突如崩御されたため、翌慶応三年一月九日に一四歳で践祚された明治天皇に対し、既に赦免されていた岩倉具視等は、その年の一二月九日に「王政復古」を奏上した。

この奏上を受けた明治天皇は同日御学問所において「国家の為に尽力せよ」との勅語を下し「王政復古」を宣言された。これにより、幕府と征夷大将軍、さらに一〇〇〇年以上にわたり存続した摂政、関白を廃止し、新たに総裁、議定、参与の三職を設置する「王政復古」の大号令が発せられ、朝廷を中心とした明治新政府が樹立されたのである。

このような状況の中、翌慶応四年（一八六八年）一月一九日、登城したフランスの在日公使ロッシュは徳川慶喜に対し、フランスが軍艦、武器、資金を提供し、全力で援助するので、新政府軍と戦うように進言したが、最早幕府にはその大勢が失われており、慶喜はロッシュの提案を拒否した。

これにより、イギリスが支援する新政府軍とフランスが支援しようとした幕府軍との外国軍が介入した全面衝突は回避され、内乱に乗じた日本に対する侵略は阻止されたのである。

しかし、不安定な国内情勢は「鳥羽伏見の戦い」に始まる「戊辰戦争」で、新政府軍が江戸に迫ると、徳川慶喜は慶応四年二月一一日、旗本、御家人に総登城を命じ、「天怒に触れた」として「絶対恭順」の態度を示し「天裁」を待つとの諭書を示し、江戸城から上野寛永寺に退去し、大慈院において謹慎に服した。

新政府軍による江戸城総攻撃が三月一五日に決定する中、三月一三日と一四日の両日にわたり、東征大総督府参謀西郷隆盛と幕府軍艦奉行陸軍総裁勝海舟が三田の薩摩藩蔵屋敷で会談し、江戸城総攻撃は中止された。

四月一一日新政府軍に江戸城が明け渡されると、徳川慶喜は寛永寺大慈院から水戸へ退去し、四月二一日東征大総督有栖川宮熾仁親王が江戸城に入城した。

慶応四年七月一七日、江戸は東京と改称され、九月八日、慶応は明治と改元され、一世一元の制度が定められた。

一〇月一三日、江戸城には明治天皇が入城され、皇居と定められたのである。

おわりに　日本の拡張主義――そして、日本は敗れ去った……

人類の歴史は戦いの歴史であるともいえるように、人種、民族、宗教間での戦いは絶え間なく続いて来た。日本は島国であるため、海外との戦いは少なく、六六三年の朝鮮半島南部での「白村江の戦い」、文永一一年（一二七四年）と弘安四年（一二八一年）の二度にわたる蒙古による「文永の役」及び「弘安の役」、さらに文禄元年（一五九二年）と慶長二年（一五九七年）の二度にわたり豊臣秀吉により戦われた朝鮮半島における「文禄の役」と「慶長の役」が記録されている。

しかし、国内においては数多くの戦いが記録されており、特に応仁元年（一四六七年）に始まった「応仁の乱」から下剋上による群雄割拠へと展開し、戦国時代を招来した。やがて、その戦乱は織田信長により収束され、豊臣秀吉により天下統一が成り、徳川家康により戦乱の抑制がなされ、二二〇年にもわたる鎖国政策の中で、日本は戦乱の無い自給自足の経済で、独自の文化を熟成させる平和な時代が持続されていったのである。

ヘレン・ミアーズはその著書『アメリカの鏡・日本』で

「日本の近代以前に、日本軍が海外に出たのは四世紀、七世紀と一六世紀の極短い期間で、四世紀と七世紀に日本軍が朝鮮半島に渡ったのは征服のためではなかった。

当時は日本と朝鮮の古代王朝の間に血縁や婚姻関係があった時期で、日本軍は朝鮮半島の王権抗争に関わって遠征したのだった。

一六世紀には、日本で初めて帝国を築いた豊臣秀吉が中国征服を意図して、朝鮮半島に大軍を送った。この派兵は、日本の世界征服の歴史的野望であるとされ、拡張主義とて非難されているが、国内問題を海外遠征で解決しようとした豊臣秀吉が、武将達を説得するために、中国を取るとした大言壮語による軍事行動が、その全ての根拠とされている。

この種の大言壮語は、プロボクサーと同じようにいつの時代のどこの国でも軍人や政治家が口にする事で、取り立てて非難するような事柄ではない。

しかも、豊臣秀吉の海外遠征は、朝鮮軍と明国軍の方が強かったため成功しなかった。

それから三〇〇年余の間、日本軍は一度たりとも外国に足を踏み入れたことが無い」

さらに、

「生麦や長州の事件から中途半端な力は引き合わない事を知った彼らはすぐに西洋の指導を受け入れ、自分達を中心とした政治変革を目指した。

欧米列強は、こうした野心的青年達が協力的であると判断すると、進んで革新的新体制の樹立を助けた。

彼らは倒幕を支援するために武器を売り、新しい政府を作るための知恵を貸した。新しい指導集団はペリー来航から一五年で徳川を首都から追い出し、江戸を東京と改名して新政権を樹立した」

と記述している。

アヘン戦争での南京条約によって、香港が割譲され、開港された中国の五港に、欧米の「死の商人」により武器が持ち込まれ、上海を中心とした一大武器市場が形成されていった。そこには、クリミア戦争で使用された銃や、アメリカの南北戦争時にイギリスから輸入され、既に廃銃となった旧式銃等が大量に集積され、清国軍、太平天国軍、さらには海賊や山賊にも売却されていった。これらの銃砲はグラバー商会を中心とした武器商人により、開国後の日本へも大量に輸入され、薩英戦争を戦った薩摩藩や、四ヶ国連合艦隊と戦った長州藩を中心として、欧米の圧倒的な武力を認識した諸藩へ流入し、それらの諸藩の軍備増強が図られたのである。

このような状況の中、幕府はアメリカ南北戦争真っ直中の文久二年（一八六二年）に、イギリスのウーリッジ王立造兵廠に使節団を派遣し、当時、最新技術と最高性能を誇っていた後装施条カノン砲であるアームストロング砲の製造を視察させた。その報告に基づき慶応元年（一八六五年）に、幕府は長崎奉行に命じグラバー商会に三五門のアームストロング砲とその砲弾一〇万発を発注した。

慶応三年に合計二三門が長崎に到着したが、残りの一二門は幕府によりキャンセルされた。

幕府はその代金を支払ったが、なぜか、二三門のアームストロング砲はグラバー商会の倉庫に保管されたままであったが、明治二年（一八六九年）このアームストロング砲は新政府軍によりすべて持ち去られている。

一方、二〇〇年以上にわたり長崎警備を担当している佐賀藩は、その任務を全うするため、西洋軍事技術を積極的に取り入れ、長崎警備の強化に努めていたが、嘉永三年（一八五〇年）に鉄製大砲鋳造用の溶解炉として日本初の反射炉を建設し、安政三年（一八五六年）には、幕末で最大級の鉄製巨砲である一五〇ポンドの大砲を製造し、幕府に献上している。このような製造技術を獲得した佐賀藩は、長崎のオランダ人よりアームストロング砲の海外情報を入手し、幕府より四年早い文久元年（一八六一年）にはグラバー商会を通じてアームストロング砲二四門を輸入した。さらに佐賀藩は、その試作に着手し、二門のアームストロング砲の製造に成功したといわれている。

戊辰戦争での上野の彰義隊、会津の鶴ヶ城、さらに箱館の五稜郭での闘いで、イギリスから輸入した佐賀藩のアームストロング砲はその絶大な威力を発揮したのである。

こうした佐賀藩による兵器製造は、一八二六年刊行の『ロイク王立鉄製大砲鋳造所における鋳造法』が唯一の参考図書であった。その本は、天保七年（一八三六年）に高島秋帆によってオランダから輸入され、一〇年以上をかけて翻訳されたベルギーの工業都市リェージュにある製鉄所の技術書であった。

幕府は佐賀藩の技術指導を受け、安政元年（一八五四年）に伊豆韮山に反射炉を建設したが、薩摩、水戸、鳥取、長州、岡山等の諸藩でも反射炉が建設されてゆき、青銅砲に代わる鉄製砲が製造され、日本における製鉄技術近代化への起点となっていったのである。

欧米列強と戦争が出来ない、旧態依然のままの軍備しかない徳川幕府は、それ故に、戦争をしない判断を下して開国に踏み切った。幕府はそうした判断をする事により、清国のように敗戦により強要された条約でなく、交渉による条約を締結出来た。自国の戦闘能力を見誤った清国はアヘン戦争に敗れ、敗戦条約である南京条約を強いられ、香港を割譲させられたのである。

倒幕に成功し新政権を獲得した明治政府は、急速に欧米化を推進する事により、その政権維持に成功し、近代国家としての礎を築いて行くのであった。

新政府には、榎本武揚のように新政府軍と戦った旧幕臣も含め、海外知識や学問のある有為の人材が登用され、独立自治の目的の為、国民は一体となって欧米に追いつくべく、必死に脱亜入欧による富国強兵の道を邁進するのである。

現在のヴェトナムであるコーチシナは日本が攘夷で混乱していた文久二年（一八六二年）にフランスにより

植民地化されている。日本がコーチシナと同じ運命を辿ったとしても不思議ではなかった。
その後、イギリスは明治一九年（一八八六年）にビルマを植民地化し、明治二〇年（一八八七年）にフランスは後に仏印といわれるフランス領インドシナ連邦を成立させ、その支配を強化していった。
ヘレン・ミアーズはその著書『アメリカの鏡・日本』で
「日本人が小さい島の限られた中で、独自の文化を育んでいた時も、世界支配を目指すヨーロッパ人同士の争いは続いていた。一六、一七世紀のヨーロッパ人は拡張主義者だった。そして、一八、一九世紀になり産業革命が彼らをスーパーマンに変えた。太平洋諸島とアジアの現地住民はもともと争いを好まなかったから、科学の力を身に付けたエネルギッシュな彼等にたちまち征服された。銃で武装した白人から見れば、槍で武装した現地住民など物の数でなかったし、大砲を積んだ蒸気機関の軍艦を、帆掛け舟と弓矢で追い返すことなど出来るはずもなかった。」
さらに
「ペリー艦隊がやってきた時、二世紀半の間、平和な殻の中で独自の社会を作ってきた人々は、その異様な船に怖れ、国際関係の流れに引きずり込まれていった。ペリーからマッカーサーまでの一世紀足らずの間に、日本は農業、手工業を中心とする経済から産業と貿易中心の資本主義経済に移行した。そして、半独立状態の藩から成る緩やかな連合は、高度に中央集権化された国家に変わり、鎖国による孤立主義を守って来た小さな島国は、軍国主義的、帝国主義的大国に変貌した」
そして
「ペリー以後の近代日本が侵略的であり、拡張主義的であった事は確かだ。しかし、近代以前の日本が平和主義であり、非拡張主義であった事も確かだ。」
「ペリー来航により開国した時、日本は先祖伝来の小さな四つの島しかもっていなかった。どこを拡張したのだろうか。」
「日本人が、平和愛好民族から好戦的国民へ変わったのは、日本人が暴力と、貧欲が基準であり、正当である国際社会に入ったからであり、日本人に、暴力と貧欲を組織する国際的技術を教えたのは、外国の専門家たちなのだ。」

と記述している。

戦争が出来なかった日本は、欧米列強の一員になりたいと、国民一丸となって戦争の出来る国になろうとした。

欧米列強が日本に教えた最初の教科書は「力は報われる」ということだった。

条件さえ与えられれば、総ての人間は好戦的になる。

欧米列強は、そういう条件を日本に与えた。

パワーポリティクスが支配する世界で、ひとたび覇権の拡大に向かうと、より多くの物資と市場を求めてやまない「過剰安全性」に駆り立てられ、拡張主義に突き進むのである。

欧米の戦争技術を必死に学んだ日本は、日清戦争、日露戦争を戦い、第一次世界大戦に参戦し、世界の五大国にまで上り詰め、国際連盟の常任理事国に列せられた。

そして、日本は世界の一等国の仲間入りを果たし、世界の列強と同等になったと思った。

それは日本の錯覚だった。列強国はそんなに甘くはなかった。

戦争の出来なかった日本は、いつしか戦争の出来る拡張主義の国となり、欧米列強諸国の拡張主義と日本の拡張主義は必然的に衝突し、日本はその未熟さ故に、ついには敗れ去って行くのである。

「七隻の軍艦を率いて日本の門戸を開いたペリー提督は、ダイナミックな西洋文明を現していた。

その物力と機械力は、一八五三年の日本が及ぶところではなかったが、一九四五年も同じである。

マッカーサー将軍が未曾有の陸海空の大兵団を引き連れて、日本の門戸を閉ざした」

と記述したヘレン・ミアーズは

「日本の本当の罪は、西欧文明を一生懸命に学んだ事にある」

と喝破したのである。

……そして門戸を閉ざされた日本は、戦争の出来る国から戦争の出来ない国ではなく、平和を愛する諸国民の公正と信義を信頼して「戦争をしない国」となって再び国際社会の門戸を開くのである。

参考文献

『アメリカの鏡・日本』 ヘレン・ミアーズ／伊藤延司訳 角川書店 一九九五
『世界史の誕生とイスラーム』 宮崎正勝 原書房 二〇〇九
『イスラームから見た「世界史」』 タミム・アンサーリー／小沢千重子訳 紀伊國屋書店 二〇一一
『イスラームの世界地図』文春新書 21世紀研究会編 文藝春秋 二〇〇二
『大航海時代 スペインと新大陸』 関 哲行 立石博高 同文舘出版 一九九八
『東方案内記』大航海時代叢書8 リンスホーテン／岩生成一他訳註 岩波書店 一九六八
『大航海時代とモルッカ諸島』 生田 滋 中央公論社 一九九八
『イエズス会の世界戦略』講談社選書メチエ 高橋裕史 講談社 二〇〇八
『キリスト教伝来と鹿児島』 山田尚二 斯文堂出版部 一九九九
『ザビエルの同伴者アンジロー 戦国時代の国際人』 岸野 久 吉川弘文館 二〇〇一
『ザビエルを連れてきた男』新潮選書 梅北道夫 新潮社 一九九三
『聖フランシスコ・ザビエル全生涯』 河野純徳 平凡社 一九八八
『天皇とキリシタン禁制』 村井早苗 雄山閣出版 二〇〇〇
『大内義隆』人物叢書新装版 福尾猛市郎 吉川弘文館 一九八九
『キリシタン時代の研究』 高瀬弘一郎 岩波書店 一九七七
『信長記』上・下 小瀬甫庵撰／神郡周校注 現代思潮社 一九八一
『日本史』全12巻 ルイス・フロイス／川崎桃太、松田毅一訳 中央公論社 一九七七
『南蛮史料の発見 よみがえる信長時代』 松田毅一 中央公論社 一九六四
『アフリカ「発見」日本におけるアフリカ像の変遷』 藤田みどり 岩波書店 二〇〇五
『織豊政権とキリシタン 日欧交渉の起源と展開』 清水紘一 岩田書院 二〇〇一

『日欧交渉の起源　鉄砲伝来とザビエルの日本開教』　清水紘一　岩田書院　二〇〇八
『アゴスチイノ小西摂津守行長回想帖』　園田信行　中央公論事業出版　二〇〇三
『クアトロ・ラガッツィ 天正少年使節と世界帝国』　若桑みどり　集英社　二〇〇三
『巡察師ヴァリニャーノと日本』　ヴィットリオ・ヴォルピ／原田和夫訳　一藝社　二〇〇八
『東インド巡察記』東洋文庫７３４　ヴァリニャーノ／高橋裕史訳　平凡社　二〇〇五
『日本巡察記』東洋文庫２２９　ヴァリニャーノ／松田毅一訳　平凡社　一九七三
『キリシタンの文化』日本歴史叢書　五野井隆史　吉川弘文館　二〇一二
『南蛮のバテレン』　松田毅一　朝文社　一九九一
『バテレン追放令　16世紀の日欧対決』　安野真幸　日本エディタースクール出版部　一九八九
『人身売買』　牧 英正　岩波書店　一九七一
『天下統一から鎖国へ』日本中世の歴史7　堀 新　吉川弘文館　二〇一〇
『秀吉の朝鮮侵略』日本史リブレット　北島万次　山川出版社　二〇〇二
『東アジアの兵器革命　16世紀紀中国に渡った日本の鉄砲』久芳 崇　吉川弘文館　二〇一〇
『武器・十字架と戦国日本　イエズス会宣教師と「対日武力征服計画」の真相』　高橋裕史　洋泉社　二〇一二
『16―17世紀 日本・スペイン交渉史』　パブロ・パステルス／松田毅一訳　大修館書店　一九九四
『徳川家康のスペイン外交　向井将監と三浦按針』　鈴木かほる　新人物往来社　二〇一〇
『日英交流史１６００～２０００（１）政治外交』　細谷千博、イアン・ニッシュ監修／木畑洋一ほか編　東京大学出版会　二〇〇〇
『支倉常長 武士、ローマを行進す』ミネルヴァ日本評伝選　田中英道　ミネルヴァ書房　二〇〇七
『特命全権大使米欧回覧実記 現代語訳』全5巻　久米邦武編著／水澤 周訳注　慶応義塾大学出版会　二〇〇五
『鎖国と海禁の時代』　山本博文　校倉書房　一九九五
『原城と島原の乱 有馬の城・外交・祈り』　監修 長崎県南島原市　新人物往来社　二〇〇八

『徳川鎖国　幕藩封建体制の構造』 小林良正 三和書房 一九五四
『江戸幕府の対外政策と沿岸警備』 歴史科学叢書 松尾晋一 校倉書房 二〇一〇
『江戸時代の国家・法・社会』 山本博文 校倉書房 二〇〇四
『東インド会社とアジアの海』 興亡の世界史15 羽田　正 講談社 二〇〇七
『鎖国と国境の成立』 同成社江戸時代叢書21 武田万里子 同成社 二〇〇五
『房総の幕末海防始末』 山形　紘 崙書房出版 二〇〇三
「異国船渡来雑記」 吉田秀文著／江越弘人、浦川和男校訂 長崎文献社 二〇〇九
『鎖国の思想　ケンペルの世界史的使命』 小堀桂一郎 中央公論社 一九七四
『渡辺崋山 高野長英 佐久間象山 横井小楠 橋本左内』 日本思想大系55 佐藤昌介、植手通有、山口宗之校注 岩波書店 一九七一
『藤田東湖』 日本の名著29 橋川文三 責任編集・訳 中央公論社 一九七四
『佐久間象山　横井小楠』 日本の名著30 松浦 玲 責任編集・訳 中央公論社 一九七〇
『水戸学と明治維新』 吉田俊純 吉川弘文館 二〇〇三
『外国人が見た近世日本』 山本博文、大石 学、磯田道史、岩下哲典 角川学芸出版 二〇〇九
『ロシアの拡大と毛皮交易　16~19世紀シベリア・北太平洋の商人世界』 森永貴子 彩流社 二〇〇八
『黒船前夜　ロシア・アイヌ・日本の三国志』 渡辺京二 洋泉社 二〇一〇
『高田屋嘉兵衛 只天下のためを存おり候』 ミネルヴァ日本評伝選 生田美智子 ミネルヴァ書房 二〇一二
『開国前夜　田沼時代の輝き』 新潮新書 鈴木由紀子 新潮社 二〇一〇
『江戸の外交戦略』 角川選書４４６ 大石　学 角川学芸出版 二〇〇九
『世界市場と幕末開港』 石井寛治、関口尚志編 東京大学出版会 一九八二
『幕末日本の情報活動「開国」の情報史』 改訂増補版 岩下哲典 雄山閣 二〇〇八
『オランダ風説書と近世日本』 松方冬子 東京大学出版会 二〇〇七

『日本開国　アメリカがペリー艦隊を派遣した本当の理由』渡辺惣樹　草思社　二〇〇九
『日米衝突の根源　1858〜1908』　渡辺惣樹　草思社　二〇一一
『日本開国史』歴史セレクション　石井　孝　吉川弘文館　二〇一〇
『「蛮社の獄」のすべて』　田中弘之　吉川弘文館　二〇一一
『鳥居耀蔵　天保の改革の弾圧者』中公新書　松岡英夫　中央公論社　一九九一
『開国への布石　評伝・老中首座阿部正弘』　土居良三　未来社　二〇〇〇
『黒船前後の世界』　加藤祐三　岩波書店　一九八五
『黒船前夜の出会い　捕鯨船長クーパーの来航』　平尾信子　日本放送出版協会　一九九四
『ペリー来航前後　幕末開国史』　山口宗之　ぺりかん社　一九八八
『古賀謹一郎　万民の為、有益の芸事御開』ミネルヴァ日本評伝選　小野寺龍太　ミネルヴァ書房　二〇〇六
『評伝江川太郎左衛門』　加来耕三　時事通信社出版局　二〇〇九
『ペリー提督　海洋人の肖像』講談社現代新書　小島敦夫　講談社　二〇〇五
『日本開国　ペリーとハリスの交渉』　アルフレッド・タマリン／濱屋雅軌訳　高文堂出版社　一九八六
『幕末維新変革史』上・下　宮地正人　岩波書店　二〇一二
『開国のかたち』　松本健一　毎日新聞社　一九九四
『ペリー艦隊と日本外交の対決をどのように評価するか』　竹田英尚　東洋出版　二〇一三
『ペリー艦隊日本遠征記』上・下　オフィス宮崎編訳　万来舎　二〇〇九
『武士と開国』　小池喜明　ぺりかん社　二〇〇八
『長崎日記・下田日記』東洋文庫　川路聖謨／藤井貞文、川田貞夫校註　平凡社　一九六八
『プチャーチン　日本人が一番好きなロシア人』　白石仁章　新人物往来社　二〇一〇
『日露領土紛争の根源』　長瀬　隆　草思社　二〇〇三
『サハリン島』　チェーホフ／原　卓也訳　中央公論新社　二〇〇九

『チェーホフのなかの日本』　中本信幸　大和書房　一九八一
『レーニンと下田条約』　清水威久　原書房　一九七五
『開国―日露国境交渉』　和田春樹　日本放送出版協会　一九九一
『漂流民とロシア 北の黒船に揺れた幕末日本』　木崎良平　中央公論社　一九九一
『日露国境交渉史　領土問題にいかに取り組むか』　木村　汎　中央公論社　一九九三
『イギリス紳士の幕末』　山田　勝　日本放送出版協会　二〇〇四
『ジョン万次郎に学ぶ日本人の強さ』　中濱武彦　ロングセラーズ　二〇一二
『予告されていたペリー来航と幕末情報戦争』　岩下哲典　洋泉社　二〇〇六
『海国日本の明治維新』　犬塚孝明　新人物往来社　二〇一一
『勝海舟と福沢諭吉　維新を生きた二人の幕臣』　安藤優一郎　日本経済新聞出版社　二〇一一
『幕末維新 消された歴史』　安藤優一郎　日本経済新聞出版社　二〇〇九
『開国史話』　加藤祐三　神奈川新聞社　二〇〇八
『生麦事件の暗号』　松沢成文　講談社　二〇一二
『幕末の長州　維新志士出現の背景』中公新書　田中　彰　中央公論社　一九六五
『密航留学生たちの明治維新　井上馨と幕末藩士』　犬塚孝明　日本放送出版協会　二〇〇一
『薩摩藩英国留学生』　犬塚孝明　中央公論社　一九七四
『長沢鼎 ブドウ王になったラスト・サムライ』　多胡吉郎　現代書館　二〇一二
『榎本武揚から世界史が見える』ＰＨＰ新書　臼井隆一郎　ＰＨＰ研究所　二〇〇五
『幕末日本と対外戦争の危機　下関戦争の舞台裏』　保谷　徹　吉川弘文館　二〇一〇
『幕末の海防戦略　異国船を隔離せよ』　上白石実　吉川弘文館　二〇一一
『アメリカ史の真実　なぜ「情容赦のない国」が生まれたのか』　Ｃ・チェスタトン／中山 理訳　祥伝社　二〇一一
『学校では教えてくれない本当のアメリカの歴史』上・下　ハワード・ジン著、レベッカ・ステフォフ編著／鳥見真生訳

あすなろ書房　二〇〇九
『トーマス・グラバーと倉場富三郎　グラバー父子の栄光と悲劇』志岐隆重　長崎新聞社　二〇一二
『スパイス、爆薬、医薬品　世界史を変えた17の化学物質』ペニー・ルクーター、ジェイ・バーレサン／小林 力訳　中央公論新社　二〇一一
『世界を変えた火薬の歴史』クライヴ・ポンティング／伊藤 綺訳　原書房　二〇一三
『幕末もうひとつの鉄砲伝来』平凡社新書　宇田川武久　平凡社　二〇一二
『幕末維新と佐賀藩　日本西洋化の原点』中公新書　毛利敏彦　中央公論新社　二〇〇八
『長崎海軍伝習所　十九世紀東西文化の接点』中公新書　藤井哲博　中央公論社　一九九一
『大英帝国の〈死の商人〉』講談社選書メチエ　横井勝彦　講談社　一九九七
『アジアの海の大英帝国　19世紀海洋支配の構図』講談社学術文庫　横井勝彦　講談社　二〇〇四
『インヴィジブル・ウエポン　電信と情報の世界史１８５１～１９４５』Ｄ・Ｒ・ヘッドリク／横井勝彦、渡辺昭一監訳　日本経済評論社　二〇一三
『軍拡と武器移転の世界史　兵器はなぜ容易に広まったのか』横井勝彦、小野塚知三　日本経済評論社　二〇一二
『鉄道と戦争の世界史』クリスティアン・ウォルマー／平岡 緑訳　中央公論新社　二〇一三
『品川御台場　幕末期江戸湾防備の拠点』品川区立品川歴史館　品川区立品川歴史館　二〇一一
『図説幕末・維新の銃砲大全』「歴史ＲＥＡＬ」別冊　洋泉社　二〇一三
『標準 日本史年表』児玉幸多編　吉川弘文館　二〇一六

■著者紹介

白子 英城（しらこ ひでしろ）

昭和17年（1942）5月　東京都江戸川区生まれ。

昭和40年（1965）3月　明治大学商学部卒業。

フランスワインの輸入販売に携わりながら、“日本は、なぜ真珠湾攻撃をしたのか”をテーマに、日本の近現代史を研究、現在に至る。

その間、下記3冊の出版を企画した。
・『アメリカの鏡・日本』ヘレン・ミアーズ著・伊藤延司訳 角川書店
　平成7年（1995）刊
・『完全復刻「リットン報告書」外務省假譯』角川学芸出版　平成18年（2006）刊
・『新版 台湾のいもっ子』蔡徳本著 角川学芸出版　平成19年（2007）刊

■出版企画　株式会社 ザイル

平成31（2019）年1月25日　初版発行　《検印省略》

西洋文明(せいようぶんめい)と遭遇(そうぐう)した天下人(てんかびと)たち
—ヘレン・ミアーズの疑問(ぎもん)—

著　者　白子英城
発行者　宮田哲男
発行所　竹内書店新社
発　売　株式会社 雄山閣
〒102-0071　東京都千代田区富士見2-6-9
TEL　03-3262-3231／FAX　03-3262-6938
URL　http://www.yuzankaku.co.jp
e-mail　info@yuzankaku.co.jp
振　替：00130-5-1685
印刷・製本　株式会社 ティーケー出版印刷

ISBN978-4-8035-0362-3　C1021
N.D.C.210　384p　22cm